BOOKS

ALLEMAND

VOCABULAIRE

POUR L'AUTOFORMATION

FRANÇAIS ALLEMAND

Les mots les plus utiles
Pour enrichir votre vocabulaire et aiguiser
vos compétences linguistiques

9000 mots

Vocabulaire allemand pour l'autoformation. 9000 mots
Dictionnaire thématique

Par Andrey Taranov

Les dictionnaires T&P Books ont pour but de vous aider à apprendre, à mémoriser et à réviser votre vocabulaire en langue étrangère. Ce dictionnaire thématique couvre tous les grands domaines du quotidien: l'économie, les sciences, la culture, etc ...

Acquérir du vocabulaire avec les dictionnaires thématiques T&P Books vous offre les avantages suivants:

- Les données d'origine sont regroupées de manière cohérente, ce qui vous permet une mémorisation lexicale optimale
- La présentation conjointe de mots ayant la même racine vous permet de mémoriser des groupes sémantiques entiers (plutôt que des mots isolés)
- Les sous-groupes sémantiques vous permettent d'associer les mots entre eux de manière logique, ce qui facilite votre consolidation du vocabulaire
- Votre maîtrise de la langue peut être évaluée en fonction du nombre de mots acquis

T&P Books Publishing
www.tpbooks.com

ISBN: 978-1-78071-157-7

Ce livre existe également en format électronique.
Pour plus d'informations, veuillez consulter notre site: www.tpbooks.com ou rendez-vous sur ceux des grandes librairies en ligne.

VOCABULAIRE ALLEMAND POUR L'AUTOFORMATION
Dictionnaire thématique

Les dictionnaires T&P Books ont pour but de vous aider à apprendre, à mémoriser, et à réviser votre vocabulaire en langue étrangère. Ce lexique présente, de façon thématique, plus de 9000 mots les plus fréquents de la langue.

- Ce livre comporte les mots les plus couramment utilisés
- Son usage est recommandé en complément de l'étude de toute autre méthode de langue
- Il répond à la fois aux besoins des débutants et à ceux des étudiants en langues étrangères de niveau avancé
- Il est idéal pour un usage quotidien, des séances de révision ponctuelles et des tests d'auto-évaluation
- Il vous permet de tester votre niveau de vocabulaire

Spécificités de ce dictionnaire thématique:

- Les mots sont présentés de manière sémantique, et non alphabétique
- Ils sont répartis en trois colonnes pour faciliter la révision et l'auto-évaluation
- Les groupes sémantiques sont divisés en sous-groupes pour favoriser l'apprentissage
- Ce lexique donne une transcription simple et pratique de chaque mot en langue étrangère

Ce dictionnaire comporte 256 thèmes, dont:

les notions fondamentales, les nombres, les couleurs, les mois et les saisons, les unités de mesure, les vêtements et les accessoires, les aliments et la nutrition, le restaurant, la famille et les liens de parenté, le caractère et la personnalité, les sentiments et les émotions, les maladies, la ville et la cité, le tourisme, le shopping, l'argent, la maison, le foyer, le bureau, la vie de bureau, l'import-export, le marketing, la recherche d'emploi, les sports, l'éducation, l'informatique, l'Internet, les outils, la nature, les différents pays du monde, les nationalités, et bien d'autres encore …

TABLE DES MATIÈRES

GUIDE DE PRONONCIATION

Lettre	Exemple en allemand	Alphabet phonétique T&P	Exemple en français

Voyelles

a	da, das	[a]	classe
e	Erde, eschreiben	[ɛ]	faire
e	halte	[ə]	record
i	ihr, finden	[ɪ]	capital
o	wohnen, oft	[ɔ]	robinet
u	Schule, dumm	[u], [ʊ]	trou
y [1]	Pony	[i]	stylo
y [2]	Gymnastik	[y]	Portugal
ä	hängen	[ɛ:]	hacker
ö	Öl, zwölf	[ø:]	soigneux
ü	über, dünn	[y:]	légumes

Consonnes

b	baden	[b]	bureau
b [3]	Abschied	[p]	panama
d	dunkel	[d]	document
d [4]	Abend	[t]	tennis
f	fünf	[f]	formule
g	gelb	[g]	gris
g [5]	Tag	[k]	bocal
g [6]	lustig	[h]	anglais - behind, finnois - raha
g [7]	Ingenieur	[ʒ]	jeunesse
h [8]	heute	[h]	h aspiré
h	Sohn	[h] silent	hôtel
j [9]	Journalist	[ʒ]	jeunesse
j [10]	ja	[j]	maillot
k	Küche	[k]	bocal
l	loben	[l]	vélo
m	Morgen	[m]	minéral
n	Name	[n]	ananas
p	Papier	[p]	panama
r	richtig	[r]	racine
s [11]	sein	[z]	gazeuse

Lettre	Exemple en allemand	Alphabet phonétique T&P	Exemple en français
s [12]	Spielzeug	[ʃ]	chariot
s [13]	Haus (n)	[s]	syndicat
ß	weiß	[s]	syndicat
v [14]	November	[v]	rivière
v [15]	Vater	[f]	formule
w	was	[w]	iguane
x	Axt	[ks]	taxi
z	Zeit	[z]	gazeuse

Combinaisons de lettres

ch [16]	auch	[h]	h aspiré
ch [17]	Chaos	[k]	bocal
ch [18]	Chance	[ʃ]	chariot
ch [19]	ich	[h]	anglais - behind, finnois - raha
chs	wachsen	[ks]	taxi
ck	backen	[k]	bocal
dt	Stadt	[t]	tennis
ng	Zeitung	[ŋ]	parking
nk	Bank	[ŋk]	Helsinki
ph	Philosophie	[f]	formule
qu	Quelle	[kv]	coiffeur
sch	Schalter	[ʃ]	chariot
th	Thema	[t]	tennis
tsch	Deutsch	[ʧ]	match
tz	Netz	[ʦ]	gratte-ciel

Voyelles et diphtongues

er	Hunger	[ə]	record

Diphtongues

ei, ey	Seite	[aɪ]	mosaïque
au	auch	[aʊ]	knock-down
äu	Gebäude	[ɔɪ]	coyote
eu	neu	[ɔɪ]	coyote

Remarques

[1] dans les mots d'origine étrangère
[2] ailleurs
[3] en fin de mot

[4] en fin de mot
[5] en fin de mot
[6] avec le suffixe -ig
[7] dans les mots d'origine étrangère
[8] au début d'un mot
[9] dans les mots d'origine étrangère
[10] ailleurs
[11] devant une voyelle
[12] dans sp
[13] ailleurs
[14] dans les mots d'origine étrangère
[15] ailleurs
[16] après a, o, u, au
[17] dans les mots d'origine grecque
[18] dans les mots d'origine française
[19] ailleurs

ABRÉVIATIONS
employées dans ce livre

adj	-	adjectif
adv	-	adverbe
anim.	-	animé
dénombr.	-	dénombrable
etc.	-	et cetera
f	-	féminin
f pl	-	féminin pluriel
fam.	-	familiar
form.	-	formal
inanim.	-	inanimé
indénombr.	-	indénombrable
m	-	masculin
m pl	-	masculin pluriel
m, f	-	masculin, féminin
pl	-	pluriel
qch	-	quelque chose
qn	-	quelqu'un
sing.	-	singulier
v aux	-	verbe auxiliaire
v imp	-	verbe impersonnel
vi	-	verbe intransitif
vi, vt	-	verbe intransitif, transitif
vp	-	verbe pronominal
vt	-	verbe transitif
n	-	neutre
n pl	-	neutre pluriel
m, n	-	masculin, neutre
f, n	-	féminin, neutre
mod	-	verbe modal

CONCEPTS DE BASE

Concepts de base. Partie 1

1. Les pronoms

je	ich	[iɦ]
tu	du	[dʊ]
il	er	[ə]
elle	sie	[zi:]
ça	es	[ɛs]
nous	wir	[wi:r]
vous	ihr	[i:r]
vous (form., sing.)	Sie	[zi:]
vous (form., pl)	Sie	[zi:]
ils, elles	sie	[zi:]

2. Adresser des vœux. Se dire bonjour. Se dire au revoir

Bonjour! (fam.)	Hallo!	[ha'lø:]
Bonjour! (form.)	Hallo!	[ha'lø:]
Bonjour! (le matin)	Guten Morgen!	['gu:tɛn 'mɔrgɛn]
Bonjour! (après-midi)	Guten Tag!	['gu:tɛn 'tak]
Bonsoir!	Guten Abend!	['gu:tɛn 'abɛnt]
dire bonjour	grüßen (vi, vt)	['gry:sɛn]
Salut!	Hallo!	[ha'lø:]
salut (m)	Gruß (m)	[grʊ:s]
saluer (vt)	begrüßen (vt)	[bɛg'rysɛn]
Comment ça va?	Wie geht's?	[wi 'ge:t ɛs]
Quoi de neuf?	Was gibt es Neues?	[vas gipt ɛs 'nɔjes]
Au revoir!	Auf Wiedersehen!	['auf 'wi:dɛr'ze:ɛn]
À bientôt!	Bis bald!	[bis baʌt]
Adieu! (fam.)	Lebe wohl!	['le:bɛ vɔ:ʎ]
Adieu! (form.)	Leben Sie wohl!	['le:bɛn zi: vɔʎ]
dire au revoir	sich verabschieden	[ziɦ fɛrʰ'apʃi:dɛn]
Salut!	Tschüs!	[ʧus]
Merci!	Danke!	['daŋke]
Merci beaucoup!	Dankeschön!	['daŋkɛ 'ʃɔn]
Je vous en prie	Bitte!	['bittɛ]
Il n'y a pas de quoi	Keine Ursache!	['kainɛ 'u:zahɛ]
Pas de quoi	Nichts zu danken!	[niɦts ʦu 'daŋkɛn]
Excuse-moi!	Entschuldige!	[ɛnt'ʃuʌdigɛ]

Excusez-moi!	**Entschuldigung!**	[ɛnt'ʃuʎdigʊn]
excuser (vt)	**entschuldigen** (vt)	[ɛnt'ʃuʎdigɛn]
s'excuser (vp)	**sich entschuldigen**	[ziħ ɛnt'ʃuʎdigɛn]
Mes excuses	**Verzeihung!**	[fø'tsajun]
Pardonnez-moi!	**Entschuldigung!**	[ɛnt'ʃuʎdigʊn]
pardonner (vt)	**verzeihen** (vt)	[fɛr'tsajen]
C'est pas grave	**Das macht nichts!**	[das maht niħts]
s'il vous plaît	**bitte**	['bittɛ]
N'oubliez pas!	**Nicht vergessen!**	[niħt fɛr'gɛsɛn]
Bien sûr!	**Natürlich!**	[na'tyrliħ]
Bien sûr que non!	**Natürlich nicht!**	[na'tyrliħ 'niħt]
D'accord!	**Gut! Okay!**	[guːt ɔ'kɛı]
Ça suffit!	**Es ist genug!**	[ɛs ist gɛ'nʊk]

3. Comment s'adresser à quelqu'un

Monsieur	**Herr**	[hɛr]
Madame	**Frau**	['frau]
Mademoiselle	**Fräulein**	['froʎaın]
Jeune homme	**Junger Mann**	['juŋə man]
Petit garçon	**Junge**	['juŋɛ]
Petite fille	**Fräulein**	['froʎaın]

4. Les nombres cardinaux. Partie 1

zéro	**null**	[nʊʎ]
un	**eins**	[aıns]
deux	**zwei**	[tsvaı]
trois	**drei**	[draı]
quatre	**vier**	[fiːə]
cinq	**fünf**	[fynf]
six	**sechs**	[zɛks]
sept	**sieben**	['ziːbɛn]
huit	**acht**	[aht]
neuf	**neun**	[nɔın]
dix	**zehn**	[tsɛın]
onze	**elf**	[ɛʎf]
douze	**zwölf**	['tswøʎf]
treize	**dreizehn**	['draıtsɛın]
quatorze	**vierzehn**	['firtsɛın]
quinze	**fünfzehn**	['fynftsɛın]
seize	**sechzehn**	['zɛħtsɛın]
dix-sept	**siebzehn**	['ziːptsɛın]
dix-huit	**achtzehn**	['ahtsɛın]
dix-neuf	**neunzehn**	['nɔıntsɛın]
vingt	**zwanzig**	['tsvantsiħ]

vingt et un	einundzwanzig	['aın unt 'tsvantsıħ]
vingt-deux	zweiundzwanzig	['tsvaı unt 'tsvantsıħ]
vingt-trois	dreiundzwanzig	['draı unt 'tsvantsıħ]

trente	dreißig	['draısıħ]
trente et un	einunddreißig	['aın unt 'draısıħ]
trente-deux	zweiunddreißig	['tsvaı unt 'draısıħ]
trente-trois	dreiunddreißig	['draı unt 'draısıħ]

quarante	vierzig	['firtsıħ]
quarante et un	einundvierzig	['aın unt 'firtsıħ]
quarante-deux	zweiundvierzig	['tsvaı unt 'firtsıħ]
quarante-trois	dreiundvierzig	['draı unt 'firtsıħ]

cinquante	fünfzig	['fynftsıħ]
cinquante et un	einundfünfzig	['aın unt 'fynftsıħ]
cinquante-deux	zweiundfünfzig	['tsvaı unt 'fynftsıħ]
cinquante-trois	dreiundfünfzig	['draı unt 'fynftsıħ]

soixante	sechzig	['zɛħtsıħ]
soixante et un	einundsechzig	['aın unt 'zɛħtsıħ]
soixante-deux	zweiundsechzig	['tsvaı unt 'zɛħtsıħ]
soixante-trois	dreiundsechzig	['draı unt 'zɛħtsıħ]

soixante-dix	siebzig	['zi:ptsıħ]
soixante et onze	einundsiebzig	['aın unt 'zi:ptsıħ]
soixante-douze	zweiundsiebzig	['tsvaı unt 'zi:ptsıħ]
soixante-treize	dreiundsiebzig	['draı unt 'zi:ptsıħ]

quatre-vingts	achtzig	['ahtsıħ]
quatre-vingt et un	einundachtzig	['aın unt 'ahtsıħ]
quatre-vingt deux	zweiundachtzig	['tsvaı unt 'ahtsıħ]
quatre-vingt trois	dreiundachtzig	['draı unt 'ahtsıħ]

quatre-vingt-dix	neunzig	['nɔıntsıħ]
quatre-vingt et onze	einundneunzig	['aın unt 'nɔıntsıħ]
quatre-vingt-douze	zweiundneunzig	['tsvaı unt 'nɔıntsıħ]
quatre-vingt-treize	dreiundneunzig	['draı unt 'nɔıntsıħ]

5. Les nombres cardinaux. Partie 2

cent	einhundert	[aın 'hʊndɛrt]
deux cents	zweihundert	[tsvaı 'hʊndɛrt]
trois cents	dreihundert	[draı 'hʊndɛrt]
quatre cents	vierhundert	[fir 'hʊndɛrt]
cinq cents	fünfhundert	[fynf 'hʊndɛrt]

six cents	sechshundert	[zɛks 'hʊndɛrt]
sept cents	siebenhundert	['zi:bɛn 'hʊndɛrt]
huit cents	achthundert	[aht 'hʊndɛrt]
neuf cents	neunhundert	[nɔın 'hʊndɛrt]

| mille | eintausend | [aın 'tauzɛnt] |
| deux mille | zweitausend | [tsvaı 'tauzɛnt] |

trois mille	**dreitausend**	[draɪ 'tauzɛnt]
dix mille	**zehntausend**	[tsɛɪn 'tauzɛnt]
cent mille	**hunderttausend**	['hʊndɛrt 'tauzent]
million (m)	**Million** (f)	[mi'ʎɔn]
milliard (m)	**Milliarde** (f)	[mi'ʎjardɛ]

6. Les nombres ordinaux

premier	**der erste**	[də 'ɛrstɛ]
deuxième	**der zweite**	[də 'tsvaɪtɛ]
troisième	**der dritte**	[də 'drittɛ]
quatrième	**der vierte**	[də 'fi:rtɛ]
cinquième	**der fünfte**	[də 'fynftɛ]
sixième	**der sechste**	[də 'zɛkstɛ]
septième	**der siebte**	[də 'zi:ptɛ]
huitième	**der achte**	[də 'ahtɛ]
neuvième	**der neunte**	[də 'nɔɪntɛ]
dixième	**der zehnte**	[də 'tsɛɪntɛ]

7. Nombres. Fractions

fraction (f)	**Bruch** (m)	[brʊh]
un demi	**Hälfte** (f)	['hɛʎftɛ]
un tiers	**Drittel** (n)	['drittɛʎ]
un quart	**Viertel** (n)	['firtɛʎ]
un huitième	**Achtel** (n)	['ahtɛʎ]
un dixième	**Zehntel** (n)	['tsɛntɛʎ]
deux tiers	**zwei Drittel**	[tsvaɪ 'dritɛʎ]
trois quarts	**drei Viertel**	[draɪ 'fi:rtɛʎ]

8. Les nombres. Opérations mathématiques

soustraction (f)	**Subtraktion** (f)	[zuptrak'tsɪɔn]
soustraire (vt)	**subtrahieren** (vt)	[zuptra'i:rɛn]
division (f)	**Division** (f)	[diwi'zɔn]
diviser (vt)	**dividieren** (vt)	[diwi'di:rɛn]
addition (f)	**Addition** (f)	[adi'tsɪɔn]
additionner (vt)	**addieren** (vt)	[a'di:rɛn]
ajouter (vt)	**hinzufügen** (vt)	[hin'tsu:fy:gɛn]
multiplication (f)	**Multiplikation** (f)	[mʊʎtiplika'tsɪɔn]
multiplier (vt)	**multiplizieren** (vt)	[mʊʎtipli'tsi:rɛn]

9. Les nombres. Divers

chiffre (m)	**Ziffer** (f)	['tsiffə]
nombre (m)	**Zahl** (f)	[tsa:ʎ]

adjectif (m) numéral	Zahlwort (n)	['tsa:ʎvɔrt]
moins (m)	Minus (n)	['mi:nʊs]
plus (m)	Plus (n)	[plys]
formule (f)	Formel (f)	['fɔrmɛʎ]

calcul (m)	Berechnung (f)	[bɛ'rɛhnʊn]
calculer (vt)	zählen (vt)	['tsɛlen]
compter (vt)	berechnen (vt)	[bɛ'rɛhnɛn]
comparer (vt)	vergleichen (vt)	[fɛrg'ʎaıhen]

Combien? (indénombr.)	Wieviel?	['wi:fi:ʎ]
Combien? (dénombr.)	Wie viele?	[wi: 'fi:le]
somme (f)	Summe (f)	['zumɛ]
total (m)	Ergebnis (n)	[ɛr'ge:pnis]
reste (m)	Rest (m)	[rɛst]

quelques ...	einige	['aınigɛ]
reste (m)	Übrige (n)	['ju:brigɛ]
un et demi	anderthalb	['andɛrthaʎp]
douzaine (f)	Dutzend (n)	['dutsɛnt]

en deux	entzwei	[ɛnts'vaı]
en parties égales	zu gleichen Teilen	[tsu 'gʎaıhen 'taılen]
moitié (f)	Hälfte (f)	['hɛʎftɛ]
fois (f)	Mal (n)	[ma:ʎ]

10. Les verbes les plus importants. Partie 1

accepter (usage absolu)	zustimmen (vi)	['tsu:ʃtimɛn]
aider (vt)	helfen (vi)	['hɛʎfɛn]
aimer (vt)	lieben (vt)	['li:bɛn]
aller (à pied)	gehen (vi)	['ge:ɛn]
apercevoir (vt)	bemerken (vt)	[bɛ'mɛrkɛn]
appartenir à ...	gehören (vi)	[gɛ'hø:rɛn]
appeler (au secours)	rufen (vi)	['ru:fɛn]

attendre (vt)	warten (vi)	['vartɛn]
attraper (vt)	fangen (vt)	['faŋɛn]
avertir (vt)	warnen (vt)	['varnɛn]

avoir (vt)	haben (vt)	['ha:bɛn]
avoir confiance	vertrauen (vi)	[fɛrt'rauɛn]
avoir faim	hungrig sein	['hʊŋriɦ zaın]
avoir peur	Angst haben	['aŋst 'ha:bɛn]
avoir soif	Durst haben	['dʊrst 'ha:bɛn]

cacher (vt)	verstecken (vt)	[fɛrʃ'tɛkɛn]
casser (briser)	brechen (vt)	['brɛhen]
cesser (vt)	einstellen (vt)	['aınʃtɛlen]
changer (vt)	ändern (vt)	['ɛndɛrn]
chasser (vi, vt)	jagen (vi)	['jagɛn]
chercher (vt)	suchen (vt)	['zu:hen]
choisir (vt)	wählen (vt)	['vɛlen]
commander (vt)	bestellen (vt)	[bɛʃ'tɛlen]

commencer (vt)	beginnen (vt)	[bɛ'ginɛn]
comparer (vt)	vergleichen (vt)	[fɛrg'ʎaɪhen]
comprendre (vt)	verstehen (vt)	[fɛrʃ'teːɛn]
compter (dénombrer)	rechnen (vt)	['rɛɦnɛn]
compter sur ...	auf ... zählen	['auf 'ʦɛlen]
confondre (vt)	verwechseln (vt)	[fɛvːiksɛʎn]
connaître qn	kennen (vt)	['kenɛn]
conseiller (vt)	raten (vt)	['raːtɛn]
continuer (vt)	fortsetzen (vt)	['fɔrtzɛʦɛn]
contrôler (vt)	kontrollieren (vt)	[kɔntrɔ'liːrɛn]
courir (vt)	laufen (vi)	['laufɛn]
coûter (vi, vt)	kosten (vt)	['kɔstɛn]
créer (vt)	schaffen (vt)	['ʃaffɛn]
creuser (vt)	graben (vt)	['graːbɛn]
crier (vi, vt)	schreien (vi, vt)	['ʃrajen]

11. Les verbes les plus importants. Partie 2

décorer (vt)	schmücken (vt)	['ʃmykkɛn]
défendre (vt)	verteidigen (vt)	[fɛr'taɪdigɛn]
déjeuner (vi)	zu Mittag essen	[ʦu 'mittaːk 'ɛssɛn]
demander (de faire qch)	bitten (vt)	['bittɛn]
demander (l'heure, etc.)	fragen (vt)	['fraːgɛn]
descendre (vi)	herabsteigen (vi)	[hɛ'rapʃtaɪgɛn]
deviner (vt)	richtig raten (vt)	['riɦtiɦ 'raːtn]
dîner (vi)	zu Abend essen	[ʦu 'aːbɛnt 'ɛssɛn]
dire (vt)	sagen (vt)	['zaːgɛn]
diriger (~ une usine)	leiten (vt)	['ʎaɪtɛn]
discuter (vt)	besprechen (vt)	[beʃp'rɛhen]
donner (vt)	geben (vt)	['geːbɛn]
douter (vt)	zweifeln (vi)	['ʦvaɪfɛʎn]
écrire (vt)	schreiben (vi, vt)	['ʃraɪbɛn]
entendre (vt)	hören (vt)	['høːrɛn]
entrer (vi)	hereinkommen (vi)	[hɛ'raɪŋkomɛn]
envoyer (vt)	abschicken (vt)	['apʃikkɛn]
espérer (vi)	hoffen (vi)	['hɔffɛn]
essayer (vt)	versuchen (vt)	[fɛr'zuːhɛn]
être nécessaire	nötig sein	['nøːtiɦ zaɪn]
être pressé	sich beeilen	[ziɦ bɛ'aɪlen]
étudier (vt)	lernen (vt)	['lernɛn]
exiger (vt)	verlangen (vt)	[fɛr'laŋɛn]
exister (vi)	existieren (vi)	[ɛkzis'tiːrɛn]
expliquer (vt)	erklären (vt)	[ɛrk'lerɛn]
faire (vt)	machen (vt)	['mahɛn]
faire allusion	andeuten (vt)	['andɔɪtɛn]
faire tomber	fallen lassen	['faːlen 'lasɛn]
finir (vt)	beenden (vt)	[bɛ'ɛndɛn]

| garder (vt) | aufbewahren (vt) | ['aufbɛ'va:rɛn] |
| gronder (vt) | schelten (vt) | ['ʃɛʎtɛn] |

12. Les verbes les plus importants. Partie 3

informer (vt)	informieren (vt)	[infɔr'mi:rɛn]
insister (vi)	bestehen (vi)	[bɛʃ'te:ɛn]
insulter (vt)	kränken (vt)	['krɛŋkɛn]
inviter (vt)	einladen (vt)	['aɪnladɛn]
jouer (vt)	spielen (vi, vt)	['ʃpi:len]

libérer (ville, etc.)	befreien (vt)	[bɛf'rajɛn]
lire (vi, vt)	lesen (vi, vt)	['le:zɛn]
louer (prendre en location)	mieten (vt)	['mi:tɛn]

manquer (~ la classe)	versäumen (vt)	[fɛr'zɔɪmɛn]
menacer (vt)	drohen (vi)	['drɔ:ɛn]
mentionner (vt)	erwähnen (vt)	[ɛr'vɛnɛn]
montrer (vt)	zeigen (vt)	['tsaɪgɛn]
nager (vi)	schwimmen (vi)	['ʃwimɛn]
noter (écrire)	aufschreiben (vt)	['aufʃraɪbɛn]

objecter (vt)	entgegnen (vt), erwidern (vt)	[ɛnt'gɛgnɛn], [ɛr'widɛrn]
observer (vt)	beobachten (vt)	[bɛ'ɔbahtɛn]
ordonner (vt)	befehlen (vt)	[bɛ'fe:len]
oublier (vt)	vergessen (vt)	[fɛr'gɛssɛn]
ouvrir (vt)	öffnen (vt)	[øfnɛn]

pardonner (vt)	verzeihen (vt)	[fɛr'tsajen]
parler (vi)	sprechen (vi)	['ʃprɛhen]
participer à ...	teilnehmen (vi)	['taɪlnɛɪmɛn]
payer (régler)	zahlen (vt)	['tsa:len]

penser (vt)	denken (vi, vt)	['dɛŋkɛn]
permettre (vt)	erlauben (vt)	[ɛr'laubɛn]
plaire à ...	gefallen (vi)	[gɛ'falen]
plaisanter (vi)	Witz machen	[wits 'mahɛn]
planifier (vt)	planen (vt)	['pla:nɛn]
pleurer (vi)	weinen (vi)	['vaɪnɛn]

| posséder (vt) | besitzen (vt) | [bɛ'zitsɛn] |
| pouvoir | können (mod) | ['kønɛn] |

préférer (vt)	vorziehen (vt)	['fo:rtsiɛn]
prendre (vt)	nehmen (vt)	['ni:mɛn]
prendre le petit déjeuner	frühstücken (vi)	['fry:ʃtykkɛn]
préparer (le dîner)	zubereiten (vt)	['tsu:bɛraɪtɛn]
prévoir (vt)	voraussehen (vt)	[fo'rausze:ɛn]
prier (vt)	beten (vi)	['be:tɛn]

promettre (vt)	versprechen (vt)	[fɛrʃp'rɛhen]
prononcer (vt)	aussprechen (vt)	['ausʃprɛhen]
proposer (vt)	vorschlagen (vt)	['forʃla:gɛn]
punir (vt)	bestrafen (vt)	[bɛʃt'ra:fɛn]

13. Les verbes les plus importants. Partie 4

recommander (vt)	empfehlen (vt)	[ɛmpˈfeːlen]
refuser (vt)	sich weigern	[ziħ ˈvaɪgɛrn]
regretter (vt)	bedauern (vt)	[bɛˈdauɛrn]
répéter (vt)	noch einmal sagen	[nɔh aɪnmaʎ zaːgn]
répondre (vi, vt)	antworten (vi)	[ˈantvɔrtɛn]
réserver (vt)	reservieren (vt)	[rɛzɛrˈwiːrɛn]
réunir (regrouper)	vereinigen (vt)	[fɛrʰˈaɪnigɛn]
rire (vi)	lachen (vi)	[ˈlahɛn]
s'arrêter (vp)	stoppen (vt)	[ˈʃtɔppɛn]
s'asseoir (vp)	sich setzen	[ziħ ˈzɛtsɛn]
sauver (vt)	retten (vt)	[ˈrɛttɛn]
savoir qch	wissen (vt)	[ˈwissɛn]
se baigner (vp)	schwimmen gehen	[ˈʃwiːmɛn ˈgeːɛn]
se plaindre (vp)	klagen (vi)	[ˈklaːgɛn]
se taire (vp)	schweigen (vi)	[ˈʃvaɪgɛn]
se tromper (vp)	sich irren	[ziħ ˈirɛn]
se vanter (vp)	prahlen (vi)	[ˈpraːlen]
s'étonner (vp)	staunen (vi)	[ˈʃtaunɛn]
s'excuser (vp)	sich entschuldigen	[ziħ ɛntˈʃuʎdigɛn]
signer (vt)	unterschreiben (vt)	[unterʃˈraɪben]
signifier (vt)	bedeuten (vt)	[bɛˈdɔɪtɛn]
s'intéresser à ...	sich interessieren	[ziħ intɛrɛsˈsiːrɛn]
sortir (aller dehors)	ausgehen (vi)	[ˈausgeːɛn]
sourire (vi)	lächeln (vi)	[ˈlɛheʎn]
sous-estimer (vt)	unterschätzen (vt)	[unterˈʃɛtsɛn]
suivre ... (vt)	folgen (vi)	[ˈfɔʎgɛn]
tirer (vi, vt)	schießen (vi)	[ˈʃiːsɛn]
tomber (vi)	fallen (vi)	[ˈfaːlen]
toucher (avec les mains)	berühren (vt)	[bɛˈryːrɛn]
tourner (~ à gauche)	abbiegen (vi)	[ˈapbiːgɛn]
traduire (vt)	übersetzen (vt)	[juːbɛrˈzɛtsɛn]
travailler (vi)	arbeiten (vi)	[ˈarbaɪtɛn]
tromper (vt)	täuschen (vt)	[ˈtɔɪʃɛn]
trouver (vt)	finden (vt)	[ˈfindɛn]
tuer (vt)	ermorden (vt)	[ɛrˈmɔrdɛn]
vendre (vt)	verkaufen (vt)	[fɛrˈkaufɛn]
venir (vi)	ankommen (vi)	[ˈaŋkɔmɛn]
voir (vt)	sehen (vi, vt)	[ˈzeːɛn]
voler (avion, oiseau)	fliegen (vi)	[ˈfliːgɛn]
voler (vt)	stehlen (vt)	[ˈʃteːlen]
vouloir	wollen (vt)	[ˈvɔlen]

14. Les couleurs

couleur (f)	Farbe (f)	[ˈfarbɛ]
teinte (f)	Schattierung (f)	[ʃatˈtiːrʊn]

ton (m)	**Farbton** (m)	['faːrbtɔːn]
arc-en-ciel (m)	**Regenbogen** (m)	['rɛgɛnboːgɛn]
blanc	**weiß**	[vɑɪɔ]
noir	**schwarz**	[ʃvarts]
gris	**grau**	['grau]
vert	**grün**	[gryn]
jaune	**gelb**	[gɛʎp]
rouge	**rot**	[rɔːt]
bleu	**blau**	['blau]
bleu clair	**hellblau**	['hɛʎblau]
rose	**rosa**	['rɔːza]
orange	**orange**	[ɔ'ranʒ]
violet	**violett**	[wiɔ'let]
brun	**braun**	['braun]
d'or	**golden**	['gɔʎdɛn]
argenté	**silbrig**	['ziʎbriɦ]
beige	**beige**	[beːʒ]
crème	**cremefarben**	['krɛmfarbɛn]
turquoise	**türkis**	['tyrkiːs]
cerise	**kirschrot**	['kirʃrɔːt]
lilas	**lila**	['lila]
framboise	**himbeerrot**	[himbeːɛr'rɔt]
clair	**hell**	[hɛʎ]
foncé	**dunkel**	['dʊŋkɛʎ]
vif	**grell**	[grɛʎ]
de couleur	**Farb-**	['farb]
en couleurs	**Farb-**	['farb]
noir et blanc	**schwarz-weiß**	['ʃvartsvaɪs]
monochrome	**einfarbig**	['aɪnfarbiɦ]
multicolore	**bunt**	[bʊnt]

15. Les questions

Qui?	**Wer?**	[weːr]
Quoi?	**Was?**	[vas]
Où?	**Wo?**	[vɔː]
Où? (~ vas-tu?)	**Wohin?**	[vɔ'hin]
D'où?	**Woher?**	[vɔ'heːr]
Quand?	**Wann?**	[van]
Pourquoi? (~ es-tu venu?)	**Wozu?**	[vɔ'tsuː]
Pourquoi? (~ t'es pâle?)	**Warum?**	[va'rʊm]
À quoi bon?	**Wofür?**	[vɔ'fyːr]
Comment?	**Wie?**	[wiː]
Quel? (à ~ prix?)	**Welcher?**	['vɛʎher]
Lequel?	**Welcher?**	['vɛʎher]
À qui? (pour qui?)	**Wem?**	[weːm]

De qui?	Über wen?	[jubə vɛ:n]
De quoi?	Wovon?	[vɔ:'fɔn]
Avec qui?	Mit wem?	[mit we:m]

Combien? (dénombr.)	Wie viele?	[wi: 'fi:le]
Combien? (indénombr.)	Wieviel?	['wi:fi:ʎ]
À qui? (~ est ce livre?)	Wessen?	['vɛssɛn]

16 Les prépositions

avec	mit	[mit]
sans	ohne	['ɔ:nɛ]
à (aller ~...)	nach	[na:h]
de (au sujet de)	über	['ju:bə]
avant	vor	[for]
devant	vor	[for]

sous	unter	['untə]
au-dessus (de ...)	über	['ju:bə]
sur (dessus)	auf	['auf]
de (venir ~ Paris)	aus	['aus]
en (en bois, etc.)	aus	['aus]

| dans | in | [in] |
| par dessus | über | ['ju:bə] |

17 Les mots-outils. Les adverbes. Partie 1

Où?	Wo?	[vɔ:]
ici	hier	[hi:ə]
là-bas	dort	[dort]

| quelque part | irgendwo | ['irgɛntvɔ:] |
| nulle part | nirgends | ['nirgɛnts] |

| près | an | [an] |
| près de la fenêtre | am Fenster | [am 'fɛnstə] |

Où? (~ vas-tu?)	Wohin?	[vɔ:'hin]
ici	hierher	['hi:r'hə:]
là-bas	dahin	[da'hin]
d'ici	von hier	[fɔn hi:ə]
de là-bas	von da	[fɔn da:]

| près | in der Nähe von ... | [in də 'nɛ:e fɔn] |
| loin | weit | [vait] |

à proximité	neben	['nɛbɛn]
tout près	in der Nähe	[in də 'nɛe]
pas loin	nicht weit	[niht vait]
gauche	link	[liŋk]
à gauche (être ~)	links	[liŋks]

à gauche (tournez ~)	nach links	[na:h 'lɪŋks]
droit	recht	[rɛht]
à droite (être ~)	rechts	[rɛhts]
à droito (tournoz ~)	naoh roohtc	[na:h 'rɛhtɔ]

devant	vorne	['fɔrnɛ]
de devant	Vorder-	['fɔrdɛr]
en avant	vorwärts	['fɔrvɛrts]

derrière	hinten	['hintɛn]
par derrière	von hinten	[fɔn 'hintɛn]
en arrière	rückwärts	['rykvɛrts]

| milieu (m) | Mitte (f) | ['mittɛ] |
| au milieu | in der Mitte | [in də 'mittɛ] |

à côté	seitlich	['zaɪtlɪh]
partout	überall	['ju:bɛrʰ'aʎ]
autour	ringsherum	[rinshɛ'rʊm]

de l'intérieur	von innen	[fɔn 'inɛn]
quelque part	irgendwohin	['irgɛntvɔ:hin]
tout droit	geradeaus	[gɛ'ra:dɛaʊs]
en arrière	zurück	[tsu'ryk]

| de quelque part (n'import d'où) | irgendwoher | ['irgɛntvɔhə:] |
| de quelque part (on ne sait pas d'où) | von irgendwo | [fɔn 'i:gɛntvʊ] |

premièrement	erstens	['ɛrstɛns]
deuxièmement	zweitens	['tsvaɪtɛns]
troisièmement	drittens	['drittɛns]

soudain	plötzlich	['pløtslɪh]
au début	zuerst	[tsu'ɛrst]
pour la première fois	zum ersten Mal	[tsum 'ɛrstɛn 'ma:ʎ]
bien avant ...	lange vor...	['laŋɛ fɔr]
de nouveau	von Anfang an	[fɔn 'anfaŋ an]
pour toujours	für immer	[fy:r 'imə]

jamais	nie	[ni]
encore	wieder	['wi:də]
maintenant	jetzt	[etst]
souvent	oft	[ɔft]
alors	damals	['da:ma:ʎs]
d'urgence	dringend	['driŋɛnt]
d'habitude	gewöhnlich	[gɛ'wø:nlɪh]

à propos, ...	übrigens	['jubrigɛns]
c'est possible	vielleicht	[fi'ʎaɪht]
probablement	wahrscheinlich	[va:r'ʃaɪnlɪh]
peut-être	vielleicht	[fi'ʎaɪht]
en plus, ...	außerdem	['ausɛrdɛm]
c'est pourquoi ...	darum	[da'rʊm]
malgré ...	trotz ...	[trɔts]

grâce à ...	dank ...	[daŋk]
quoi	was	[vas]
que	das	[das]
quelque chose (Il m'est arrivé ~)	etwas	['ɛtvas]
quelque chose (peut-on faire ~)	irgendwas	['irgɛtvas]
rien	nichts	[niħts]
qui	wer	[və:]
quelqu'un (on ne sait pas qui)	jemand	['emant]
quelqu'un (n'importe qui)	irgendwer	['irgɛntvə:]
personne	niemand	['ni:mant]
nulle part	nirgends	['nirgɛnts]
à personne	niemandes	['nimandɛs]
à quelqu'un	jemandes	['emandɛs]
comme ça	so	[zɔ:]
également	auch	['auh]
aussi	auch	['auh]

18. Les mots-outils. Les adverbes. Partie 2

Pourquoi?	Warum?	[va'rʊm]
on ne sait pourquoi	aus unbestimmten Gründen	['aus 'unbɛʃtimtɛn g'rynden]
parce que ...	denn	[dɛn]
pour une raison quelconque	zu irgendeinem Zweck	[ʦu ju:gntʰainɛm ʦvɛk]
et	und	[unt]
ou	oder	['ɔ:də]
mais	aber	['a:bə]
pour	für	[fy:r]
trop	zu	[ʦu:]
seulement	nur	[nʊ:r]
précisément	genau	[gɛ'nau]
autour de ...	etwa	['ɛtva]
approximativement	ungefähr	['uŋɛfɛr]
approximatif	ungefähr	['uŋɛfɛr]
presque	fast	[fast]
reste (m)	Übrige (n)	['ju:brigɛ]
un autre	anderer	['andɛrə]
autre	andere	['andɛrɛ]
chaque	jeder (m)	['e:də]
chacun	beliebig	[bɛ'li:biħ]
beaucoup	viel	[fi:ʎ]
plusieurs	viele	['fi:le]
touts les ..., toutes les ...	alle	['alle]
en échange de ...	im Austausch gegen ...	[im 'austauʃ 'gɛgɛn]
en échange	anstatt	[anʃ'tat]

à la main	mit der Hand	[mit də hant]
peu probable	schwerlich	[ʃweːrliħ]
probablement	wahrscheinlich	[vaːrˈʃainlɪħ]
exprès	absichtlich	[ˈapzihtliħ]
par hasard	zufällig	[ˈtsufɛliħ]
très	sehr	[zeːr]
par exemple	zum Beispiel	[tsum ˈbaɪʃpiʎ]
entre	zwischen	[ˈtswiʃɛn]
parmi	unter	[ˈuntə]
autant	soviel	[zɔːˈfiːʎ]
surtout	besonders	[bɛˈzɔndɛrs]

Concepts de base. Partie 2

19. Les jours de la semaine

lundi (m)	**Montag** (m)	['mɔːntaːk]
mardi (m)	**Dienstag** (m)	['diːnstaːk]
mercredi (m)	**Mittwoch** (m)	['mitvɔh]
jeudi (m)	**Donnerstag** (m)	['dɔnɛrstaːk]
vendredi (m)	**Freitag** (m)	['fraɪtaːk]
samedi (m)	**Samstag** (m)	['zamstaːk]
dimanche (m)	**Sonntag** (m)	['zɔntaːk]
aujourd'hui	**heute**	['hɔɪtɛ]
demain	**morgen**	['mɔrgɛn]
après-demain	**übermorgen**	['juːbɛr'mɔrgɛn]
hier	**gestern**	['gɛstɛrn]
avant-hier	**vorgestern**	['fɔrgɛstɛrn]
jour (m)	**Tag** (m)	[taːk]
jour (m) ouvrable	**Arbeitstag** (m)	['arbaɪtstaːk]
jour (m) férié	**Feiertag** (m)	['fajertaːk]
jour (m) de repos	**freier Tag** (m)	['fraɪə 'taːk]
week-end (m)	**Wochenende** (n)	['vɔhɛnʰ'ɛndɛ]
toute la journée	**den ganzen Tag**	[dɛn 'gantsɛn 'taːk]
le lendemain	**am nächsten Tag**	[am 'nɛkstɛn taːk]
il y a 2 jours	**zwei Tage vorher**	[tsvaɪ 'taɡɛ 'fɔːhə]
la veille	**am Vortag**	[am 'fɔrtaːk]
quotidien	**täglich**	['tɛgliħ]
tous les jours	**täglich**	['tɛgliħ]
semaine (f)	**Woche** (f)	['vɔhɛ]
la semaine dernière	**letzte Woche**	['letstɛ 'vɔhɛ]
la semaine prochaine	**nächste Woche**	['nɛkstɛ 'vɔhɛ]
hebdomadaire	**wöchentlich**	['wøhɛntliħ]
chaque semaine	**wöchentlich**	['wøhɛntliħ]
2 fois par semaine	**zweimal pro Woche**	['tsvaɪmaːʎ pro 'vɔhɛ]
tous les mardis	**jeden Dienstag**	['eːdɛn 'diːnstaːk]

20. Les heures. Le jour et la nuit

matin (m)	**Morgen** (m)	['mɔrgɛn]
le matin	**morgens**	['mɔrgɛns]
midi (m)	**Mittag** (m)	['mittaːk]
dans l'après-midi	**nachmittags**	['naːhmit'taːks]
soir (m)	**Abend** (m)	['aːbɛnt]
le soir	**abends**	['aːbɛnts]

nuit (f)	**Nacht** (f)	[naht]
la nuit	**nachts**	[nahts]
minuit (f)	**Mitternacht** (f)	['mittɛrnaht]
seconde (f)	**Sekunde** (f)	[zɛ'kʊndɛ]
minute (f)	**Minute** (f)	[mi'nuːtɛ]
heure (f)	**Stunde** (f)	['ʃtʊndɛ]
demi-heure (f)	**eine halbe Stunde**	['aɪnɛ 'haʎbɛ 'ʃtʊndɛ]
un quart d'heure	**Viertelstunde** (f)	[firtɛʎʃtʊndɛ]
quinze minutes	**fünfzehn Minuten**	['fynftsiːn mi'nuːtn]
vingt-quatre heures	**Tag und Nacht**	['taːk unt 'naht]
lever (m) du soleil	**Sonnenaufgang** (m)	['zɔnɛ'naufgan]
aube (f)	**Morgendämmerung** (f)	['mɔrgɛn'dɛmmɛrʊn]
pointe (f) du jour	**früher Morgen** (m)	['fryːə 'mɔrgɛn]
coucher (m) du soleil	**Sonnenuntergang** (m)	['zɔnɛ'nʊntɛrgan]
tôt le matin	**früh am Morgen**	[fryː am 'mɔrgɛn]
ce matin	**heute morgen**	['hɔɪtɛ 'mɔrgɛn]
demain matin	**morgen früh**	['mɔrgɛn 'fryː]
cet après-midi	**heute Mittag**	['hɔɪtɛ 'mittaːk]
dans l'après-midi	**nachmittags**	['naːhmit'taːks]
demain après-midi	**morgen Nachmittag**	['mɔrgɛn 'nahmitaːg]
ce soir	**heute Abend**	['hɔɪtɛ 'aːbɛnt]
demain soir	**morgen Abend**	['mɔrgɛn 'aːbɛnt]
à 3 heures précises	**Punkt drei Uhr**	[pʊŋkt 'draɪ uːr]
autour de 4 heures	**gegen vier Uhr**	['gɛgɛn fiə uːr]
vers midi	**um zwölf Uhr**	[um 'tswøʎf 'uːə]
dans 20 minutes	**in zwanzig Minuten**	[in 'tsvantsih mi'nuːtɛn]
dans une heure	**in einer Stunde**	[in 'aɪnə 'ʃtʊndɛ]
à temps	**rechtzeitig**	['rɛhtsaɪtih]
terme (date)	**Frist** (f)	[frist]
... moins le quart	**Viertel vor ...**	['firtɛʎ for]
en une heure	**innerhalb einer Stunde**	['inɛrhaʎp 'aɪnə 'ʃtʊndɛ]
tous les quarts d'heure	**alle fünfzehn Minuten**	['ale 'fynftsɛːn mi'nuːtɛn]
24 heures sur 24	**Tag und Nacht**	['taːk unt 'naht]

21. Les mois. Les saisons

janvier (m)	**Januar** (m)	['janʊar]
février (m)	**Februar** (m)	['fɛbrʊar]
mars (m)	**März** (m)	[mɛrts]
avril (m)	**April** (m)	[ap'riʎ]
mai (m)	**Mai** (m)	[maɪ]
juin (m)	**Juni** (m)	['juːni]
juillet (m)	**Juli** (m)	['juːli]
août (m)	**August** (m)	[aʊ'gʊst]
septembre (m)	**September** (m)	[zɛp'tɛmbə]

octobre (m)	Oktober (m)	[ɔk'toːbə]
novembre (m)	November (m)	[nɔ'vɛmbə]
décembre (m)	Dezember (m)	[dɛ'tsɛmbə]
printemps (m)	Frühling (m)	['fryːlin]
au printemps	im Frühling	[im 'fryːlin]
de printemps	Frühlings-	['fryːlins]
été (m)	Sommer (m)	['zɔmə]
en été	im Sommer	[im 'zɔmə]
d'été	Sommer-	['zɔmɛr]
automne (m)	Herbst (m)	[hɛrpst]
en automne	im Herbst	[im hɛrpst]
d'automne	Herbst-	[hɛrpst]
hiver (m)	Winter (m)	['wintə]
en hiver	im Winter	[im 'wintə]
d'hiver	Winter-	['wintɛr]
mois (m)	Monat (m)	['moːnat]
ce mois	in diesem Monat	[in 'dizɛm 'moːnat]
le mois prochain	nächsten Monat	['nɛfstɛn 'moːnat]
le mois dernier	letzten Monat	['lɛtstɛn 'moːnat]
il y a un mois	vor einem Monat	[for 'aɪnɛm 'moːnat]
dans un mois	über eine Monat	['jubə 'aɪnɛ 'moːnat]
dans 2 mois	über zwei Monaten	['jubə tsvaɪ 'moːnatɛn]
tout le mois	einen ganzen Monat	['aɪnɛn 'gantsɛn 'moːnat]
tout un mois	einen ganzen Monat	['aɪnɛn 'gantsɛn 'moːnat]
mensuel	monatlich	['moːnatlifi]
tous les mois	monatlich	['moːnatlifi]
chaque mois	jeden Monat	['edɛn 'moːnat]
2 fois par mois	zweimal pro Monat	['tsvaɪmaːʎ pro 'moːnat]
année (f)	Jahr (n)	[jar]
cette année	dieses Jahr	['dizɛs jar]
l'année prochaine	nächstes Jahr	['nɛfstɛs jar]
l'année dernière	voriges Jahr	['forigɛs jar]
il y a un an	vor einem Jahr	[for 'aɪnɛm jar]
dans un an	über ein Jahr	['jubə aɪn jar]
dans 2 ans	über zwei Jahre	['jubə tsvaɪ 'jarɛ]
toute l'année	ein ganzes Jahr	[aɪn 'gantsɛs jar]
toute une année	ein ganzes Jahr	[aɪn 'gantsɛs jar]
chaque année	jedes Jahr	['eːdɛs jar]
annuel	jährlich	['erlifi]
tous les ans	jährlich	['erlifi]
4 fois par an	viermal pro Jahr	['fir'maʎ pro jar]
date (f) (jour du mois)	Datum (n)	['daːtʊm]
date (f) (~ mémorable)	Datum (n)	['daːtʊm]

calendrier (m)	Kalender (m)	[ka'lendə]
six mois	ein halbes Jahr	['aɪn 'haʎbɛs jar]
semestre (m)	Halbjahr (n)	['haʎpʰjar]
saison (f)	Saison (f)	[zɛ'zɔn]
siècle (m)	Jahrhundert (n)	[jar'hʊndɛrt]

22. La notion de temps. Divers

temps (m)	Zeit (f)	[ʦaɪt]
instant (m)	Augenblick (m)	['augɛnblik]
moment (m)	Augenblick (m)	['augɛnblik]
instantané	augenblicklich	['augɛnbliklih]

laps (m) de temps	Zeitspanne (f)	['ʦaɪtʃpaɲɛ]
vie (f)	Leben (n)	['le:bɛn]
éternité (f)	Ewigkeit (f)	['ɛwihkaɪt]

époque (f)	Epoche (f)	[ɛ'pɔhɛ]
ère (f)	Ära (f)	['ɛra]
cycle (m)	Zyklus (m)	['ʦyklus]
période (f)	Periode (f)	[pɛri'ɔ:dɛ]
délai (m)	Frist (f)	[frist]

avenir (m)	Zukunft (f)	['ʦu:kʊnft]
prochain	zukünftig	[ʦu:'kynftih]
la fois prochaine	nächstes Mal	['nɛstɛs maʎ]
passé (m)	Vergangenheit (f)	[fɛr'gaɲɛnhaɪt]
passé	vorig	['fo:rih]
la fois passée	letztes Mal	['lɛʦtɛs ma:ʎ]

plus tard	später	['ʃpɛtə]
après	danach	[da'na:h]
à présent	zur Zeit	[ʦur'ʦaɪt]

maintenant	jetzt	[eʦt]
immédiatement	sofort	[zɔ'fort]
bientôt	bald	[baʎt]
d'avance	im Voraus	[im fɔ'raus]

il y a longtemps	lange her	['laɲɛ hə:]
récemment	vor kurzem	[for 'kʊrʦɛm]
destin (m)	Schicksal (n)	['ʃikzaʎ]
souvenirs (m pl)	Erinnerung (f)	[ɛrʰ'inɛrʊn]
archives (m pl)	Archiv (n)	[ar'hif]

pendant ...	während ...	['vɛrɛnt]
longtemps	lange	['laɲɛ]
pas longtemps	nicht lange	[niht 'laɲɛ]
tôt	früh	[fry:]
tard	spät	[ʃpɛt]

pour toujours	für immer	[fy:r 'imə]
commencer (vt)	beginnen (vt)	[bɛ'ginɛn]
reporter (rendez-vous)	verschieben (vt)	[fɛ:'ʃi:bn]

en même temps	**gleichzeitig**	['gʎaɪɦtsaɪtiɦ]
tout le temps	**ständig**	['ʃtɛndiɦ]
incessant (bruit)	**ständig**	['ʃtɛndiɦ]
temporaire	**zeitweilig**	['tsaɪtvaɪliɦ]
parfois	**manchmal**	['manɦmaʎ]
rarement	**selten**	['zɛʎtɛn]
souvent	**oft**	[ɔft]

23. Les contraires

riche	**reich**	[raɪɦ]
pauvre	**arm**	[arm]
malade	**krank**	[kraŋk]
en bonne santé	**gesund**	[gɛ'zunt]
grand	**groß**	[grɔːs]
petit	**klein**	[kʎaɪn]
vite	**schnell**	[ʃnɛʎ]
lentement	**langsam**	['laŋzam]
rapide	**schnell**	[ʃnɛʎ]
lent	**langsam**	['laŋzam]
joyeux	**froh**	[frɔː]
triste	**traurig**	['traʊriɦ]
ensemble	**zusammen**	[tsu'zamɛn]
séparément	**getrennt**	[get'rɛnt]
à haute voix	**laut**	['laut]
en silence	**still**	[ʃtiʎ]
haut	**hoch**	[hɔh]
bas	**niedrig**	['nidriɦ]
profond	**tief**	[tiːf]
peu profond	**flach**	[fʎah]
oui	**ja**	[ja]
non	**nein**	[naɪn]
lointain	**fern**	[fɛrn]
proche	**nah**	[naː]
loin	**weit**	[vaɪt]
près	**nebenan**	['nɛbɛnʰan]
long	**lang**	[lan]
court	**kurz**	[kʊrts]
bon	**gut**	[gʊːt]
méchant	**böse**	['bøːzɛ]

| marié | verheiratet | [fɛr'haɪratɛt] |
| célibataire | ledig | ['le:dɪħ] |

| interdire (vt) | verbieten (vt) | [fɛr'bi:tɛn] |
| permettre (vt) | erlauben (vt) | [ɛr'laubɛn] |

| fin (f) | Ende (n) | ['ɛndɛ] |
| début (m) | Anfang (m) | ['anfan] |

| gauche | link | [lɪŋk] |
| droit | recht | [rɛħt] |

| premier | der erste | [də 'ɛrstɛ] |
| dernier | der letzte | [də 'lɛtstɛ] |

| crime (f) | Verbrechen (n) | [fɛrb'rɛhen] |
| punition (f) | Bestrafung (f) | [bɛʃt'ra:fʊn] |

| ordonner (vt) | befehlen (vt) | [bɛ'fe:len] |
| obéir (vt) | sich unterordnen | [zɪħ 'untɛrʰɔrdnɛn] |

| droit | gerade | [gɛ'ra:dɛ] |
| tortu | krumm | [krʊm] |

| paradis (m) | Paradies (n) | [para'di:s] |
| enfer (m) | Hölle (f) | ['høle] |

| naître (vi) | geboren sein | [gɛ'bo:rɛn zaɪn] |
| mourir (vi) | sterben (vi) | ['ʃtɛrbɛn] |

| fort | stark | [ʃtark] |
| faible | schwach | [ʃvah] |

| vieux | alt | [aʎt] |
| jeune | jung | [jun] |

| vieux | alt | [aʎt] |
| neuf | neu | [nɔɪ] |

| dur | hart | [hart] |
| mou | weich | [vaɪħ] |

| chaud | warm | [varm] |
| froid | kalt | [kaʎt] |

| gros | dick | [dik] |
| maigre | mager | ['ma:gə] |

| étroit | eng | [ɛn] |
| large | breit | [braɪt] |

| bon | gut | [gu:t] |
| mauvais | schlecht | ['ʃleħt] |

| courageux | tapfer | ['tapfə] |
| peureux | feige | ['faɪgɛ] |

24. Les lignes et les formes

carré (m)	**Quadrat** (n)	[kvad'rat]
carré	**quadratisch**	[kvad'ratiʃ]
cercle (m)	**Kreis** (m)	[kraɪs]
rond	**rund**	[rʊnt]
triangle (m)	**Dreieck** (n)	['draɪʰɛk]
triangulaire	**dreieckig**	['draɪʰɛkiɦ]
ovale (m)	**Oval** (n)	[ɔ'va:ʎ]
ovale	**oval**	[ɔ'va:ʎ]
rectangle (m)	**Rechteck** (n)	['rɛɦtʰɛk]
rectangulaire	**rechteckig**	['rɛɦtʰɛkkiɦ]
pyramide (f)	**Pyramide** (f)	[pyra'mi:dɛ]
losange (m)	**Rhombus** (m)	['rombʊs]
trapèze (m)	**Trapez** (n)	[tra'pɛts]
cube (m)	**Würfel** (m)	['wyrfɛʎ]
prisme (m)	**Prisma** (n)	['prizma]
circonférence (f)	**Kreis** (m)	[kraɪs]
sphère (f)	**Sphäre** (f)	['sfɛrɛ]
globe (m)	**Kugel** (f)	['kʊ:gɛʎ]
diamètre (m)	**Durchmesser** (m)	['dʊrɦmɛssə]
rayon (m)	**Radius** (m)	['radius]
périmètre (m)	**Umfang** (m)	['umfaŋ]
centre (m)	**Zentrum** (n)	['tsɛntrʊm]
horizontal	**waagerecht**	[va'agɛrɛɦt]
vertical	**senkrecht**	['zɛŋkrɛɦt]
parallèle (f)	**Parallele** (f)	[para'le:le]
parallèle	**parallel**	[para'le:ʎ]
ligne (f)	**Linie** (f)	['li:niɛ]
trait (m)	**Linie** (f)	['li:niɛ]
ligne (f) droite	**Gerade** (f)	[gɛ'radɛ]
courbe (f)	**Kurve** (f)	['kʊrvɛ]
fin	**dünn**	[dyn]
contour (m)	**Kontur** (f)	[kɔn'tʊ:r]
croisement (m)	**Kreuzung** (f)	['krɔɪtsuŋ]
un angle droit	**rechter Winkel** (m)	['rɛɦtə 'wiŋkɛʎ]
segment (m)	**Segment** (n)	[zɛg'mɛnt]
secteur (m)	**Sektor** (m)	['zɛktɔr]
côté (m)	**Seite** (f)	['zaɪtɛ]
angle (m)	**Winkel** (m)	['wiŋkɛʎ]

25. Les unités de mesure

poids (m)	**Gewicht** (n)	[gɛ'wiɦt]
longueur (f)	**Länge** (f)	['lɛŋɛ]
largeur (f)	**Breite** (f)	['braɪtɛ]
hauteur (f)	**Höhe** (f)	['hø:ɛ]

profondeur (f)	**Tiefe** (f)	[ˈtiːfɛ]
volume (m)	**Volumen** (n)	[voˈlyːmɛn]
surface (f)	**Fläche** (f)	[ˈflɛhe]

gramme (m)	**Gramm** (n)	[gram]
milligramme (m)	**Milligramm** (n)	[miligˈram]
kilogramme (m)	**Kilo** (n)	[ˈkilɔ]
tonne (f)	**Tonne** (f)	[ˈtɔnɛ]
livre (f)	**Pfund** (n)	[pfʊnt]
once (f)	**Unze** (f)	[ˈunʦɛ]

mètre (m)	**Meter** (m)	[ˈmeːtə]
millimètre (m)	**Millimeter** (m)	[miliˈmeːtə]
centimètre (m)	**Zentimeter** (m)	[ʦɛntiˈmeːtə]
kilomètre (m)	**Kilometer** (m)	[kilɔˈmeːtə]
mille (m)	**Meile** (f)	[ˈmaɪle]

pouce (m)	**Zoll** (m)	[ʦɔʎ]
pied (m)	**Fuß** (m)	[fuːs]
yard (m)	**Yard** (n)	[jart]

mètre (m) carré	**Quadratmeter** (m)	[kvadˈradmetə]
hectare (m)	**Hektar** (n)	[hɛkˈtaːr]

litre (m)	**Liter** (m)	[ˈliːtə]
degré (m)	**Grad** (m)	[grat]
volt (m)	**Volt** (n)	[vɔʎt]
ampère (m)	**Ampere** (n)	[amˈpɛr]
cheval-vapeur (m)	**Pferdestärke** (f)	[ˈpfɛrdeʃtɛrkɛ]

quantité (f)	**Anzahl** (f)	[ˈanʦaʎ]
un peu de ...	**etwas ...**	[ˈɛtvas]
moitié (f)	**Hälfte** (f)	[ˈhɛʎftɛ]
douzaine (f)	**Dutzend** (n)	[ˈduʦɛnt]
pièce (f)	**Stück** (n)	[ʃtyk]

dimension (f)	**Größe** (f)	[ˈgrøsɛ]
échelle (f)	**Maßstab** (m)	[ˈmaːsʃtaːp]

minimal	**minimal**	[miniˈmaːʎ]
le plus petit	**der kleinste**	[də ˈkʎaɪnstɛ]
moyen	**mittler, mittel-**	[ˈmitler], [ˈmitʎ]
maximal	**maximal**	[maksiˈmaːʎ]
le plus grand	**der größte**	[də ˈgrøːstɛ]

26. Les récipients

bocal (m)	**Glas** (n)	[glaːs]
boîte (f) en métal	**Dose** (f)	[ˈdoːzɛ]
seau (m)	**Eimer** (m)	[ˈaɪmə]
tonneau (m)	**Faß** (n), **Tonne** (f)	[fas], [ˈtɔnɛ]

bassine (f)	**Becken** (n)	[ˈbɛkkɛn]
réservoir (m)	**Behälter** (m)	[bɛˈhɛʎtə]

flasque (f)	**Flachmann** (m)	[fʌah maŋ]
jerrycan (m)	**Kanister** (m)	[ka'nistə]
citerne (f)	**Zisterne** (f)	[ʦis'tɛrnɛ]

grande tasse (f)	**Kaffeebecher** (m)	['kafɛbɛhə]
tasse (f)	**Tasse** (f)	['tassɛ]
soucoupe (f)	**Untertasse** (f)	['untɛrtassɛ]
verre (m)	**Glas** (n)	[gla:s]
verre (m) à pied	**Glas** (n)	[gla:s]
casserole (f)	**Kochtopf** (m)	['kɔhtɔpf]

| bouteille (f) | **Flasche** (f) | ['fla:ʃɛ] |
| goulot (m) | **Flaschenhals** (m) | ['fla:ʃɛnhaʌs] |

carafe (f)	**Karaffe** (f)	[ka'raffɛ]
cruche (f)	**Tonkrug** (m)	[tɔŋk'rʊk]
récipient (m)	**Gefäß** (n)	[gɛ'fɛs]
pot (m)	**Topf** (m)	[tɔpf]
vase (m)	**Vase** (f)	['va:zɛ]

flacon (m)	**Flakon** (n)	[fla'kɔn]
fiole (f)	**Fläschchen** (n)	['fleʃhen]
tube (m)	**Tube** (f)	['tʊ:bɛ]

sac (m, grand ~)	**Sack** (m)	[zak]
sac (m, ~ en plastique, etc.)	**Tüte** (f)	['ty:tɛ]
paquet (m, qch emballé)	**Paket** (n)	[pa'ket]
emballage (m)	**Verpackung** (f)	[fɛr'pakkʊn]

boîte (f)	**Karton** (m)	[kar'tɔn]
caisse (f)	**Kiste** (f)	['kistɛ]
panier (m)	**Korb** (m)	[kɔrp]

27. Les matériaux

matériau (m)	**Stoff** (n)	[ʃtɔf]
bois (m)	**Holz** (n)	[hoʌʦ]
en bois	**hölzern**	['høʌʦɛrn]

| verre (m) | **Glas** (n) | [gla:s] |
| en verre | **gläsern, Glas-** | ['glɛ:zɛrn], [gla:s] |

| pierre (f) | **Stein** (m) | [ʃtaɪn] |
| de pierre | **steinern** | ['ʃtaɪnɛrn] |

| plastique (f) | **Kunststoff** (m) | ['kʊnstʃtɔf] |
| en plastique | **Kunststoff-** | ['kʊnstʃtɔf] |

| caoutchouc (m) | **Gummi** (n) | ['gʊmmi] |
| en caoutchouc | **Gummi-** | ['gʊmmi] |

tissu (m)	**Stoff** (m)	[ʃtɔf]
en tissu	**aus Stoff**	['aus ʃtɔf]
papier (m)	**Papier** (n)	[pa'pi:ə]

de papier	Papier-	[pa'pi:r]
carton (m)	Pappe (f)	['pappɛ]
en carton	Pappen-	['pappɛn]

polyéthylène (m)	Polyäthylen (n)	[poli'ɛtilen]
cellophane (f)	Zellophan (n)	[tsɛlɔ'fan]
linoléum (m)	Linoleum (n)	[li'nɔleum]
contreplaqué (m)	Furnier (n)	[fʊr'ni:ə]

porcelaine (f)	Porzellan (n)	[pɔrtsɛ'lan]
de porcelaine	aus Porzellan	['aus pɔrtsɛ'lan]
argile (f)	Ton (m)	[tɔn]
en grès	Ton-	[tɔn]
céramique (f)	Keramik (f)	[kɛ'ra:mik]
en céramique	keramisch	[kɛ'ra:miʃ]

28. Les métaux

métal (m)	Metall (n)	[mɛ'taʎ]
métallique	metallisch, Metall-	[mɛ'taliʃ], [mɛ'taʎ]
alliage (m)	Legierung (f)	[le'gi:rʊn]

or (m)	Gold (n)	[gɔʎt]
en or	golden	['gɔʎdɛn]
argent (m)	Silber (n)	['ziʎbə]
en argent	silbern, Silber-	['ziʎbɛrn], ['ziʎbɛ]

fer (m)	Eisen (n)	['aɪzɛn]
en fer	eisern, Eisen-	['aɪzɛrn], ['aɪzɛn]
acier (m)	Stahl (m)	[ʃtaʎ]
en acier	stählern	['ʃtɛlern]
cuivre (m)	Kupfer (n)	['kʊpfə]
en cuivre	kupfern, Kupfer-	['kʊpfɛrn], ['kʊpfɛr]

aluminium (m)	Aluminium (n)	[aly'minium]
en aluminium	Aluminium-	[aly'minium]
bronze (f)	Bronze (f)	['brɔntsɛ]
en bronze	bronzen	['brɔntsɛn]

laiton (m)	Messing (n)	['mɛssin]
nickel (m)	Nickel (n)	['nikkɛʎ]
platine (f)	Platin (n)	['pla:ti:n]
mercure (m)	Quecksilber (n)	['kvɛkziʎbə]
étain (m)	Zinn (n)	[tsin]
plomb (m)	Blei (n)	[bʎaɪ]
zinc (m)	Zink (n)	[tsiŋk]

L'HOMME

L'homme. Le corps humain

29. L'homme. Notions fondamentales

homme (m, être humain)	**Mensch** (m)	[mɛnʃ]
homme (m)	**Mann** (m)	[man]
femme (f)	**Frau** (f)	['frau]
enfant (m, f)	**Kind** (n)	[kint]
fille (f)	**Mädchen** (n)	['mɛthen]
garçon (m)	**Junge** (m)	['juŋɛ]
adolescent (m)	**Teenager** (m)	[ti'nɛɪdʒə]
vieillard (m)	**Greis** (m)	[graɪs]
vieille femme (f)	**alte Frau** (f)	['aʌtɛ 'frau]

30. L'anatomie humaine

organisme (m)	**Organismus** (m)	[ɔrga'nismʊs]
cœur (m)	**Herz** (n)	[hɛrts]
sang (m)	**Blut** (n)	[blut]
artère (f)	**Arterie** (f)	[ar'tɛrie]
veine (f)	**Vene** (f)	['we:nɛ]
cerveau (m)	**Gehirn** (n)	[gɛ'hirn]
nerf (m)	**Nerv** (m)	[nɛrf]
nerfs (m pl)	**Nerven** (m pl)	['nɛrvɛn]
vertèbre (m)	**Wirbel** (m)	['wirbɛʌ]
l'épine dorsale	**Wirbelsäule** (f)	['wirbɛʌzɔile]
estomac (m)	**Magen** (m)	['ma:gɛn]
intestin (m)	**Gedärm** (n)	[ge'dɛ:rm]
boyau (m)	**Darm** (m)	[darm]
foie (m)	**Leber** (f)	['le:bə]
rein (m)	**Niere** (f)	['ni:rɛ]
os (m)	**Knochen** (m)	['knɔhɛn]
squelette (f)	**Skelett** (n)	[skɛ'let]
côte (f)	**Rippe** (f)	['rippɛ]
crâne (m)	**Schädel** (m)	['ʃedɛʌ]
muscle (m)	**Muskel** (m)	['mʊskɛʌ]
biceps (m)	**Bizeps** (m)	['bitsɛps]
triceps (m)	**Triceps** (m)	['tritsɛps]
tendon (m)	**Sehne** (f)	['ze:nɛ]
articulation (f)	**Gelenk** (n)	[gɛ'leŋk]

poumons (m pl)	Lungen (f pl)	['luŋɛn]
organes (m pl) génitaux	Geschlechtsorgane (pl)	[gɛʃ'leħtsʰɔr'ganɛ]
peau (f)	Haut (f)	['haut]

31. La tête

tête (f)	Kopf (m)	[kɔpf]
visage (m)	Gesicht (n)	[gɛ'ziħt]
nez (m)	Nase (f)	['naːzɛ]
bouche (f)	Mund (m)	[mʊnt]

œil (m)	Auge (n)	['augɛ]
les yeux	Augen (n pl)	['augɛn]
pupille (f)	Pupille (f)	[pʊ'pile]
sourcil (m)	Augenbraue (f)	['augɛnbrauɛ]
cil (m)	Wimper (f)	['wimpə]
paupière (f)	Augenlid (n)	['augɛnlit]

langue (f)	Zunge (f)	['ʦuŋɛ]
dent (f)	Zahn (m)	[ʦaːn]
lèvres (f pl)	Lippen (f pl)	['lippɛn]
pommettes (f pl)	Backenknochen (pl)	['bakkɛŋknɔħɛn]
gencive (f)	Zahnfleisch (n)	['ʦaːnfʎaɪʃ]
palais (m)	Gaumen (m)	['gaumɛn]

narines (f pl)	Nasenlöcher (n pl)	['naːzɛnløhə]
menton (m)	Kinn (n)	[kin]
mâchoire (f)	Kiefer (m)	['kiːfə]
joue (f)	Wange (f)	['vaŋɛ]

front (m)	Stirn (f)	[ʃtirn]
tempe (f)	Schläfe (f)	['ʃlɛfɛ]
oreille (f)	Ohr (n)	[oːr]
nuque (f)	Nacken (m)	['nakkɛn]
cou (m)	Hals (m)	[haʎs]
gorge (f)	Kehle (f)	['keːle]

cheveux (m pl)	Haare (n pl)	['haːarɛ]
coiffure (f)	Frisur (f)	[fri'zuːr]
coupe (f)	Haarschnitt (m)	['haːrʃnit]
perruque (f)	Perücke (f)	[pɛ'rykkɛ]

moustache (f)	Schnurrbart (m)	['ʃnʊrbaːrt]
barbe (f)	Bart (m)	[bart]
porter (~ la barbe)	haben (vt)	['haːbɛn]
tresse (f)	Zopf (m)	[ʦɔpf]
favoris (m pl)	Backenbart (m)	['bakkɛnbaːrt]

roux	rothaarig	['roːthaːriħ]
gris	grau	['grau]
chauve	kahl	[kaːʎ]
calvitie (f)	Glatze (f)	['glaʦɛ]
queue (f) de cheval	Pferdeschwanz (m)	['pfɛrdɛʃvanʦ]
frange (f)	Pony (m)	['poːni]

32. Le corps humain

| main (f) | Hand (f) | [hant] |
| bras (m) | Arm (m) | [arm] |

doigt (m) (montrer du ~)	Finger (m)	['fıŋə]
pouce (m)	Daumen (m)	['daumɛn]
petit doigt (m)	kleiner Finger (m)	['kʎaıner 'fıŋə]
ongle (m)	Nagel (m)	['na:gɛʎ]

poing (m)	Faust (f)	['faust]
paume (f)	Handfläche (f)	['hantf'lɛhɛ]
poignet (m)	Handgelenk (n)	['hantgɛleŋk]
avant-bras (m)	Unterarm (m)	['untɛrʰarm]
coude (m)	Ellbogen (m)	['ɛʎbɔ:gɛn]
épaule (f)	Schulter (f)	['ʃuʎtə]

jambe (f)	Bein (n)	[baın]
pied (m)	Fuß (m)	[fʊ:s]
genou (m)	Knie (n)	[kni:]
mollet (m)	Wade (f)	['va:dɛ]
hanche (f)	Hüfte (f)	['hyftɛ]
talon (m)	Ferse (f)	['fɛrzɛ]

corps (m)	Körper (m)	['kørpə]
ventre (m)	Bauch (m)	['bauh]
poitrine (f)	Brust (f)	[brʊst]
sein (m)	Busen (m)	['bʊ:zɛn]
côté (m)	Seite (f), Flanke (f)	['zaıtɛ], ['fʎaŋkɛ]
dos (m)	Rücken (m)	['rykkɛn]
reins (m pl)	Kreuz (n)	['krɔıts]
taille (f, ~ de guêpe)	Taille (f)	['taʎɛ]

nombril (m)	Nabel (m)	['na:bɛʎ]
fesses (f pl)	Gesäße (n pl)	[gɛ'zɛ:s]
derrière (m)	Hinterteil (n)	['hintɛrtaıʎ]

grain (m) de beauté	Leberfleck (m)	['li:bɛflɛk]
tache (f) de vin	Muttermal (n)	['mʊttɛrma:ʎ]
tatouage (m)	Tätowierung (f)	[tɛtɔ'wi:rʊn]
cicatrice (f)	Narbe (f)	['narbɛ]

Les vêtements & les accessoires

33. Les vêtements d'extérieur

vêtement (m)	Kleidung (f)	['kʎaɪdʊn]
survêtement (m)	Oberkleidung (f)	['ɔːbɛrkʎaɪdʊn]
vêtement (m) d'hiver	Winterkleidung (f)	['wɪntɛrkʎaɪdʊn]
manteau (m)	Mantel (m)	['mantɛʎ]
manteau (m) de fourrure	Pelzmantel (m)	['pɛʎtsmantɛʎ]
veste (f) en fourrure	Pelzjacke (f)	['pɛʎtsʰjakkɛ]
manteau (m) de duvet	Daunenjacke (f)	['daunɛnʰjakkɛ]
veste (f, ~ en cuir)	Jacke (f)	['jakkɛ]
pardessus (m)	Regenmantel (m)	['rɛgɛn 'mantɛʎ]
imperméable	wasserdicht	['vassɛr'dɪht]

34. Les vêtements

chemise (f)	Hemd (n)	[hɛmt]
pantalon (m)	Hose (f)	['hɔzɛ]
jean (m)	Jeans (f pl)	[dʒins]
veston (m)	Jackett (n)	[ʒak'ket]
costume (m)	Anzug (m)	['antsuk]
robe (f)	Kleid (n)	[kʎaɪt]
jupe (f)	Rock (m)	[rɔk]
chemisette (f)	Bluse (f)	['bluːzə]
gilet (m) en laine	Strickjacke (f)	['ʃtrikjakɛ]
jaquette (f)	Jacke (f)	['jakkɛ]
foulard (m)	Tuch (n)	[tʊh]
tee-shirt (m)	T-Shirt (n)	['tiː 'ʃɔːt]
short (m)	Shorts (pl)	[ʃɔrts]
costume (m) de sport	Sportanzug (m)	['ʃportantsuk]
robe (f) de chambre	Bademantel (m)	['baːdɛ'mantɛʎ]
pyjama (m)	Schlafanzug (m)	['ʃlafʰantsuk]
chandail (m)	Sweater (m)	['svɛtɛ]
pull (m)	Pullover (m)	[pʊ'lɔːvə]
gilet (m)	Weste (f)	['vɛstɛ]
queue-de-pie (f)	Frack (m)	[frak]
smoking (m)	Smoking (m)	['smɔːkiŋ]
uniforme (f)	Uniform (f)	[uni'fɔrm]
tenue (f) de travail	Arbeitskleidung (f)	['arbaɪtskʎaɪdʊn]
salopette (f)	Overall (m)	['ɔːvɛrɔːl]
blouse (f)	Arztkittel (m)	['artst'kitɛʎ]

35. Les sous-vêtements

sous-vêtements (m pl)	Unterwäsche (f)	['untɛrvɛʃɛ]
maillot (m) de corps	Unterhemd (n)	['untɛhɛmt]
chaussettes (f pl)	Socken (f pl)	['zɔkɛn]
chemise (f) de nuit	Nachthemd (n)	['naht'hɛmt]
soutien-gorge (m)	Büstenhalter (m)	['bystɛn'haʎtə]
chaussettes (f pl) hautes	Kniestrümpfe (m pl)	['kni:ʃtrympfɛ]
collant (m)	Strumpfhose (f)	['ʃtrʊmpfhɔ:zɛ]
bas (m pl)	Strümpfe (m pl)	['ʃtrympfɛ]
maillot (m) de bain	Badeanzug (m)	['ba:dɛantsuk]

36 Les chapeaux

bonnet (m)	Mütze (f)	['mytsɛ]
chapeau (m)	Hut (m)	[hʊt]
casquette (f) de base-ball	Baseballkappe (f)	['bɛizbɔʎ 'kappɛ]
casquette (f)	Schirmmütze (f)	['ʃirm'mytsɛ]
béret (m)	Baskenmütze (f)	['basken'mytsɛ]
capuche (f)	Kapuze (f)	[ka'pʊ:tsɛ]
panama (m)	Panamahut (m)	['panama'hʊt]
bonnet (m) de laine	Strickmütze (f)	['ʃtrikmytsɛ]
foulard (m)	Kopftuch (n)	['kɔpftʊ:h]
chapeau (m)	Damenhut (m)	['da:mɛn'hʊ:t]
fichu (m)	Halstuch (f)	['haʎstʊ:h]
casque (m)	Schutzhelm (m)	['ʃʊtshɛʎm]
calot (m)	Feldmütze (f)	['fɛʎt'mytsɛ]
casque (m)	Helm (m)	[hɛʎm]
melon (m)	Melone (f)	[me'lɔ:nɛ]
haut (m) de forme	Zylinder (m)	[tsy'lində]

37 Les chaussures

chaussures (f pl)	Schuhe (m pl)	['ʃʊ:ɛ]
bottines (f pl)	Stiefeletten (f pl)	[ʃtifɛ'letten]
souliers (m pl)	Halbschuhe (m pl)	['haʎbʃʊ:ɛ]
bottes (m pl)	Stiefel (m pl)	['ʃti:fɛʎ]
chaussons (m pl)	Hausschuhe (m pl)	['haus'ʃʊ:ɛ]
baskets (m pl)	Tennisschuhe (pl)	['tɛnis 'ʃʊ:ɛ]
tennis (m pl)	Canvas Schuhe (pl)	['kɛnvɛs 'ʃʊ:ɛ]
sandales (f pl)	Sandalen (f pl)	[zan'dalen]
cordonnier (m)	Schuster (m)	['ʃʊstə]
talon (m)	Absatz (m)	['apzats]
paire (f)	Paar (n)	['pa:r]

lacet (m)	Schnürsenkel (m)	[ˈʃnyːrzɛŋkɛʎ]
lacer (vt)	schnüren (vt)	[ˈʃnyːrɛn]
chausse-pied (m)	Schuhlöffel (m)	[ˈʃuːløffɛʎ]
cirage (m)	Schuhcreme (f)	[ˈʃuːkˈrɛm]

38. Le textile. Les tissus

coton (m)	Baumwolle (f)	[ˈbaumvɔle]
de coton	aus Baumwolle	[ˈaus ˈbaumvɔle]
lin (m)	Leinen (m)	[ˈʎainɛn]
de lin	aus Leinen	[ˈaus ˈʎainɛn]

soie (f)	Seide (f)	[ˈzaidɛ]
de soie	Seiden-	[ˈzaidɛn]
laine (f)	Wolle (f)	[ˈvɔle]
en laine	Woll-	[vɔʎ]

velours (m)	Samt (m)	[zamt]
chamois (m)	Wildleder (n)	[ˈwiʎtˈleːdə]
velours (m) côtelé	Kord (m)	[kɔrt]

nylon (m)	Nylon (n)	[ˈnailɔn]
en nylon	aus Nylon	[ˈaus ˈnailɔn]
polyester (m)	Polyester (m)	[polyˈɛstə]
en polyester	Polyester-	[polyˈɛstɛr]

cuir (m)	Leder (n)	[ˈleːdə]
en cuir	aus Leder	[ˈaus ˈleːdə]
fourrure (f)	Pelz (m)	[pɛʎts]
en fourrure	Pelz-	[pɛʎts]

39. Les accessoires personnels

gants (m pl)	Handschuhe (m pl)	[ˈhantʃuːɛ]
moufles (f pl)	Fausthandschuhe (m pl)	[ˈfaustˈhantʃuːɛ]
écharpe (f)	Schal (m)	[ʃaːʎ]

lunettes (f pl)	Brille (f)	[ˈbrile]
monture (f)	Brillengestell (n)	[ˈbrileŋeʃtɛʎ]
parapluie (m)	Regenschirm (m)	[ˈrɛgɛnˈʃirm]
canne (f)	Spazierstock (m)	[ʃpaˈtsiːrʃtok]
brosse (f) à cheveux	Haarbürste (f)	[ˈhaːrˈbyrstɛ]
éventail (m)	Fächer (m)	[ˈfɛhə]

cravate (f)	Krawatte (f)	[kraˈvattɛ]
nœud papillon (m)	Fliege (f)	[ˈfliːgɛ]
bretelles (f pl)	Hosenträger (pl)	[ˈhɔːzɛntrɛgə]
mouchoir (m)	Taschentuch (n)	[ˈtaʃɛnˈtuh]

peigne (m)	Kamm (m)	[kam]
barrette (f)	Haarspange (f)	[ˈhaːrʃpaŋɛ]
épingle (f) à cheveux	Haarnadel (f)	[ˈhaːrnaːdɛʎ]

boucle (f)	Schnalle (f)	['ʃnalle]
ceinture (f)	Gürtel (m)	['gyrtɛʎ]
bandoulière (f)	Umhängegurt (m)	['unɛnagʊrt]
sac (m)	Tasche (f)	['taʃɛ]
sac (m) à main	Handtasche (f)	['hant'taʃɛ]
sac (m) à dos	Rucksack (m)	['rʊkzak]

40. Les vêtements. Divers

mode (f)	Mode (f)	['mɔ:dɛ]
à la mode	modisch	['mɔ:diʃ]
couturier (m)	Modedesigner (m)	['mɔ:dɛdi'zaɪnə]
col (m)	Kragen (m)	['kra:gɛn]
poche (f)	Tasche (f)	['taʃɛ]
de poche	Taschen-	['taʃɛn]
manche (f)	Ärmel (m)	['ɛrmɛʎ]
bride (f)	Aufhänger (m)	['aufhɛŋə]
braguette (f)	Hosenschlitz (m)	['hɔ:zɛnʃliʦ]
fermeture (f) à glissière	Reißverschluss (m)	['raɪsfɛrʃ'lys]
agrafe (f)	Verschluß (m)	[fɛrʃ'lys]
bouton (m)	Knopf (m)	[knɔpf]
boutonnière (f)	Knopfloch (n)	['knɔpflɔh]
s'arracher (vp)	abgehen (vi)	['apge:ɛn]
coudre (vi, vt)	nähen (vi, vt)	['nɛen]
broder (vt)	sticken (vt)	['ʃtikkɛn]
broderie (f)	Stickerei (f)	[ʃtikkɛ'raɪ]
aiguille (f)	Nadel (f)	['na:dɛʎ]
fil (m)	Faden (m)	['fa:dɛn]
couture (f)	Naht (f)	[na:t]
se salir (vp)	sich beschmutzen	[ziħ bɛʃ'mʊtsɛn]
tache (f)	Fleck (m)	[flɛk]
se froisser (vp)	sich knittern	[ziħ 'knittɛrn]
déchirer (vt)	zerreißen (vt)	[ʦɛ'raɪsɛn]
mite (f)	Motte (f)	['mɔttɛ]

41. L'hygiène corporelle. Les cosmétiques

dentifrice (m)	Zahnpasta (f)	['ʦa:npasta]
brosse (f) à dents	Zahnbürste (f)	['ʦa:nbyrstɛ]
se brosser les dents	Zähne putzen	['ʦɛnɛ 'pʊtsɛn]
rasoir (m)	Rasierer (m)	[ra'zi:rə]
crème (f) à raser	Rasiercreme (f)	[ra'zi:k'rɛme]
se raser (vp)	sich rasieren	[ziħ ra'zi:rɛn]
savon (m)	Seife (f)	['zaɪfɛ]
shampooing (m)	Shampoo (n)	[ʃam'pɔ:]

ciseaux (m pl)	Schere (f)	[ˈʃɛrɛ]
lime (f) à ongles	Nagelfeile (f)	[ˈnaːgɛʎfaɪle]
pinces (f pl) à ongles	Nagelzange (f)	[ˈnaːgɛʎtsaŋɛ]
pince (f)	Pinzette (f)	[pinˈtsɛllɛ]
produits (m pl) de beauté	Kosmetik (f)	[kɔsˈmeːtik]
masque (m)	Maske (f)	[ˈmaskɛ]
manucure (f)	Maniküre (f)	[maniˈkyːrɛ]
se faire les ongles	Maniküre machen	[maniˈkyːrɛ ˈmahɛn]
pédicure (f)	Pediküre (f)	[pɛdiˈkyːrɛ]
trousse (f) de toilette	Kosmetiktasche (f)	[kɔsˈmeːtiktaʃɛ]
poudre (f)	Puder (m)	[ˈpuːdə]
poudrier (m)	Puderdose (f)	[ˈpuːdɛrˈdɔːzɛ]
fard (m) à joues	Rouge (n)	[ruʒ]
parfum (m)	Parfüm (n)	[parˈfyːm]
eau (f) de toilette	Duftwasser (n)	[ˈduftvassə]
lotion (f)	Lotion (f)	[lɔˈtsʲon]
eau de Cologne (f)	Kölnischwasser (n)	[ˈkølniʃˌvasə]
fard (m) à paupières	Lidschatten (m)	[ˈlitʃattɛn]
crayon (m) à paupières	Kajalstift (m)	[ˈkajaʎʃtift]
mascara (m)	Wimperntusche (f)	[ˈwimpɛrnˈtuʃɛ]
rouge (m) à lèvres	Lippenstift (m)	[ˈlippɛnʃˈtift]
vernis (m) à ongles	Nagellack (m)	[ˈnaːgɛʎak]
laque (f) pour les cheveux	Haarlack (m)	[ˈhaːrlak]
déodorant (m)	Deodorant (n)	[dɛɔdɔˈrant]
crème (f)	Creme (f)	[ˈkrɛm]
crème (f) pour le visage	Gesichtscreme (f)	[gɛˈziħtskˈrɛm]
crème (f) pour les mains	Handcreme (f)	[ˈhantkˈrɛm]
crème (f) anti-rides	Anti-Falten-Creme (f)	[ˈanti ˈfaʎten ˈkrɛm]
de jour	Tages-	[ˈtaːgɛs]
de nuit	Nacht-	[naht]
tampon (m)	Tampon (m)	[tamˈpɔn]
papier (m) de toilette	Toilettenpapier (n)	[tɔalettɛnpaˈpiːə]
sèche-cheveux (m)	Fön (m)	[ˈføːn]

42. Les bijoux. La bijouterie

bijoux (m pl)	Schmuck (m)	[ʃmuk]
précieux	Edel-	[ˈɛdeʎ]
poinçon (m)	Repunze (f)	[rɛpuntsɛ]
bague (f)	Ring (m)	[rin]
alliance (f)	Trauring (m)	[ˈtrauin]
bracelet (m)	Armband (n)	[ˈarmbant]
boucles (f pl) d'oreille	Ohrringe (m pl)	[ˈɔːrˈrinɛ]
collier (m)	Kette (f)	[ˈkettɛ]
couronne (f)	Krone (f)	[ˈkrɔːnɛ]

collier (m)	**Perlen** (pl), **Perlenkette** (f)	['pɛrlen], ['pɛrlɛŋkɛtɛ]
diamant (m)	**Brillant** (m)	[bri'ʎjant]
émeraude (m)	**Smaragd** (m)	[sma'rakt]
rubis (m)	**Rubin** (m)	[rʊ'bi:n]
saphir (m)	**Saphir** (m)	[za'fi:r]
perle (f)	**Perlen** (pl)	['pɛrlen]
ambre (m)	**Bernstein** (m)	['bernʃtaɪn]

43. Les montres. Les horloges

montre (f)	**Armbanduhr** (f)	['armbantʰ'u:r]
cadran (m)	**Zifferblatt** (n)	['ʦiffɛrb'lat]
aiguille (f)	**Zeiger** (m)	['ʦaɪgə]
bracelet (m)	**Metallarmband** (n)	[me'taʎ 'a:mbant]
bracelet (m, en cuir)	**Uhrenarmband** (n)	['u:hn 'a:mbant]
pile (f)	**Batterie** (f)	[battɛ'ri:]
changer de pile	**die Batterie wechseln**	[di: batɛ'ri: 'vɛksɛʎn]
avancer (vi)	**vorgehen** (vi)	['fo:r'ge:ɛn]
retarder (vi)	**nachgehen** (vi)	['nahge:ɛn]
pendule (f)	**Wanduhr** (f)	['vantʰu:r]
sablier (m)	**Sanduhr** (f)	['zantʰu:r]
cadran (m) solaire	**Sonnenuhr** (f)	['zɔnɛnʰu:r]
réveil (m)	**Wecker** (m)	['vɛkkə]
horloger (m)	**Uhrmacher** (m)	['u:rmahə]
réparer (vt)	**reparieren** (vt)	[rɛpa'ri:rɛn]

Les aliments. L'alimentation

44. Les aliments

viande (f)	**Fleisch** (n)	[fʌaɪʃ]
poulet (m)	**Hühnerfleisch** (n)	[ˈhyːnɛrfʌaɪʃ]
poulet (m, poussin)	**Küken** (n)	[ˈkykɛn]
canard (m)	**Ente** (f)	[ˈɛntɛ]
oie (f)	**Gans** (f)	[gans]
gibier (m)	**Wild** (n)	[wiʌt]
dinde (f)	**Pute** (f)	[ˈpʊːtɛ]
du porc	**Schweinefleisch** (n)	[ˈʃvaɪnɛfʌaɪʃ]
du veau	**Kalbfleisch** (n)	[ˈkaʌpfʌaɪʃ]
du mouton	**Hammelfleisch** (n)	[ˈhamɛʌfʌaɪʃ]
du bœuf	**Rindfleisch** (n)	[ˈrintfʌaɪʃ]
lapin (m)	**Kaninchen** (n)	[kaˈninhen]
saucisson (m)	**Wurst** (f)	[vʊrst]
saucisse (f)	**Würstchen** (n)	[ˈwyrsthen]
bacon (m)	**Bacon** (m)	[ˈbɛkɛn]
jambon (m)	**Schinken** (m)	[ˈʃiŋkɛn]
cuisse (f)	**Räucherschinken** (m)	[ˈrɔɪheˈʃiŋkɛn]
pâté (m)	**Pastete** (f)	[pasˈteːtɛ]
foie (m)	**Leber** (f)	[ˈleːbə]
lard (m)	**Speck** (m)	[ʃpɛk]
farce (f)	**Hackfleisch** (n)	[ˈhakfʌaɪʃ]
langue (f)	**Zunge** (f)	[ˈʦuŋɛ]
œuf (m)	**Ei** (n)	[aɪ]
les œufs	**Eier** (n pl)	[ˈaɪə]
blanc (m) d'œuf	**Eiweiß** (n)	[ˈaɪˈvaɪs]
jaune (m) d'œuf	**Eigelb** (n)	[ˈaɪˈgɛʌp]
poisson (m)	**Fisch** (m)	[fiʃ]
produits (m pl) de mer	**Meeresfrüchte** (f pl)	[ˈmeːrɛsfˈryhtɛ]
crustacés (m pl)	**Krebstiere** (pl)	[ˈkrɛpstiːrɛ]
caviar (m)	**Kaviar** (m)	[ˈkaːwiaːr]
crabe (m)	**Krabbe** (f)	[ˈkrabɛ]
crevette (f)	**Garnele** (f)	[garˈnɛle]
huître (f)	**Auster** (f)	[ˈaustə]
langoustine (f)	**Languste** (f)	[laˈŋustɛ]
pieuvre (f), poulpe (m)	**Krake** (m)	[ˈkraːkɛ]
calamar (m)	**Kalmar** (m)	[ˈkaʌmar]
esturgeon (m)	**Störfleisch** (n)	[ʃtørfˈʌaɪʃ]
saumon (m)	**Lachs** (m)	[laks]
flétan (m)	**Heilbutt** (m)	[ˈhaɪʌˈbʊt]

morue (f)	Dorsch (m)	[dɔrʃ]
maquereau (m)	Makrele (f)	[mak'rɛle]
thon (m)	Tunfisch (m)	['tʊn'fiʃ]
anguille (f)	Aal (m)	['a:ʎ]

truite (f)	Forelle (f)	[fo'rɛ:le]
sardine (f)	Sardine (f)	[zar'dinɛ]
brochet (m)	Hecht (m)	[hɛht]
hareng (m)	Hering (m)	['he:rin]

pain (m)	Brot (n)	[brɔ:t]
fromage (m)	Käse (m)	['kezɛ]
sucre (m)	Zucker (m)	['ʦukkə]
sel (m)	Salz (n)	[zaʎʦ]

riz (m)	Reis (m)	[raɪs]
pâtes (m pl)	Nudeln (pl)	['nʊ:dɛʎn]
nouilles (f pl)	Nudeln (pl)	['nʊ:dɛʎn]

beurre (m)	Butter (f)	['bʊttə]
huile (f)	Öl (n)	[ø:ʎ]
l'huile de tournesol	Sonnenblumenöl (n)	['zɔŋɛnb'lymenʰøʎ]
margarine (f)	Margarine (f)	[marga'ri:nɛ]

| olives (f pl) | Oliven (f pl) | [ɔ'li:vɛn] |
| l'huile d'olive | Olivenöl (n) | [ɔ'li:vɛnʰø:ʎ] |

lait (m)	Milch (f)	[miʎh]
lait (m) condensé	Kondensmilch (f)	[kɔn'dɛns'miʎh]
yogourt (m)	Joghurt (m)	['jogʊrt]
crème (f) aigre	saure Sahne (f)	['zaurɛ 'zanɛ]
crème (f)	Sahne (f)	['za:nɛ]

| sauce (f) mayonnaise | Mayonnaise (f) | [majo'nɛzɛ] |
| crème (f) | Creme (f) | ['krɛm] |

gruau (m)	Grütze (f)	['gryʦɛ]
farine (f)	Mehl (n)	[me:ʎ]
conserves (f pl)	Konserven (f pl)	[kɔn'zɛrvɛn]

pop-corn (m)	Haferflocken (f pl)	['ha:fɛrf'lɔkkɛn]
miel (m)	Honig (m)	['hɔ:niʰh]
marmelade (f)	Marmelade (f)	[marmɛ'la:dɛ]
gomme (f) à mâcher	Kaugummi (m, n)	['kaugʊmi]

45. Les boissons

eau (f)	Wasser (n)	['vassə]
l'eau potable	Trinkwasser (n)	['triŋkvassə]
l'eau minérale	Mineralwasser (n)	[minɛ'ra:ʎ'vassə]

plate	still	[ʃtiʎ]
gazeuse (l'eau ~)	mit Kohlensäure	[mit 'kolen'zɔjerɛ]
gazeuse	mit Gas	[mit 'ga:s]

glace (f)	**Eis** (n)	[aɪs]
avec de la glace	**mit Eis**	[mit aɪs]
sans alcool	**alkoholfrei**	['alkɔlʊːʎˈraɪ]
boisson (f) non alcoolisée	**alkoholfreies Getränk** (n)	['alkɔhɔːʎˈrajes gɛt'rɛŋk]
rafraîchissement (m)	**Erfrischungsgetränk** (n)	[ɛrfˈrɪʃʊŋsgɛt'rɛŋk]
limonade (f)	**Limonade** (f)	[limo'naːdɛ]
boissons (f pl) alcoolisées	**Spirituosen** (f pl)	[ʃpiritʊˈɔːzɛn]
vin (m)	**Wein** (m)	[vaɪn]
vin (m) blanc	**Weißwein** (m)	['vaɪs'vaɪn]
vin (m) rouge	**Rotwein** (m)	['rɔːt'vaɪn]
liqueur (f)	**Likör** (m)	[li'køːr]
champagne (m)	**Champagner** (m)	[ʃam'paɲə]
vermouth (m)	**Wermut** (m)	['vɛrmʊt]
whisky (m)	**Whisky** (m)	['wiski]
vodka (f)	**Wodka** (m)	['vɔtka]
gin (m)	**Gin** (m)	[dʒin]
cognac (m)	**Kognak** (m)	['kɔɲak]
rhum (m)	**Rum** (m)	[rʊm]
café (m)	**Kaffee** (m)	[ka'feː]
café (m) noir	**schwarzer Kaffee** (m)	['ʃvartsə ka'feː]
café (m) au lait	**Milchkaffee** (m)	['miʎhka'feː]
café (m) crème	**Cappuccino** (m)	[kappʊ'tʃiːnɔ]
café (m) soluble	**Pulverkaffee** (m)	['pʊʎwer'kaffe]
lait (m)	**Milch** (f)	[miʎh]
cocktail (m)	**Cocktail** (m)	['kɔktɛʎ]
cocktail (m) au lait	**Milchcocktail** (m)	['miʎh'kɔktɛʎ]
jus (m)	**Saft** (m)	[zaft]
jus (m) de tomate	**Tomatensaft** (m)	[tɔ'maːtɛnzaft]
jus (m) d'orange	**Orangensaft** (m)	[ɔ'ranʃɛnzaft]
jus (m) pressé	**frisch gepreßter Saft** (m)	[friʃ gɛp'rɛstə zaft]
bière (f)	**Bier** (n)	[biːə]
bière (f) blonde	**Helles** (n)	['hɛles]
bière (f) brune	**Dunkelbier** (n)	['dʊŋklɛʎ biːə]
thé (m)	**Tee** (m)	['teː]
thé (m) noir	**schwarzer Tee** (m)	['ʃvartsə 'teː]
thé (m) vert	**grüner Tee** (m)	['gryːnə teː]

46. Les légumes

légumes (m pl)	**Gemüse** (n)	[gɛ'myːzɛ]
verdure (f)	**Gemüse** (n)	[gɛ'myːzɛ]
tomate (f)	**Tomate** (f)	[tɔ'maːtɛ]
concombre (m)	**Gurke** (f)	['gʊrkɛ]
carotte (f)	**Karotte** (f), **Möhre** (f)	[ka'rɔtɛ], ['møːrɛ]

pomme (f) de terre	Kartoffel (f)	[kar'tɔːfɛʎ]
oignon (m)	Zwiebel (f)	['tswiːbɛʎ]
ail (m)	Knoblauch (m)	['knɔblauh]
chou (m)	Kohl (m)	[kɔːʎ]
chou-fleur (m)	Blumenkohl (m)	['bluːmɛŋkɔːʎ]
chou (m) de Bruxelles	Rosenkohl (m)	['rɔːzɛŋkɔːʎ]
brocoli (m)	Brokkoli (m pl)	['brɔkkɔli]
betterave (f)	Zuckerrübe (f)	['tsukkɛrryːbɛ]
aubergine (f)	Aubergine (f)	[ɔbɛr'ʒiːnɛ]
courgette (f)	Zucchini (f)	[tsu'kini]
potiron (m)	Kürbis (m)	['kyrbis]
navet (m)	Rübe (f)	['ryːbɛ]
persil (m)	Petersilie (f)	[pɛtɛr'ziːʎje]
fenouil (m)	Dill (m)	[diʎ]
salade (f)	Salat (m)	[za'laːt]
céleri (m)	Sellerie (m)	['zɛleri]
asperge (f)	Spargel (m)	['ʃpargɛʎ]
épinard (m)	Spinat (m)	[ʃpi'naːt]
pois (m)	Erbse (f)	['ɛrpsɛ]
fèves (m pl)	Bohnen (pl)	['bɔːnɛn]
maïs (m)	Mais (m)	['maɪs]
haricot (m)	Weiße Bohne (f)	['vaɪsɛ 'bɔːnɛ]
poivre (m)	Pfeffer (m)	['pfɛffə]
radis (m)	Radieschen (n)	[ra'dishen]
artichaut (m)	Artischocke (f)	[arti'ʃɔkɛ]

47. Les fruits. Les noix

fruit (m)	Frucht (f)	[frʊht]
pomme (f)	Apfel (m)	['apfɛʎ]
poire (f)	Birne (f)	['birnɛ]
citron (m)	Zitrone (f)	[tsit'rɔːnɛ]
orange (f)	Apfelsine (f)	[apfɛʎ'ziːnɛ]
fraise (f)	Erdbeere (f)	['eːrt'beːrɛ]
mandarine (f)	Mandarine (f)	[manda'riːnɛ]
prune (f)	Pflaume (f)	['pflaumɛ]
pêche (f)	Pfirsich (m)	['pfirziħ]
abricot (m)	Aprikose (f)	[apri'kɔːzɛ]
framboise (f)	Himbeere (f)	['himbeːrɛ]
ananas (m)	Ananas (f)	['ananas]
banane (f)	Banane (f)	[ba'naːnɛ]
pastèque (f)	Wassermelone (f)	['vassɛrmɛ'lɔːnɛ]
raisin (m)	Weintrauben (f pl)	['vaɪntraubɛn]
cerise (f)	Sauerkirsche (f)	['zauɛ 'kirʃɛ]
merise (f)	Herzkirsche (f)	[hɛrts 'kirʃɛ]
melon (m)	Melone (f)	[me'lɔːnɛ]
pamplemousse (m)	Grapefruit (f)	['grɛɪpfrʊːt]

avocat (m)	Avocado (f)	[avɔ'ka:do]
papaye (f)	Papaya (f)	[pa'paja]
mangue (f)	Mango (f)	['maŋɔ]
grenade (f)	Granatapfel (m)	[gra'na:tʰ'apfɛʎ]

groseille (f) rouge	rote Johannisbeere (f)	['ro:tɛ jo'hanis'be:rɛ]
cassis (m)	schwarze Johannisbeere (f)	['ʃvartsɛ jo'hanis'be:rɛ]
groseille (f) verte	Stachelbeere (f)	['ʃtaheʎbe:rɛ]
myrtille (f)	Heidelbeere (f)	['haɪdɛʎbe:rɛ]
mûre (f)	Brombeere (f)	['brɔmbe:rɛ]

raisin (m) sec	Rosinen (pl)	[rɔ'zi:nɛn]
figue (f)	Feige (f)	['faɪgɛ]
datte (f)	Dattel (f)	['dattɛʎ]

cacahuète (f)	Erdnuß (f)	['ɛrtnʊs]
amande (f)	Mandel (f)	['mandɛʎ]
noix (f)	Walnuß (f)	['vaʎnʊs]
noisette (f)	Haselnuß (f)	['ha:zɛʎnʊs]
noix (f) de coco	Kokosnuß (f)	['kɔkɔsnʊs]
pistaches (f pl)	Pistazien (f pl)	[pis'tatsiɛn]

48 Le pain. Les confiseries

confiserie (f)	Konfekt (n)	[kɔn'fɛkt]
pain (m)	Brot (n)	[bro:t]
biscuit (m)	Keks (m)	[kɛks]

chocolat (m)	Schokolade (f)	[ʃoko'la:dɛ]
en chocolat	Schokoladen-	[ʃoko'la:dɛn]
bonbon (m)	Praline (f)	[pra'li:nɛ]
gâteau (m), pâtisserie (f)	Törtchen (n)	['tørthen]
tarte (f)	Torte (f)	['tɔrtɛ]

| gâteau (m) | Kuchen (m) | ['kʊ:hɛn] |
| garniture (f) | Füllung (f) | ['fy:lun] |

confiture (f)	Konfitüre (f)	[kɔnfi'ty:rɛ]
marmelade (f)	Marmelade (f)	[marmɛ'la:dɛ]
gaufre (f)	Waffeln (f pl)	['vafɛʎn]
glace (f)	Eis (n)	[aɪs]
pudding (m)	Pudding (m)	['pʊdin]

49 Les plats cuisinés

plat (m)	Gericht (n)	[gɛ'rɪħt]
cuisine (f)	Küche (f)	['kyhe]
recette (f)	Rezept (n)	[rɛ'tsɛpt]
portion (f)	Portion (f)	[pɔr'tsɪ'on]

| salade (f) | Salat (m) | [za'la:t] |
| soupe (f) | Suppe (f) | ['zuppɛ] |

bouillon (m)	Brühe (f), Bouillon (f)	['bryɛ], [bʊ'ʎjɔn]
sandwich (m)	belegtes Brot (n)	[bɛ'le:ktɛs brɔt]
les œufs brouillés	Spiegelei (n)	['ʃpi:gɛʎaɪ]

boulette (f)	Kotelett (n)	[kɔtɛ'let]
hamburger (m)	Hamburger (m)	['hambʊrgə]
steak (m)	Beefsteak (n)	['bi:fstɛɪk]
rôti (m)	Braten (m)	['bra:tɛn]

garniture (f)	Beilage (f)	['baɪla:gɛ]
spaghettis (m pl)	Spaghetti (pl)	[spa'getti]
purée (f)	Kartoffelpüree (n)	[kar'tɔ:fɛʎpy'rɛ]
pizza (f)	Pizza (f)	['pitsa]
bouillie (f)	Brei (m)	[braɪ]
omelette (f)	Omelett (n)	[ɔmɛ'let]

cuit à l'eau	gekocht	[gɛ'kɔht]
fumé	geräuchert	[gɛ'rɔɪhert]
frit	gebraten	[gɛb'ra:tɛn]
sec	getrocknet	[gɛt'rɔknɛt]
congelé	tiefgekühlt	['ti:fgɛ'ky:ʎt]
mariné	mariniert	[mari'ni:rt]

sucré	süß	[zy:s]
salé	salzig	['zaʎtsiħ]
froid	kalt	[kaʎt]
chaud	heiß	[haɪs]
amer	bitter	['bittə]
bon	lecker	['lɛkə]

cuire à l'eau	kochen (vt)	['kɔhɛn]
préparer (le dîner)	zubereiten (vt)	['tsu:bɛraɪtɛn]
faire frire	braten (vt)	['bra:tɛn]
réchauffer (vt)	aufwärmen (vt)	['aufvɛrmɛn]

saler (vt)	salzen (vt)	['zaʎtsɛn]
poivrer (vt)	pfeffern (vt)	['pfɛffɛrn]
râper (vt)	reiben (vi, vt)	['raɪbɛn]
peau (f)	Schale (f)	['ʃa:le]
éplucher (vt)	schälen (vt)	['ʃɛlen]

50. Les épices

sel (m)	Salz (n)	[zaʎts]
salé	salzig	['zaʎtsiħ]
saler (vt)	salzen (vt)	['zaʎtsɛn]

poivre (m) noir	schwarzer Pfeffer (m)	['ʃvartsə 'pfɛffer]
poivre (m) rouge	Paprika (m)	['paprika]
moutarde (f)	Senf (m)	[zɛnf]
raifort (m)	Meerrettich (m)	['me:rrɛtiħ]

| condiment (m) | Gewürz (n) | [gɛ'wyrts] |
| épice (f) | Würze (f) | ['wy:rtsɛ] |

| sauce (f) | Soße (f) | ['zɔːsɛ] |
| vinaigre (m) | Essig (m) | ['ɛssiɦ] |

anis (m)	Anis (m)	[a'niːs]
basilic (m)	Basilikum (n)	[ba'ziːlikʊm]
clou (m) de girofle	Nelke (f)	['nɛʎkɛ]
gingembre (m)	Ingwer (m)	['iŋvə]
coriandre (m)	Koriander (m)	[kɔri'andə]
cannelle (f)	Zimt (m)	[tsimt]

sésame (m)	Sesam (m)	['zeːzam]
feuille (f) de laurier	Lorbeerblatt (n)	['lɔrbeːrblat]
paprika (m)	Paprika (m)	['paprika]
cumin (m)	Kümmel (m)	['kymɛʎ]
safran (m)	Safran (m)	['zafran]

51. Les repas

| nourriture (f) | Essen (n) | ['ɛssɛn] |
| manger (vi, vt) | essen (vi, vt) | ['ɛssɛn] |

petit déjeuner (m)	Frühstück (n)	['fryːʃtyk]
prendre le petit déjeuner	frühstücken (vi)	['fryːʃtykkɛn]
déjeuner (m)	Mittagessen (n)	['mittaːkʰɛssɛn]
déjeuner (vi)	zu Mittag essen	[tsu 'mittaːk 'ɛssɛn]
dîner (m)	Abendessen (n)	['aːbɛntʰˈɛssɛn]
dîner (vi)	zu Abend essen	[tsu 'aːbɛnt 'ɛssɛn]

| appétit (m) | Appetit (m) | [appɛ'tiːt] |
| Bon appétit! | Guten Appetit! | ['gʊtɛn appɛ'tiːt] |

ouvrir (vt)	öffnen (vt)	[øfnɛn]
renverser (liquide)	verschütten (vt)	[fɛ'ʃyːtn]
se renverser (vp)	verschüttet werden	[fɛ'ʃyːtɛt vɛːdn]

bouillir (vi)	kochen (vi)	['kɔhɛn]
faire bouillir	kochen (vt)	['kɔhɛn]
bouilli	gekocht	[gɛ'kɔht]
refroidir (vt)	kühlen (vt)	['kyːlen]
se refroidir (vp)	abkühlen (vi)	['apkyːlen]

| goût (m) | Geschmack (m) | [gɛʃmak] |
| arrière-goût (m) | Beigeschmack (m) | ['baigɛʃmak] |

suivre un régime	auf Diät sein	['ainɛ di'ɛt zain]
régime (m)	Diät (f)	[di'et]
vitamine (f)	Vitamin (n)	[wita'miːn]
calorie (f)	Kalorie (f)	[ka'lɔːrie]
végétarien (m)	Vegetarier (m)	[vɛgɛ'taːriə]
végétarien	vegetarisch	[vɛgɛ'taːriʃ]

lipides (m pl)	Fett (n)	[fɛt]
protéines (f pl)	Protein (n)	[prɔ'tɛiːn]
glucides (m pl)	Kohlehydrat (n)	['kɔːlehydrat]

tranche (f)	Scheibchen (n)	['ʃaɪphen]
morceau (m)	Stück (n)	[ʃtyk]
miette (f)	Krümel (m)	['krymɛʎ]

52. Le dressage de la table

cuiller (f)	Löffel (m)	['løffɛʎ]
couteau (m)	Messer (n)	['mɛssə]
fourchette (f)	Gabel (f)	['ga:bɛʎ]
tasse (f)	Tasse (f)	['tassɛ]
assiette (f)	Teller (m)	['tɛlə]
soucoupe (f)	Untertasse (f)	['untɛrtassɛ]
serviette (f)	Serviette (f)	[zɛr'vjettɛ]
cure-dent (f)	Zahnstocher (m)	['tsa:nʃtohə]

53. Le restaurant

restaurant (m)	Restaurant (n)	[rɛstɔ'ran]
salon (m) de café	Kaffeehaus (n)	['kafɛ:haus]
bar (m)	Bar (f)	[ba:r]
salon (m) de thé	Teesalon (m)	['te:za'lɔ:n]
serveur (m)	Kellner (m)	['kɛʎnə]
serveuse (f)	Kellnerin (f)	['kɛʎnɛrin]
barman (m)	Barmixer (m)	['ba:rmiksə]
carte (f)	Speisekarte (f)	['ʃpaɪzɛkartɛ]
carte (f) des vins	Weinkarte (f)	['vaɪ'ŋkartɛ]
réserver une table	einen Tisch reservieren	['aɪnɛn tiʃ rɛzɛr'wi:rɛn]
plat (m)	Gericht (n)	[gɛ'riĥt]
commander (vt)	bestellen (vt)	[bɛʃ'tɛlen]
faire la commande	eine Bestellung aufgeben	['aɪnɛ bɛʃ'tɛlyn auf'gibn]
apéritif (m)	Aperitif (m)	[apɛri'tif]
hors-d'œuvre (m)	Vorspeise (f)	['fo:rʃpaɪzɛ]
dessert (m)	Nachtisch (m)	['na:htiʃ]
addition (f)	Rechnung (f)	['rɛĥnʊn]
régler l'addition	Rechnung bezahlen	['rɛĥnʊn bɛ'tsa:len]
rendre la monnaie	das Wechselgeld geben	[das 'vɛksɛʎgɛʎd 'ge:bɛn]
pourboire (m)	Trinkgeld (n)	['trɪŋgɛʎt]

La famille. Les parents. Les amis

54. Les données personnelles. Les formulaires

prénom (m)	**Vorname** (m)	['fɔːrnaːmɛ]
nom (m) de famille	**Name** (m)	['naːmɛ]
date (f) de naissance	**Geburtsdatum** (n)	[gɛ'buːrʦ'daːtʊm]
né à ...	**Geburtsort** (m)	[gɛ'buːrʦʰ'ɔrt]
nationalité (f)	**Nationalität** (f)	[naʦʲonali'tɛt]
domicile (m)	**Wohnort** (m)	['voːnʰ'ɔrt]
pays (m)	**Staat** (m)	[ʃtaːt]
profession (f)	**Beruf** (m)	[bɛ'rʊːf]
sexe (m)	**Geschlecht** (n)	[gɛʃ'lɛht]
taille (f)	**Größe** (f)	['grøsɛ]
poids (m)	**Gewicht** (n)	[gɛ'wiht]

55. La famille. Les liens de parenté

mère (f)	**Mutter** (f)	['mʊttə]
père (m)	**Vater** (m)	['faːtə]
fils (m)	**Sohn** (m)	[zoːn]
fille (f)	**Tochter** (f)	['tɔhtə]
fille (f) cadette	**jüngste Tochter** (f)	['jʊŋstɛ 'tɔhtə]
fils (m) cadet	**jüngste Sohn** (m)	['jʊŋstɛ 'zoːn]
fille (f) aînée	**ältere Tochter** (f)	['ɛʎtɛrɛ 'tɔhtə]
fils (m) aîné	**älterer Sohn** (m)	['ɛʎtɛrə 'zoːn]
frère (m)	**Bruder** (m)	['brʊːdə]
sœur (f)	**Schwester** (f)	['ʃvɛstə]
cousin (m)	**Cousin** (m)	[kʊ'zɛn]
cousine (f)	**Cousine** (f)	[kʊ'ziːnɛ]
maman (f)	**Mutter** (f)	['mʊttə]
papa (m)	**Papa** (m)	[pa'paː]
parents (m pl)	**Eltern** (pl)	['ɛʎtɛrn]
enfant (m, f)	**Kind** (n)	[kint]
enfants (pl)	**Kinder** (n pl)	['kində]
grand-mère (f)	**Großmutter** (f)	['groːsmʊttə]
grand-père (m)	**Großvater** (m)	['groːsfaːtə]
petit-fils (m)	**Enkel** (m)	['ɛŋkɛʎ]
petite-fille (f)	**Enkelin** (f)	['ɛŋkɛlin]
petits-enfants (pl)	**Enkelkinder** (pl)	['ɛŋkɛʎ'kində]
oncle (m)	**Onkel** (m)	['ɔŋkɛʎ]
tante (f)	**Tante** (f)	['tantɛ]

neveu (m)	**Neffe** (m)	['nɛffɛ]
nièce (f)	**Nichte** (f)	['niħtɛ]
belle-mère (f)	**Schwiegermutter** (f)	['ʃwiːgɛrmʊttə]
beau-père (m)	**Schwiegervater** (m)	['ʃwiːgɛrfaːtə]
gendre (m)	**Schwiegersohn** (m)	['ʃwiːgɛrzɔːn]
belle-mère, marâtre (f)	**Stiefmutter** (f)	['ʃtiːfmʊttə]
beau-père (m)	**Stiefvater** (m)	['ʃtiːffaːtə]
bébé (m)	**Säugling** (m)	['zɔɪglin]
nourrisson (m)	**Kleinkind** (n)	['kʎaɪŋkint]
petit (m)	**Kleine** (m)	['kʎaɪnɛ]
femme (f)	**Frau** (f)	['frau]
mari (m)	**Mann** (m)	[man]
époux (m)	**Ehemann** (m)	['eːɛ'man]
épouse (f)	**Ehefrau** (f)	['eːɛfrau]
marié	**verheiratet**	[fɛr'haɪratɛt]
mariée	**verheiratet**	[fɛr'haɪratɛt]
célibataire	**ledig**	['leːdiħ]
célibataire (m)	**Junggeselle** (m)	['juŋgɛ'zɛlɛ]
divorcé	**geschieden**	[gɛ'ʃiːdɛn]
veuve (f)	**Witwe** (f)	['witvɛ]
veuf (m)	**Witwer** (m)	['witvə]
parent (m)	**Verwandte** (m)	[fɛr'vantɛ]
parent (m) proche	**naher Verwandter** (m)	['naːə fɛr'vantə]
parent (m) éloigné	**entfernter Verwandter** (m)	[ɛnt'fɛrntə fɛr'vantə]
parents (m pl)	**Verwandte** (pl)	[fɛr'vantɛ]
orphelin (m), orpheline (f)	**Waise** (f)	['vaɪzɛ]
tuteur (m)	**Vormund** (m)	['foːr'mʊnt]
adopter (un garçon)	**adoptieren** (vt)	[adɔp'tiːrɛn]
adopter (une fille)	**adoptieren** (vt)	[adɔp'tiːrɛn]

56. Les amis. Les collègues

ami (m)	**Freund** (m)	[frɔɪnt]
amie (f)	**Freundin** (f)	['frɔɪndin]
amitié (f)	**Freundschaft** (f)	['frɔɪntʃaft]
être ami	**befreundet sein**	[bɛf'rɔɪndɛt zaɪn]
copain (m)	**Freund** (m)	[frɔɪnt]
copine (f)	**Freundin** (f)	['frɔɪndin]
camarade (m)	**Genosse** (m)	[gɛ'nɔssɛ]
partenaire (m)	**Partner** (m)	['partnə]
partenaire (m) d'affaire	**Geschäftspartner** (m)	[gɛ'ʃɛfts'partnə]
chef (m)	**Chef** (m)	[ʃɛf]
supérieur (m)	**Vorgesetzte** (m)	['foːgezɛtstɛ]
subordonné (m)	**Untergeordnete** (m)	['untɛrgɛ'ordnɛtɛ]
collègue (m, f)	**Kollege** (m), **Kollegin** (f)	[kɔ'legɛ], [kɔ'legin]
connaissance (f)	**Bekannte** (m)	[bɛ'kantɛ]

| compagnon (m) de route | Reisegefährte (m) | [raɪzegɛˈfɛrtɛ] |
| copain (m) de classe | Mitschüler (m) | [ˈmitʃyːlə] |

voisin (m)	Nachbar (m)	[ˈnɑhbaːr]
voisine (f)	Nachbarin (f)	[ˈnahbaːrin]
voisins (m pl)	Nachbarn (pl)	[ˈnahbaːrn]

57. L'homme. La femme

femme (f)	Frau (f)	[ˈfrau]
jeune fille (f)	Mädchen (n)	[ˈmɛthen]
fiancée (f)	Braut (f)	[ˈbraut]

belle	schöne	[ˈʃɔnɛ]
grande	groß	[grɔːs]
svelte	schlank	[ʃlaŋk]
de petite taille	klein	[kʎaɪn]

| blonde (f) | Blondine (f) | [blɔnˈdiːnɛ] |
| brune (f) | Brünette (f) | [bryˈnɛttɛ] |

de femme	Damen-	[ˈdaːmɛn]
vierge (f)	Jungfrau (f)	[ˈjunfrau]
enceinte	schwanger	[ˈʃvaŋə]

homme (m)	Mann (m)	[man]
blond (m)	Blonde (m)	[ˈblɔndɛ]
brun (m)	Brünette (m)	[bryˈnɛttɛ]
haut	hoch	[hɔh]
de petite taille	klein	[kʎaɪn]

rude	grob	[grɔːp]
trapu	untersetzt	[untɛrˈzɛtst]
robuste	robust	[rɔˈbʊst]
fort	stark	[ʃtark]
force (f)	Kraft (f)	[kraft]

gros	dick	[dik]
basané	dunkelhäutig	[ˈdʊŋkɛʎˈhɔɪtiĥ]
svelte	schlank	[ʃlaŋk]
élégant	elegant	[ɛleˈgant]

58. L'age

âge (m)	Alter (n)	[ˈaʎtə]
jeunesse (f)	Jugend (f)	[ˈjugɛnt]
jeune	jung	[jun]

plus jeune	jünger	[ˈjuŋə]
plus âgé	älter	[ˈɛʎtə]
jeune homme (m)	Junge (m)	[ˈjuŋɛ]
adolescent (m)	Teenager (m)	[tiˈnɛɪʤə]

gars (m)	**Bursche** (m)	['burʃɛ]
vieillard (m)	**Greis** (m)	[graɪs]
vieille femme (f)	**alte Frau** (f)	['aʎtɛ 'frau]
adulte (m)	**Erwachsene** (m)	[ɛ:'vaksɛnɛ]
d'âge moyen	**in mittleren Jahren**	[in 'mitlerɛn 'jarɛn]
âgé	**älterer**	['ɛʎtɛrə]
vieux	**alt**	[aʎt]
prendre sa retraite	**in Rente gehen**	[in 'rɛntɛ 'ge:ɛn]
retraité (m)	**Rentner** (m)	['rɛntnə]

59. Les enfants. Les adolescents

enfant (m, f)	**Kind** (n)	[kint]
enfants (pl)	**Kinder** (n pl)	['kində]
jumeaux (m pl)	**Zwillinge** (pl)	['tswilinɛ]
berceau (m)	**Wiege** (f)	['wi:gɛ]
hochet (m)	**Rassel** (f)	['raseʎ]
couche (f)	**Windel** (f)	['windɛʎ]
tétine (f)	**Schnuller** (m)	['ʃnulə]
poussette (m)	**Kinderwagen** (m)	['kindɛr'va:gɛn]
école (f) maternelle	**Kindergarten** (m)	['kindɛr'gartɛn]
bonne (f)	**Kinderfrau** (f)	['kindɛrf'rau]
enfance (f)	**Kindheit** (f)	['kinthaɪt]
poupée (f)	**Puppe** (f)	['puppɛ]
jouet (m)	**Spielzeug** (n)	['ʃpi:ʎtsɔɪk]
jeu (m) de construction	**Baukasten** (m)	['bau'kastɛn]
bien élevé	**wohlerzogen**	['vɔ:ʎɛr'tsɔ:gɛn]
mal élevé	**ungezogen**	['uŋɛ'tsɔ:gɛn]
gâté	**verwöhnt**	[fɛr'wø:nt]
faire le vilain	**unartig sein**	['uŋɛtsɔ:gen zaɪn]
espiègle	**unartig**	['unartiɦ]
espièglerie (f)	**Unart** (f)	['unartiɦ]
polisson (m)	**Schelm** (m)	[ʃɛʎm]
docile	**gehorsam**	[gɛ:'hɔ:zam]
indocile	**ungehorsam**	['uŋɛhɔrzam]
sage	**gehorsam**	[gɛ:'hɔ:zam]
intelligent	**klug**	[klyk]
l'enfant prodige	**Wunderkind** (n)	['vundɛrkint]

60. Les couples mariés. La vie de famille

embrasser (sur les lèvres)	**küssen** (vt)	['kyssɛn]
s'embrasser (vp)	**sich küssen**	[ziɦ 'kyssɛn]

famille (f)	**Familie** (f)	[fa'mi:lie]
familial	**Familien-**	[fa'mi:lien]
couple (m)	**Paar** (n)	['pa:r]
mariage (m)	**Ehe** (f)	['o:c]
foyer (m)	**Heim** (n)	['haɪm]
dynastie (f)	**Dynastie** (f)	[dynas'ti:]
rendez-vous (m)	**Rendezvous** (n)	[randɛ'vʊ:]
baiser (m)	**Kuß** (m)	[kʊs]
amour (m)	**Liebe** (f)	['li:bɛ]
aimer (vt)	**lieben** (vt)	['li:bɛn]
aimé (m)	**geliebt**	[gɛ'li:pt]
tendresse (f)	**Zärtlichkeit** (f)	['tsɛrtliɦkaɪt]
doux	**zärtlich**	['tsɛrtliɦ]
fidélité (f)	**Treue** (f)	['trɔje]
fidèle	**treu**	[trɔɪ]
attention (f) (soin)	**Fürsorge** (f)	['fy:rzɔrgɛ]
attentionné	**sorgsam**	['zɔrgzam]
jeunes mariés (pl)	**Frischvermählte** (pl)	['friʃfɛrm‚ɛ:ltɛ]
lune (f) de miel	**Flitterwochen** (pl)	['flittɛrvɔhɛn]
se marier	**heiraten** (vt)	['haɪratɛn]
(prendre pour époux)		
se marier	**heiraten** (vt)	['haɪratɛn]
(prendre pour épouse)		
mariage (m)	**Hochzeit** (f)	['hɔh'tsaɪt]
les noces d'or	**goldene Hochzeit** (f)	['gɔʎdɛnɛ 'hɔh'tsaɪt]
anniversaire (m)	**Jahrestag** (m)	['jarɛsta:k]
amant (m)	**Geliebte** (m)	[gɛ'li:ptɛ]
maîtresse (f)	**Geliebte** (f)	[gɛ'li:ptɛ]
adultère (m)	**Ehebruch** (m)	['e:ɛbrʊh]
tromper (vt)	**verraten** (vt)	[fɛr'ra:tɛn]
jaloux	**eifersüchtig**	['aɪfɛrzyɦtiɦ]
être jaloux	**eifersüchtig sein**	['aɪfɛrzyɦtiɦ zaɪn]
divorce (m)	**Scheidung** (f)	['ʃaɪdʊn]
divorcer (vi)	**sich scheiden laßen**	[ziɦ 'ʃaɪdɛn 'lasɛn]
se disputer (vp)	**streiten** (vi)	['ʃtraɪtɛn]
se réconcilier (vp)	**sich versöhnen**	[ziɦ fɛr'zø:nɛn]
ensemble	**zusammen**	[tsu'zamɛn]
sexe (m)	**Sex** (m)	[sɛks]
bonheur (m)	**Glück** (n)	[glyk]
heureux	**glücklich**	['glykliɦ]
malheur (m)	**Unglück** (n)	['ʊn̩lyk]
malheureux	**unglücklich**	['ʊn̩lykliɦ]

Le caractère. Les émotions

61. Les sentiments. Les émotions

sentiment (m)	**Gefühl** (n)	[gɛˈfyːʎ]
sentiments (m pl)	**Gefühle** (n pl)	[gɛˈfyːle]
faim (f)	**Hunger** (m)	[ˈhʊŋə]
avoir faim	**hungrig sein**	[ˈhʊŋriɦ zaɪn]
soif (f)	**Durst** (m)	[dʊrst]
avoir soif	**Durst haben**	[ˈdʊrst ˈhaːbɛn]
somnolence (f)	**Schläfrigkeit** (f)	[ˈʃlɛfriɦkaɪt]
avoir sommeil	**schlafen wollen**	[ʃlaːfɛn ˈvɔlen]
fatigue (f)	**Müdigkeit** (f)	[ˈmyːdiɦkaɪt]
fatigué	**müde**	[ˈmyːdɛ]
être fatigué	**müde werden**	[ˈmyːdɛ ˈweːrdɛn]
humeur (f)	**Laune** (f)	[ˈlaunɛ]
ennui (m)	**Langeweile** (f)	[ˈlanvaɪle]
s'ennuyer (vp)	**sich langweilen**	[ziɦ ˈlaŋvaɪlen]
solitude (f)	**Einsamkeit** (f)	[ˈaɪnzamkaɪt]
s'isoler (vp)	**sich abkapseln**	[ziɦ apˈkapsɛʎn]
inquiéter (vt)	**beunruhigen** (vt)	[bɛˈunrʊɪgɛn]
s'inquiéter (vp)	**sich Sorgen machen**	[ziɦ ˈzɔrgɛn ˈmahɛn]
inquiétude (f)	**Unruhe** (f)	[ˈunrʊɛ]
préoccupation (f)	**Besorgnis** (f)	[bɛˈzɔrgnis]
soucieux	**besorgt**	[bɛˈzɔrkt]
s'énerver (vp)	**nervös sein**	[nɛrˈwøːs zaɪn]
paniquer (vi)	**in Panik verfallen** (vi)	[in ˈpaːnik fɛrˈfalen]
espoir (m)	**Hoffnung** (f)	[ˈhɔfnʊn]
espérer (vi)	**hoffen** (vi)	[ˈhɔffɛn]
certitude (f)	**Sicherheit** (f)	[ˈziherhaɪt]
certain	**sicher**	[ˈzihə]
incertitude (f)	**Unsicherheit** (f)	[ˈunziherhaɪt]
incertain	**unsicher**	[ˈunzihə]
ivre	**betrunken**	[bɛtˈrʊŋkɛn]
sobre	**nüchtern**	[ˈnyhtɛrn]
faible	**schwach**	[ʃvah]
heureux	**erfolgreich**	[ɛrˈfoʎkraɪɦ]
faire peur	**erschrecken** (vt)	[ɛrʃˈrɛkkɛn]
fureur (f)	**Wut** (f)	[vʊːt]
colère (f)	**Rage** (f)	[ˈraʒɛ]
dépression (f)	**Depression** (f)	[dɛprɛˈsʲɔn]
inconfort (m)	**Unbehagen** (n)	[ˈunbɛhaːgɛn]

confort (m)	Komfort (m)	[kɔm'fɔːr]
regretter (vt)	bedauern (vt)	[bɛ'dauɛrn]
regret (m)	Bedauern (n)	[bɛ'dauɛrn]
malchance (f)	Mißgeschick (n)	['misgɛʃik]
chagrin (m)	Kummer (m)	['kumə]

honte (f)	Scham (f)	[ʃaːm]
joie (f)	Freude (f)	['frɔɪdə]
enthousiasme (m)	Begeisterung (f)	[bɛ'gaɪstɛrʊn]
enthousiaste (m)	Enthusiast (m)	[ɛntʊzi'ast]
avoir de l'enthousiasme	Elan zeigen	[ɛ'laːn 'tsaɪgɛn]

62. Le caractère. La personnalité

caractère (m)	Charakter (m)	[ka'raktə]
défaut (m)	Charakterschwäche (f)	['ʃaraktɛrʃvɛh'ɛ]
intelligence (f)	Vernunft (f)	[fɛr'nʊnft]

conscience (f)	Gewissen (n)	[gɛ'wissɛn]
habitude (f)	Gewohnheit (f)	[gɛ'vɔːnhaɪt]
capacité (f)	Fähigkeit (f)	['fɛiɦkaɪt]
savoir	können (mod)	['kønɛn]

patient	geduldig	[gɛ'duʎdiɦ]
impatient	ungeduldig	[uŋɛ'duʎdiɦ]
curieux	neugierig	['nɔɪgiːriɦ]
curiosité (f)	Neugier (f)	['nɔɪgiːə]

modestie (f)	Bescheidenheit (f)	[bɛ'ʃaɪdɛnhaɪt]
modeste	bescheiden	[bɛ'ʃaɪdɛn]
vaniteux	unbescheiden	['unbɛʃaɪdɛn]

| paresseux | faul | ['fauʎ] |
| paresseux (m) | Faulenzer (m) | ['faulentsə] |

ruse (f)	Listigkeit (f)	['listiɦkaɪt]
rusé	listig	['listiɦ]
méfiance (f)	Mißtrauen (n)	['mist'rauɛn]
méfiant	mißtrauisch	['mist'rauiʃ]

générosité (f)	Freigebigkeit (f)	['fraɪgebiɦkaɪt]
généreux	freigebig	['fraɪgeːbiɦ]
doué	talentiert	[talen'tiːrt]
talent (m)	Talent (n)	[ta'lent]

courageux	tapfer	['tapfə]
courage (m)	Tapferkeit (f)	['tapfɛrkaɪt]
honnête	ehrlich	['eːrliɦ]
honnêteté (f)	Ehrlichkeit (f)	['eːrliɦkaɪt]

prudent	vorsichtig	['fɔːrziɦtiɦ]
courageux, vaillant	tapfer	['tapfə]
sérieux	ernst	[ɛrnst]
sévère	streng	[ʃtrɛn]

décidé	entschlossen	[ɛntʃlɔssɛn]
indécis	unentschlossen	[unʰɛntʃlɔssɛn]
timide	scheu	[ʃɔɪ]
timidité (f)	Schüchternheit (f)	['ʃyhtɛrnhaɪt]

confiance (f)	Vertrauen (n)	[fɛrt'rauɛn]
croire qn	vertrauen (vi)	[fɛrt'rauɛn]
confiant	vertrauensvoll	[fɛrt'rauɛnsfɔʎ]

sincèrement	aufrichtig	['aufriĥtiĥ]
sincère	aufrichtig	['aufriĥtiĥ]
sincérité (f)	Aufrichtigkeit (f)	['aufriĥtiĥkaɪt]
ouvert	aufgeschlossen	[aʊfgeʃlɔssɛn]

calme	still	[ʃtiʎ]
franc, sincère	offen	['ɔffɛn]
naïf	naiv	[na'i:f]
distrait	zerstreut	[tsɛrʃt'rɔɪt]
amusant	lustig	['lystiĥ]

avidité (f)	Geiz (m)	[gaɪts]
avare	habgierig	[habgeriĥ]
radin	geizig, knauserig	['gaɪtsiĥ], ['knauzɛriĥ]
méchant	böse	['bø:zɛ]
têtu	hartnäckig	['hartnɛkkiĥ]
désagréable	unangenehm	['unʰaŋɛnɛɪm]

égoïste (m)	Egoist (m)	[ɛgɔ'ist]
égoïste	egoistisch	[ɛgɔ'istiʃ]
peureux (m)	Feigling (m)	['faɪglin]
peureux	feige	['faɪgɛ]

63. Le sommeil. Les rêves

dormir (vi)	schlafen (vi)	['ʃla:fɛn]
sommeil (m)	Schlaf (m)	[ʃla:f]
rêve (m)	Traum (m)	['traum]
rêver (en dormant)	träumen (vt)	['trɔɪmɛn]
endormi	verschlafen	[fɛrʃ'la:fɛn]

lit (m)	Bett (n)	[bɛt]
matelas (m)	Matratze (f)	[mat'ratsɛ]
couverture (f)	Decke (f)	['dɛkke]
oreiller (m)	Kissen (n)	['kissɛn]
drap (m)	Laken (n)	['la:kɛn]

insomnie (f)	Schlaflosigkeit (f)	['ʃla:flɔziĥkaɪt]
sans sommeil	schlaflos	['ʃla:flɔs]
somnifère (m)	Schlafmittel (n)	['ʃla:fmittɛʎ]
prendre un somnifère	Schlafmittel (n) nehmen	['ʃla:fmitɛʎ 'nɛ:mɛn]

avoir sommeil	schlafen wollen	[ʃla:fɛn 'vɔlen]
bâiller	gähnen (vi)	['gɛ:nɛn]
aller se coucher	schlafen gehen	['ʃla:fɛn 'ge:ɛn]

| faire le lit | das Bett machen | [das 'bɛt 'mahɛn] |
| s'endormir (vp) | einschlafen (vi) | ['aɪnʃlaːfɛn] |

cauchemar (m)	Alptraum (m)	['aʌptraum]
ronflement (m)	Schnarchen (n)	['ʃnarhen]
ronfler (vi)	schnarchen (vi)	['ʃnarhen]

réveil (m)	Wecker (m)	['vɛkkə]
réveiller (vt)	aufwecken (vt)	['aufvɛkken]
se réveiller (vp)	erwachen (vi)	[ɛr'vahɛn]
se lever (tôt, tard)	aufstehen (vi)	['aufʃteːɛn]
se laver (le visage)	sich waschen	[ziɦ 'vaːʃɛn]

64. L'humour. Le rire. La joie

humour (m)	Humor (m)	[hʊ'moːr]
sens (m) de l'humour	Sinn (m) für Humor	[zin fyr hʊmoː]
s'amuser (vp)	sich amüsieren	[ziɦ amy'ziːrɛn]
joyeux	froh	[froː]
joie (f)	Fröhlichkeit (f)	['frøːliɦkaɪt]

sourire (m)	Lächeln (n)	['lɛheʌn]
sourire (vi)	lächeln (vi)	['lɛheʌn]
se mettre à rire	anfangen zu lachen	['anfaŋɛn ʦu 'lahɛn]
rire (vi)	lachen (vi)	['lahɛn]
rire (m)	Lachen (n)	['lahɛn]

anecdote (f)	Anekdote (f)	[anɛk'doːtɛ]
drôle, amusant	lächerlich	['lɛherliɦ]
drôle (personne)	komisch	['koːmiʃ]

plaisanter (vi)	Witz machen	[wits 'mahɛn]
plaisanterie (f)	Spaß (m)	[ʃpaːs]
joie (f)	Freude (f)	['frɔɪdə]
se réjouir (vp)	sich freuen	[ziɦ 'frɔjen]
joyeux	froh	[froː]

65. Dialoguer et communiquer. Partie 1

| communication (f) | Kommunikation (f) | [komynika'ʦʲon] |
| communiquer (vi) | in Verbindung sein | [in fer'bindʊn zaɪn] |

conversation (f)	Gespräch (n)	[gɛʃp'rɛɦ]
dialogue (m)	Dialog (m)	[dia'loːk]
débat (m)	Diskussion (f)	[diskʊ'sʲon]
discussion (f)	Auseinandersetzung (f)	[aʊsaɪ'nandɛrzɛʦun]
discuter (vi, vt)	streiten (vi)	['ʃtraɪtɛn]

interlocuteur (m)	Gesprächspartner (m)	[gɛʃp'rɛɦs'partnə]
sujet (m)	Thema (n)	['tɛma]
point (m) de vue	Gesichtspunkt (m)	[gɛ'ziɦtspʊŋkt]
opinion (f)	Meinung (f)	['maɪnʊn]

discours (m)	**Rede** (f)	['re:dɛ]
discussion (f)	**Besprechung** (f)	[bɛʃp'rɛhʊn]
discuter (vt)	**besprechen** (vt)	[beʃp'rɛhen]
conversation (f)	**Gespräch** (n)	[gɛʃp'rɛɦ]
converser (vi)	**sich unterhalten**	[ziɦ untɐr'haʎtɛn]
rencontre (f)	**Treffen** (n)	['trɛffɛn]
se rencontrer (vp)	**sich treffen** (vt)	[ziɦ 'trɛfɛn]
proverbe (m)	**Sprichwort** (n)	['ʃpriɦvɔrt]
dicton (m)	**Sprichwort** (n)	['ʃpriɦvɔrt]
devinette (f)	**Rätsel** (n)	['rɛtzɛʎ]
poser une devinette	**ein Rätsel aufgeben**	[aɪn 'rɛtzɛʎ 'aufge:bɛn]
mot (m) de passe	**Parole** (f)	[pa'rɔ:le]
secret (m)	**Geheimnis** (n)	[gɛ'haɪmnis]
serment (m)	**Eid** (m), **Schwur** (m)	[aɪt], [ʃvu:r]
jurer (de faire qch)	**schwören** (vi, vt)	['ʃwø:rɛn]
promesse (f)	**Versprechen** (n)	[fɛrʃp'rɛhen]
promettre (vt)	**versprechen** (vt)	[fɛrʃp'rɛhen]
conseil (m)	**Rat** (m)	[ra:t]
conseiller (vt)	**raten** (vt)	['ra:tɛn]
suivre le conseil (de qn)	**Rat befolgen**	[ra:t bɛ'fɔʎgɛn]
écouter (~ la voix de la raison)	**einen Rat befolgen**	[aɪnen rat bɛ'fɔʎgɛn]
nouvelle (f)	**Neuigkeit** (f)	['nɔjɦkaɪt]
sensation (f)	**Sensation** (f)	[zɛnza'ts'ɔn]
renseignements (m pl)	**Daten** (pl)	['da:tɛn]
conclusion (f)	**Schlußfolgerung** (f)	['ʃlusfɔʎgerʊn]
voix (f)	**Stimme** (f)	['ʃtimɛ]
compliment (m)	**Kompliment** (n)	[kɔmpli'mɛnt]
aimable	**freundlich**	['frɔɪntliɦ]
parole (f)	**Wort** (n)	[vɔrt]
phrase (f)	**Phrase** (f)	['fra:zɛ]
réponse (f)	**Antwort** (f)	['antvɔrt]
vérité (f)	**Wahrheit** (f)	['va:rhaɪt]
mensonge (m)	**Lüge** (f)	['ly:gɛ]
pensée (f)	**Gedanke** (m)	[gɛ'daŋkɛ]
idée (f)	**Idee** (f)	[i'de:ɛ]
fantaisie (f)	**Phantasie** (f)	[fanta'zi:]

66. Dialoguer et communiquer. Partie 2

respecté	**angesehen**	['aŋezi:en]
respecter (vt)	**respektieren** (vt)	[rɛspɛk'ti:rɛn]
respect (m)	**Respekt** (m)	[rɛs'pɛkt]
Cher …	**Sehr geehrter/geehrte …**	[zɛ:r gɛ'ɛ:rtɐr] / [gɛ'ɛ:rtɛ]
présenter (faire connaître)	**bekannt machen**	[bɛ'kant 'mahɛn]
intention (f)	**Absicht** (f)	['apziɦt]
avoir l'intention	**die Absicht haben**	[di 'apziɦt 'ha:bɛn]

souhait (m)	**Wunsch** (m)	[vʊnʃ]
souhaiter (vt)	**wünschen** (vt)	[ˈwynʃɛn]
étonnement (m)	**Staunen** (n)	[ˈʃtaunɛn]
étonner (vt)	**erstaunen** (vt)	[ɛrˈʃtaunɛn]
s'étonner (vp)	**staunen** (vi)	[ˈʃtaunɛn]
donner (vt)	**geben** (vt)	[ˈgeːbɛn]
prendre (vt)	**nehmen** (vt)	[ˈniːmɛn]
rendre (vt)	**zurückgeben** (vt)	[ʦuˈrykgeːbɛn]
retourner (vt)	**zurückgeben** (vt)	[ʦuˈrykgeːbɛn]
s'excuser (vp)	**sich entschuldigen**	[zih ɛntˈʃuʎdigɛn]
excuse (f)	**Entschuldigung** (f)	[ɛntˈʃuʎdigʊn]
pardonner (vt)	**verzeihen** (vt)	[fɛrˈʦajen]
parler (vi)	**sprechen** (vi)	[ˈʃprɛhen]
écouter (vt)	**hören** (vt), **zuhören** (vt)	[ˈhøːrɛn], [ʦuˈhøːrɛn]
écouter jusqu'au bout	**sich anhören** (vt)	[zih ˈanhøːrɛn]
comprendre (vt)	**verstehen** (vt)	[fɛrˈʃteːɛn]
montrer (vt)	**zeigen** (vt)	[ˈʦaɪgɛn]
regarder (vt)	**schauen** (vi)	[ˈʃauɛn]
appeler (faire venir)	**rufen** (vt)	[ˈruːfɛn]
importuner (vt)	**stören** (vt)	[ˈʃtøːrɛn]
passer (un cadeau)	**übergeben** (vt)	[ˈjuːbɛrgeːbɛn]
demande (f)	**Bitte** (f)	[ˈbittɛ]
demander (vt)	**bitten** (vt)	[ˈbittɛn]
exigence (f)	**Forderung** (f)	[ˈfɔrdɛrʊn]
exiger (vt)	**verlangen** (vt)	[fɛrˈlaŋɛn]
taquiner (vt)	**necken** (vt)	[ˈnɛkɛn]
se moquer (vp)	**spotten** (vi)	[ˈʃpɔttɛn]
moquerie (f)	**Spott** (m)	[ʃpɔt]
surnom (m)	**Spitzname** (m)	[ˈʃpiʦnaːmɛ]
allusion (f)	**Andeutung** (f)	[ˈandɔɪtʊn]
faire allusion	**andeuten** (vt)	[ˈandɔɪtɛn]
sous-entendre (vt)	**meinen** (vt)	[ˈmaɪnɛn]
description (f)	**Beschreibung** (f)	[bɛʃˈraɪbʊn]
décrire (vt)	**beschreiben** (vt)	[bɛʃˈraɪbɛn]
louange (m)	**Lob** (n)	[lɔːp]
louer (vt)	**loben** (vt)	[ˈlɔːbɛn]
déception (f)	**Enttäuschung** (f)	[ɛnˈtɔɪʃun]
décevoir (vt)	**enttäuschen** (vt)	[ɛnˈtɔɪʃen]
être déçu	**enttäuscht sein**	[ɛnˈtɔɪʃt zaɪn]
supposition (f)	**Vermutung** (f)	[fɛrˈmuːtʊn]
supposer (vt)	**vermuten** (vt)	[fɛrˈmuːtɛn]
avertissement (m)	**Warnung** (f)	[ˈvarnʊn]
avertir (vt)	**warnen** (vt)	[ˈvarnɛn]

67. Dialoguer et communiquer. Partie 3

convaincre (vt)	überreden (vt)	[ˈjubɛrˈreːdɛn]
calmer (vt)	beruhigen (vt)	[bɛˈruːigɛn]
silence (m)	Schweigen (n)	[ˈʃvaɪgɛn]
se taire (vp)	schweigen (vi)	[ˈʃvaɪgɛn]
murmurer (vi, vt)	flüstern (vt)	[ˈflystɛrn]
chuchotement (m)	Flüstern (n)	[ˈflystɛrn]
sincèrement	offen	[ˈɔfɛn]
à mon avis ...	meiner Meinung nach ...	[ˈmaɪnə ˈmaɪnʊn naːh]
détail (m)	Detail (n)	[dɛˈtaɪ]
détaillé	detailliert	[detaˈjiːrt]
en détail	ausführlich	[ˈausfyːrliɦ]
indice (m)	Tipp (m)	[tiːp]
donner un indice	Tipp geben	[ˈtiːp giːbn]
expression (f)	Blick (m)	[blik]
jeter un coup d'oeil	anblicken (vt)	[ˈanblikɛn]
fixe (regard)	starr	[ʃtaː]
clignoter (vi)	blinzeln (vi)	[ˈblintsɛʎn]
cligner de l'oeil	blinzeln (vi)	[ˈblintsɛʎn]
hocher la tête	nicken (vi)	[ˈnikkɛn]
soupir (m)	Seufzer (m)	[ˈzɔɪftsə]
soupirer (vi)	aufseufzen (vi)	[ˈaufzɔɪftsɛn]
tressaillir (vi)	zusammenzucken (vi)	[tsuˈzamenˈtsukɛn]
geste (m)	Geste (f)	[ˈgɛstɛ]
toucher (de la main)	berühren (vt)	[bɛˈryːrɛn]
saisir (par le bras)	ergreifen (vt)	[ɛrgˈraɪfɛn]
tapoter (vt)	klopfen (vt)	[ˈklɔpfɛn]
Attention!	Vorsicht!	[ˈfɔːziɦt]
Vraiment?	Wirklich?	[ˈwirkliɦ]
Bonne chance!	Viel Erfolg!	[fiːʎ ɛrˈfɔʎk]
Compris!	Klar!	[klaːr]
Dommage!	Schade!	[ˈʃaːdɛ]

68. L'accord. Le refus

accord (m)	Einverständnis (n)	[aɪnfɛrʃˈtɛndnis]
être d'accord	zustimmen (vi)	[ˈtsuːʃtimɛn]
approbation (f)	Zustimmung (f)	[ˈtsuːʃtimʊn]
approuver (vt)	zustimmen (vi)	[ˈtsuːʃtimɛn]
refus (m)	Absage (f)	[ˈapzaːgɛ]
refuser (vt)	aufgeben (vt), sich weigern	[ˈaufgeːbɛn], [ziɦ ˈvaɪgɛrn]
Super!	Ausgezeichnet!	[ˈausgɛtsaɪɦnɛt]
Bon!	Einverstanden!	[ˈaɪnfɛrʃtandɛn]
D'accord!	Gut! Okay!	[guːt ɔˈkɛɪ]

Ce n'est pas correct!	Das ist falsch!	[das ist faʎʃ]
interdit	verboten	[fɛr'boːtɛn]
c'est interdit	man darf nicht	[man 'darf niht]
c'est impossible	es ist unmöglich	[ɛs ist 'unmøɡliʰ]
incorrect	falsch	[faʎʃ]

décliner (vt)	ablehnen (vt)	['apleːnɛn]
soutenir (vt)	unterstützen (vt)	[uːntɛʃtyːtsɛn]
accepter (condition, etc.)	akzeptieren (vt)	[aːktsɛp'tirɛn]

confirmer (vt)	bestätigen (vt)	[bɛʃ'tɛtigɛn]
confirmation (f)	Bestätigung (f)	[bɛʃ'tɛtigʊn]
permission (f)	Erlaubnis (f)	[ɛr'laubnis]
permettre (vt)	erlauben (vt)	[ɛr'laubɛn]
décision (f)	Entscheidung (f)	[ɛntʃ'ʃaidʊn]
ne pas dire un mot	schweigen (vt)	['ʃvaigɛn]

condition (f)	Bedingung (f)	[bɛ'diŋun]
prétexte (m)	Ausrede (f)	['ausreːdɛ]
louange (m)	Lob (n)	[loːp]
louer (vt)	loben (vt)	['loːbɛn]

69. La réussite. La chance. L'échec

succès (m)	Erfolg (m)	[ɛr'foʎk]
avec succès	erfolgreich	[ɛr'foʎkraiʰ]
réussi	erfolgreich	[ɛr'foʎkraiʰ]

chance (f)	Erfolg (m)	[ɛr'foʎk]
Bonne chance!	Viel Glück!	[fiːʎ glyk]
de chance	Glücks-	[glyks]
chanceux	glücklich	['glykliʰ]
échec (m)	Mißerfolg (m)	['misʰɛrfoʎk]
malchance (f)	Pech (n)	[pɛʰ]
infortune (f)	Mißgeschick (n)	['misgɛʃik]
raté	mißglückt	['misglyk]
catastrophe (f)	Katastrophe (f)	[katast'roːfɛ]
fierté (f)	Stolz (m)	[ʃtoʎts]
fier	stolz	[ʃtoʎts]
être fier	stolz sein	[ʃtoʎts zain]

gagnant (m)	Sieger (m)	['ziːgə]
gagner (vi, vt)	siegen (vi)	['ziːgɛn]
perdre (vi, vt)	verlieren (vt)	[fɛr'liːrɛn]
essai (m)	Versuch (m)	[fɛr'zuːh]
essayer (vt)	versuchen (vt)	[fɛr'zuːhɛn]
opportunité (f)	Chance (f)	['ʃansɛ]

70. Les disputes. Les émotions négatives

| cri (m) | Schrei (m) | [ʃrai] |
| crier (vi, vt) | schreien (vi) | ['ʃrajen] |

se mettre à crier	beginnen zu schreien	[bɛ'gi:nɛn ʦu 'ʃrajen]
dispute (f)	Zank (m)	[ʦaŋk]
se disputer (vp)	streiten (vi)	['ʃtraitɛn]
scandale (m)	Skandal (m)	[skan'daʎ]
faire un scandale	Streit haben	['ʃtra:ɪt ha:bn]
conflit (m)	Konflikt (m)	[kɔnf'likt]
malentendu (m)	Mißverständnis (n)	['misfɛrʃtɛndnis]
insulte (f)	Kränkung (f)	['krɛŋkun]
insulter (vt)	kränken (vt)	['krɛŋkɛn]
insulté	gekränkt	[gɛk'rɛŋkt]
offense (f)	Beleidigung (f)	[bɛ'ʎaidigʊn]
offenser (vt)	beleidigen (vt)	[bɛ'ʎaidigɛn]
s'offenser (vp)	sich beleidigt fühlen	[ziɦ bɛ'ʎaidiɦt 'fy:len]
indignation (f)	Empörung (f)	[ɛm'pø:rʊn]
s'indigner (vp)	sich empören	[ziɦ ɛm'pø:rɛn]
plainte (f)	Klage (f)	['kla:gɛ]
se plaindre (vp)	klagen (vi)	['kla:gɛn]
excuse (f)	Entschuldigung (f)	[ɛnt'ʃuʎdigʊn]
s'excuser (vp)	sich entschuldigen	[ziɦ ɛnt'ʃuʎdigɛn]
demander pardon	um Entschuldigung bitten	[um ɛnt'ʃuʎdigʊn 'bittɛn]
critique (f)	Kritik (f)	[kri'ti:k]
critiquer (vt)	kritisieren (vt)	[kriti'zi:rɛn]
accusation (f)	Beschuldigung (f)	[bɛʃuʎdigʊn]
accuser (vt)	anklagen (vt)	['aŋkla:gɛn]
vengeance (f)	Rache (f)	['rahɛ]
se venger (vp)	rächen (vt)	['rɛhen]
faire payer qqn	sich rächen	[ziɦ 'rɛhen]
mépris (m)	Verachtung (f)	[fɛrʰ'ahtʊn]
mépriser (vt)	verachten (vt)	[fɛrʰ'ahtɛn]
haine (f)	Haß (m)	[has]
haïr (vt)	hassen (vt)	['hassɛn]
nerveux	nervös	[nɛr'wø:s]
s'énerver (vp)	nervös sein	[nɛr'wø:s zain]
fâché	verärgert	[fɛrʰ'ɛ:rgɛrt]
fâcher (vt)	ärgern (vt)	['ergɛrn]
humiliation (f)	Erniedrigung (f)	[ɛr'ni:drigʊn]
humilier (vt)	erniedrigen (vt)	[ɛr'ni:drigɛn]
s'humilier (vp)	sich erniedrigen	[ziɦ ɛr'ni:drigɛn]
choc (m)	Schock (m)	[ʃɔk]
choquer (vt)	schockieren (vt)	[ʃɔ'ki:rɛn]
ennui (m)	Ärger (m)	['ergə]
désagréable	unangenehm	['unʰaŋɛnɛim]
peur (f)	Angst (f)	['aŋkst]
terrible	furchtbar	['fʊrɦtbar]
d'horreur	schrecklich	['ʃrɛkliɦ]

| horreur (f) | Entsetzen (n) | [ɛnt'zɛtsɛn] |
| horrible | entsetzlich | [ɛnt'zɛtsliħ] |

commencer à trembler	zittern (vi)	['tsittɛrn]
pleurer (vi)	weinen (vi)	['vaɪnɛn]
se mettre à pleurer	anfangen zu weinen	['anfaŋɛn tsu 'vaɪnɛn]
larme (f)	Träne (f)	['trɛnɛ]

faute (f)	Schuld (f)	[ʃʊ˄t]
culpabilité (f)	Schuldgefühl (n)	['ʃʊ˄tgɛfy˄]
honte (f)	Schmach (f)	[ʃmah]
protestation (f)	Protest (m)	[prɔ'tɛst]
stress (m)	Streß (m)	[strɛs]

déranger (vt)	stören (vt)	['ʃtø:rɛn]
être furieux	sich ärgern	[ziħ 'ɛrgɛrn]
en colère, fâché	böse	['bø:zɛ]
rompre (relations)	abbrechen (vi)	['apbrɛhen]
réprimander (vt)	schimpfen (vi)	['ʃimpfɛn]

prendre peur	erschrecken (vi)	[ɛrʃ'rɛkkɛn]
frapper (vt)	schlagen (vt)	['ʃla:gɛn]
se battre (vp)	sich prügeln	[ziħ 'pry:gɛ˄n]

régler (problème)	erledigen (vt), regeln (vt)	[ɛr'le:digɛn], ['rɛ:gɛ˄n]
mécontent	unzufrieden	['untsu:fri:dɛn]
enragé	wütend	['wy:tɛnd]

| Ce n'est pas bien! | Das ist nicht gut! | [das ist niħt gʊ:t] |
| C'est mal! | Das ist schlecht! | [das ist ʃlɛħt] |

La médecine

71. Les maladies

maladie (f)	Krankheit (f)	['kraŋkhaıt]
être malade	krank sein	[kraŋk zaın]
santé (f)	Gesundheit (f)	[gɛ'zunthaıt]
rhume (m)	Schnupfen (m)	['ʃnupfɛn]
angine (f)	Angina (f)	[a'ŋi:na]
refroidissement (m)	Erkältung (f)	[ɛr'kɛʎtun]
attraper un rhume	sich erkälten	[ziħ ɛr'kɛʎtɛn]
bronchite (f)	Bronchitis (f)	[brɔn'hi:tis]
pneumonie (f)	Lungenentzündung (f)	['lyŋɛnʰɛn'ʦyndun]
grippe (f)	Grippe (f)	['grippɛ]
myope	kurzsichtig	['kurʦziħtiħ]
presbyte	weitsichtig	['vaıtziħtiħ]
strabisme (m)	Schielen (n)	['ʃi:len]
strabique	schielend	['ʃi:lent]
cataracte (f)	grauer Star (m)	['grauə 'ʃta:r]
glaucome (m)	Glaukom (n)	[glau'kɔ:m]
hémorragie (f) cérébrale	Schlaganfall (m)	['ʃla:kʰanfaʎ]
infarctus (m)	Infarkt (m)	[in'farkt]
infarctus (m) de myocarde	Herzinfarkt (m)	['hɛrʦʰin'farkt]
paralysie (f)	Lähmung (f)	['lɛmun]
paralyser (vt)	lähmen (vt)	['lɛmɛn]
allergie (f)	Allergie (f)	[aler'gi:]
asthme (m)	Asthma (n)	['astma]
diabète (f)	Diabetes (m)	[di'abɛtɛs]
mal (m) de dents	Zahnschmerz (m)	['ʦa:nʃmɛrʦ]
carie (f)	Karies (f)	['kariɛs]
diarrhée (f)	Durchfall (m)	['durħfaʎ]
constipation (f)	Verstopfung (f)	[fɛrʃ'tɔpfun]
diarrhée (f)	Magenverstimmung (f)	['ma:gɛnfɛrʃ'timun]
intoxication (f) alimentaire	Vergiftung (f)	[fɛr'giftun]
être intoxiqué	sich vergiften	[ziħ fɛr'giftɛn]
arthrite (f)	Arthritis (f)	[art'ri:tis]
rachitisme (m)	Rachitis (f)	[ra'hi:tis]
rhumatisme (m)	Rheumatismus (m)	[rɔıma'tismus]
athérosclérose (f)	Atherosklerose (f)	['atɛroskle'rɔ:zɛ]
gastrite (f)	Gastritis (f)	[gast'ri:tis]
appendicite (f)	Blinddarmentzündung (f)	['blintdarmʰɛnʦyndun]

| cholécystite (f) | Cholezystitis (f) | [hɔleʦis'ti:tis] |
| ulcère (m) | Geschwür (n) | [gɛʃ'wyr] |

rougeole (f)	Masern (pl)	['ma:zɛrn]
rubéole (f)	Röteln (pl)	['rø:tɛʎn]
jaunisse (f)	Gelbsucht (f)	['gɛʎpzuht]
hépatite (f)	Hepatitis (f)	[hɛpa'ti:tis]

schizophrénie (f)	Schizophrenie (f)	[ʃiʦofrɛ'ni:]
rage (f)	Tollwut (f)	['tɔʎvu:t]
névrose (m)	Neurose (f)	[nɔɪ'rɔ:zɛ]
commotion (f) du cerveau	Gehirnerschütterung (f)	[gɛ'hirnʰɛr'ʃyttɛrʊn]

cancer (m)	Krebs (m)	[kreps]
sclérose (f)	Sklerose (f)	[skle'rɔ:zɛ]
sclérose (f) en plaques	multiple Sklerose (f)	[mʊʎ'tiple skle'rɔ:zɛ]

alcoolisme (m)	Alkoholismus (m)	[alkɔhɔ'li:zmʊs]
alcoolique (m)	Alkoholiker (m)	[alkɔ'hɔ:likə]
syphilis (f)	Syphilis (f)	['zy:filis]
SIDA (m)	AIDS	[ɛɪʦ]

tumeur (f)	Tumor (m)	['tu:mɔr]
fièvre (f)	Fieber (n)	['fi:bə]
paludisme (m)	Malaria (f)	[ma'ʎaria]
gangrène (f)	Gangrän (f, n)	[gaŋ'rɛn]
mal (m) de mer	Seekrankheit (f)	['ze:ɛkraŋkhaɪt]
épilepsie (f)	Epilepsie (f)	[ɛpilep'si:]

épidémie (f)	Epidemie (f)	[ɛpidɛ'mi:]
typhus (m)	Typhus (m)	['ty:fʊs]
tuberculose (f)	Tuberkulose (f)	[tʊbɛrkʊ'lø:zɛ]
choléra (m)	Cholera (f)	[kɔ:'lera]
peste (f)	Pest (f)	[pɛst]

72. Les symptômes. Le traitement. Partie 1

symptôme (m)	Symptom (n)	[zymp'tɔ:m]
température (f)	Fieber (n)	['fi:bə]
fièvre (f)	Fieber (n)	['fi:bə]
pouls (m)	Puls (m)	[pʊʎs]

vertige (m)	Schwindel (m)	['ʃwindɛʎ]
chaud	heiß	[haɪs]
frisson (m)	Schüttelfrost (m)	['ʃytɛʎfrɔst]
pâle	blass	[blas]

toux (f)	Husten (m)	['hʊstɛn]
tousser (vi)	husten (vi)	['hʊstɛn]
éternuer (vi)	niesen (vi)	['ni:zɛn]
évanouissement (m)	Ohnmacht (f)	['ɔ:n'maht]
s'évanouir (vp)	ohnmächtig werden	['ɔ:n'mahtiɦ 'we:rdɛn]
bleu (m)	blauer Fleck (m)	['blaʊə 'flɛk]
bosse (f)	Beule (f)	['bɔɪle]

se heurter (vp)	sich stoßen	[ziħ 'ʃtoːsɛn]
meurtrissure (f)	Prellung (f)	['prɛlun]
se faire mal	eine Prellung zuziehen	['aɪnɛ 'prɛlyn 'ʦuʦiːɛn]

boiter (vi)	hinken (vi)	['hiŋken]
foulure (f)	Verrenkung (f)	[fɛr'rɛŋkʊn]
se démettre (l'épaule, etc.)	ausrenken (vt)	['ausrɛŋkɛn]
fracture (f)	Bruch (m)	[brʊh]
avoir une fracture	brechen (vt)	['brɛhen]

coupure (f)	Schnittwunde (f)	['ʃnitvʊndɛ]
se couper (le doigt)	sich schneiden	[ziħ 'ʃnaɪdɛn]
hémorragie (f)	Blutung (f)	['bluːtʊn]

| brûlure (f) | Verbrennung (f) | [fɛrb'rɛnʊn] |
| se brûler (vp) | sich verbrennen | [ziħ fɛrb'rɛnɛn] |

se piquer (le doigt)	stechen (vt)	['ʃtɛhen]
se piquer (vp)	sich stechen	[ziħ 'ʃtɛhen]
blesser (vt)	verletzen (vt)	[fɛr'lɛʦɛn]
blessure (f)	Verletzung (f)	[fɛr'lɛʦun]
plaie (f, blessure)	Wunde (f)	['vʊndɛ]
trauma (m)	Trauma (n)	['trauma]

délirer (vi)	irrereden (vi)	['irrɛreːdɛn]
bégayer (vi)	stottern (vi)	['ʃtɔttɛrn]
coup (m) de soleil	Sonnenstich (m)	['zɔnɛnʃtiħ]

73. Les symptômes. Le traitement. Partie 2

| douleur (f) | Schmerz (m) | [ʃmɛrʦ] |
| écharde (f) | Splitter (m) | ['ʃplitə] |

sueur (f)	Schweiß (m)	[ʃvaɪs]
vomissement (m)	Erbrechen (n)	[ɛrb'rɛhen]
spasmes (m pl)	Krämpfe (pl)	['krɛmpfɛ]

enceinte	schwanger	['ʃvaŋə]
naître (vi)	geboren sein	[gɛ'boːrɛn zaɪn]
accouchement (m)	Geburt (f)	[gɛ'bʊːrt]
accoucher (vt)	gebären (vt)	[gɛ'bɛrɛn]
avortement (m)	Abtreibung (f)	['aptraɪbʊn]

respiration (f)	Atem (m)	['atɛm]
inhalation (f)	Atemzug (m)	['atɛmʦuk]
expiration (f)	Ausatmung (f)	['ausʰatmʊn]
expirer (vi)	ausatmen (vt)	['ausʰatmɛn]
inspirer (vi)	einatmen (vt)	['aɪnʰatmɛn]
invalide (m)	Invalide (m)	[inva'liːdɛ]
handicapé (m)	Krüppel (m)	['kryppɛʎ]
drogué (m)	Drogenabhängige (m)	['droːgɛnʰaphɛŋigɛ]

| sourd | taub | ['taup] |
| muet | stumm | [ʃtʊm] |

sourd-muet	taubstumme	['taupʃtʊmɛ]
fou	verrückt	[fɛ'rykt]
fou (m)	Irre (m)	['irɛ]
folle (f)	Irre (f)	['irɛ]
devenir fou	den Verstand verlieren	[dɛn fɛrʃtant fɛr'li:rɛn]

gène (m)	Gen (n)	[gen]
immunité (f)	Immunität (f)	[imʊni'tɛt]
héréditaire	Erb-	[ɛrp]
congénital	angeboren	['aŋebɔ:rɛn]

virus (m)	Virus (n)	['wi:rʊs]
microbe (m)	Mikrobe (f)	[mik'rɔ:bɛ]
bactérie (f)	Bakterie (f)	[bak'tɛriɛ]
infection (f)	Infektion (f)	[infɛk'tsɪ̯on]

74. Les symptômes. Le traitement. Partie 3

| hôpital (m) | Krankenhaus (n) | ['kraŋkɛnhaus] |
| patient (m) | Patient (m) | [patsi'ɛnt] |

diagnostic (m)	Diagnose (f)	[diag'nɔ:zɛ]
soins (m)	Heilung (f)	['haɪlun]
traitement (m)	Heilung (f)	['haɪlun]
se faire soigner	Behandlung bekommen	[bɛ'handlun bɛ'kɔ:mɛn]
traiter (vt)	pflegen (vt)	['pfle:gɛn]
soigner (un malade)	pflegen (vt)	['pfle:gɛn]
soins (m pl)	Pflege (f)	['pfle:gɛ]

opération (f)	Operation (f)	[ɔpɛra'tsɪ̯on]
panser (vt)	verbinden (vt)	[fɛr'bindɛn]
pansement (m)	Verband (m)	[fɛr'bant]
vaccination (f)	Impfung (f)	['impfʊn]
vacciner (vt)	impfen (vt)	['impfɛn]
piqûre (f)	Spritze (f)	['ʃpritsɛ]
faire une piqûre	eine Spritze geben	[aɪnɛ 'ʃpritsɛ 'gebɛn]

crise (f)	Anfall (m)	['anfaʎ]
amputation (f)	Amputation (f)	[ampʊta'tsɪ̯on]
amputer (vt)	amputieren (vt)	[ampʊ'ti:rɛn]
coma (m)	Koma (n)	['kɔ:ma]
être dans le coma	im Koma liegen	[im 'kɔma 'li:gɛn]
réanimation (f)	Reanimation (f)	[reanima'tsɪ̯on]

se rétablir (vp)	genesen von ...	[gɛne:zɛn fɔn]
état (m)	Zustand (m)	['tsu:ʃtant]
conscience (f)	Bewußtsein (n)	[bɛ'vʊstzaɪn]
mémoire (f)	Gedächtnis (n)	[gɛ'dɛhtnis]

arracher (une dent)	ziehen (vt)	['tsien]
plombage (m)	Plombe (f)	['plømbɛ]
plomber (vt)	plombieren (vt)	[plɔm'bi:rɛn]
hypnose (f)	Hypnose (f)	[hyp'nɔ:zɛ]
hypnotiser (vt)	hypnotisieren (vt)	[hypnoti'zi:rɛn]

75. Les médecins

médecin (m)	**Arzt** (m)	[a:rtst]
infirmière (f)	**Krankenschwester** (f)	['kraŋkɛnʃvɛstə]
médecin (m) personnel	**Privatarzt** (m)	[pri'vatʰ'a:rtst]
pédiatre (m)	**Kinderarzt** (m)	['kindɛrʰ'a:rtst]
dentiste (m)	**Zahnarzt** (m)	['tsa:nʰa:rtst]
ophtalmologiste (m)	**Augenarzt** (m)	['augɛnʰ'a:rtst]
généraliste (m)	**Internist** (m)	[intɛr'nist]
chirurgien (m)	**Chirurg** (m)	[hi'rʊrk]
psychiatre (m)	**Psychiater** (m)	[psyhi'atə]
pédiatre (m)	**Kinderarzt** (m)	['kindɛrʰ'a:rtst]
psychologue (m)	**Psychologe** (m)	[psyhɔ'lo:gɛ]
gynécologue (m)	**Frauenarzt** (m)	['frauɛnʰa:rtst]
cardiologue (m)	**Kardiologe** (m)	[kardiɔ'lo:gɛ]

76. Les médicaments. Les accessoires

médicament (m)	**Arznei** (f)	[arts'naı]
remède (m)	**Heilmittel** (n)	['haıʎ'mittɛʎ]
ordonnance (f)	**Rezept** (n)	[rɛ'tsɛpt]
comprimé (m)	**Tablette** (f)	[tab'lettɛ]
onguent (m)	**Salbe** (f)	['zaʎbɛ]
ampoule (f)	**Ampulle** (f)	[am'pʊlɛ]
mixture (f)	**Mixtur** (f)	[miks'tʊ:r]
sirop (m)	**Sirup** (m)	[zi:'rʊp]
pilule (f)	**Pille** (f)	['pile]
poudre (f)	**Pulver** (n)	['pʊʎvə]
bande (f)	**Verband** (m)	[fɛr'bant]
coton (m)	**Watte** (f)	['vattɛ]
iode (m)	**Jod** (n)	[jɔt]
sparadrap (m)	**Pflaster** (n)	['pflastə]
compte-gouttes (f)	**Pipette** (f)	[pi'pettɛ]
thermomètre (m)	**Thermometer** (n)	[tɛrmɔ'me:tə]
seringue (f)	**Spritze** (f)	['ʃpritsɛ]
fauteuil (m) roulant	**Rollstuhl** (m)	['rɔʎʃtʊ:ʎ]
béquilles (f pl)	**Krücken** (f pl)	['krykkɛn]
anesthésique (m)	**Betäubungsmittel** (n)	[bɛ'tɔıbʊns'mittɛʎ]
purgatif (m)	**Abführmittel** (n)	['apfy:r'mittɛʎ]
alcool (m)	**Spiritus** (m)	['ʃpi:ritʊs]
herbe (f) médicinale	**Heilkraut** (n)	['haıʎk'raut]
d'herbes	**Kräuter-**	['krɔıtə]

77. Le tabac et ses produits dérivés

tabac (m)	**Tabak** (m)	[tɑ'bak]
cigarette (f)	**Zigarette** (f)	[tsiga'rɛtɛ]
cigare (f)	**Zigarre** (f)	[tsi'ga:rɛ]
pipe (f)	**Pfeife** (f)	['pfaɪfɛ]
paquet (m)	**Packung** (f)	['pakʊn]
allumettes (f pl)	**Streichhölzer** (n pl)	['ʃtraɪhøʎtsə]
boîte (f) d'allumettes	**Streichholzschachtel** (f)	['ʃtraɪhɔʎtsʃahtɛʎ]
briquet (m)	**Feuerzeug** (n)	['fɔjertsɔɪk]
cendrier (m)	**Aschenbecher** (m)	['aʃɛn'bɛhə]
étui à cigarettes (m)	**Zigarettenetui** (n)	[tsiga'rɛttɛnʰɛtʊ'i]
fume-cigarette (m)	**Mundstück** (n)	['mʊntʃtyk]
filtre (m)	**Filter** (n)	['fiʎtə]
fumer (vi, vt)	**rauchen** (vi, vt)	['rauhɛn]
allumer une cigarette	**anrauchen** (vt)	['anrauhɛn]
l'habitude de fumer	**Rauchen** (n)	['rauhɛn]
fumeur (m)	**Raucher** (m)	['rauhə]
mégot (m)	**Stummel** (m)	['ʃtʊmɛʎ]
fumée (f)	**Rauch** (m)	['rauh]
cendre (f)	**Asche** (f)	['aʃɛ]

L'HABITAT HUMAIN

La ville

ville (f)	**Stadt** (f)	[ʃtat]
capitale (f)	**Hauptstadt** (f)	[ˈhauptʃtat]
village (m)	**Dorf** (n)	[dɔrf]
cité (f)	**Siedlung** (f)	[ɛˈiːtlun]
plan (m) de la ville	**Stadtplan** (m)	[ˈʃtatplan]
centre-ville (m)	**Stadtzentrum** (n)	[ˈʃtatsɛntrʊm]
banlieue (f)	**Vorort** (m)	[ˈfɔːrʰɔrt]
de banlieue	**Vorort-**	[ˈfɔːrʰɔrt]
périphérie (f)	**Stadtrand** (m)	[ˈʃtatrant]
alentours (m pl)	**Umgebung** (f)	[umˈgeːbʊn]
quartier (m)	**Stadtviertel** (n)	[ˈʃtatfirtɛʎ]
quartier (m) résidentiel	**Wohnblock** (m)	[ˈvoːnblɔk]
trafic (m)	**Straßenverkehr** (m)	[ˈʃtrasɛnfɛrkeːr]
feux (m pl) de circulation	**Ampel** (f)	[ˈampɛʎ]
transport (m) urbain	**Stadtverkehr** (m)	[ˈʃtatfɛrkeːr]
carrefour (m)	**Straßenkreuzung** (f)	[ˈʃtrasɛŋkrɔɪtsun]
passage (m)	**Übergang** (m)	[ˈjuːbɛrgan]
passage (m) souterrain	**Fußgängerunterführung** (f)	[ˈfʊːsgɛŋɛrʰˈunterfyːrʊn]
traverser (vt)	**überqueren** (vt)	[juːbɛrkˈvɛrɛn]
piéton (m)	**Fußgänger** (m)	[ˈfʊːsgɛŋə]
trottoir (m)	**Gehweg** (m)	[ˈgeːɛvɛk]
pont (m)	**Brücke** (f)	[ˈbrykkɛ]
quai (m)	**Kai** (m)	[kaɪ]
allée (f)	**Allee** (f)	[aˈleː]
parc (m)	**Park** (m)	[park]
boulevard (m)	**Boulevard** (m)	[bʊʎˈvaːr]
place (f)	**Platz** (m)	[plats]
avenue (f)	**Prospekt** (m)	[prɔsˈpɛkt]
rue (f)	**Straße** (f)	[ˈʃtrasɛ]
ruelle (f)	**Gasse** (f)	[ˈgassɛ]
impasse (f)	**Sackgasse** (f)	[ˈzakgassɛ]
maison (f)	**Haus** (n)	[ˈhaus]
édifice (m)	**Gebäude** (n)	[gɛˈbɔɪdɛ]
gratte-ciel (m)	**Wolkenkratzer** (m)	[ˈvoʎkɛŋkˈratsə]
façade (f)	**Fassade** (f)	[fasˈsadɛ]
toit (m)	**Dach** (n)	[dah]

fenêtre (f)	Fenster (n)	['fɛnstə]
arc (m)	Bogen (m)	['boːgɛn]
colonne (f)	Säule (f)	['zɔɪle]
coin (m)	Ecke (f)	['ɾkɐ]

vitrine (f)	Schaufenster (n)	['ʃaufɛnstə]
enseigne (f)	Schild (n)	[ʃiʌt]
affiche (f)	Anschlag (m)	['anʃlaːk]
affiche (f) publicitaire	Werbeposter (m)	['vɛrbɛ'postə]
panneau-réclame (m)	Werbeschild (n)	['vɛrbɛʃiʌt]

ordures (f pl)	Müll (m)	[myʌ]
poubelle (f)	Mülleimer (m)	['my'ʌaimə]
jeter qch à terre	Abfall wegwerfen (vt)	['apfaʌ wek'werfen]
décharge (f)	Mülldeponie (f)	['myʌdɛːponi]

cabine (f) téléphonique	Telefonzelle (f)	[tɛle'foːntsɛle]
réverbère (m)	Straßenlaterne (f)	['ʃtrasɛnlatɛrnɛ]
banc (m)	Bank (f)	[baŋk]

policier (m)	Polizist (m)	[poli'tsist]
police (f)	Polizei (f)	[poli'tsaɪ]
clochard (m)	Bettler (m)	['bɛtlə]
sans-abri (m)	Obdachlose (m)	['ɔpdahlɔːzɛ]

79. Les institutions urbaines

magasin (m)	Laden (m)	['laːdɛn]
pharmacie (f)	Apotheke (f)	[apo'teːkɛ]
opticien (m)	Optik (f)	['ɔptik]
centre (m) commercial	Einkaufszentrum (n)	['aɪŋkaʊfs'tsɛntrʊm]
supermarché (m)	Supermarkt (m)	['zupɛrmarkt]

boulangerie (f)	Bäckerei (f)	[bɛkke'raɪ]
boulanger (m)	Bäcker (m)	['bɛkkə]
pâtisserie (f)	Konditorei (f)	[kɔnditoˈraɪ]
épicerie (f)	Lebensmittelladen (m)	['leːbɛns'mitɛ'ʌadɛn]
boucherie (f)	Metzgerei (f)	['mɛtsgeraɪ]

| magasin (m) de légumes | Gemüseladen (m) | [gɛ'myːzɛ'laːdɛn] |
| marché (m) | Markt (m) | [markt] |

café (m)	Café (n)	[ka'fɛ]
restaurant (m)	Restaurant (n)	[rɛstoˈran]
brasserie (f)	Bierstube (f)	['biːrʃtuːbɛ]
pizzeria (f)	Pizzeria (f)	['pitsɛria]

salon (m) de coiffure	Friseursalon (m)	[frizøˈrzaˈloːn]
poste (f)	Post (f)	[post]
pressing (m)	chemische Reinigung (f)	['hemiʃɛ 'raɪnigʊn]
atelier (m) de photo	Fotoatelier (n)	['fotoatɛˈʌə]

| magasin (m) de chaussures | Schuhgeschäft (n) | ['ʃuːgeʃɛft] |
| librairie (f) | Buchhandlung (f) | ['buhandlun] |

magasin (m) d'articles de sport	Sportladen (m)	[ˈʃpɔrtlaːdɛn]
atelier (m) de retouche	Kleiderreparatur (f)	[ˈkʎaɪdɛrrɛparatʊr]
location (f) de vêtements	Bekleidungsverleih (m)	[bɛkˈʎaɪdʊnsfɛrˈʎaɪ]
location (f) de films	Filmverleih (m)	[ˈfiʎmfɛrˈʎaɪ]
cirque (m)	Zirkus (m)	[ˈtsɪrkʊs]
zoo (m)	Zoo (m)	[ˈtsɔː]
cinéma (m)	Kino (n)	[ˈkiːnɔ]
musée (m)	Museum (n)	[mʊˈzɛum]
bibliothèque (f)	Bibliothek (f)	[biblioˈteːk]
théâtre (m)	Theater (n)	[tɛˈaːtə]
opéra (m)	Opernhaus (n)	[ˈɔpɛrnhaus]
boîte (f) de nuit	Nachtklub (m)	[ˈnahtklup]
casino (m)	Kasino (n)	[kaˈziːnɔ]
mosquée (f)	Moschee (f)	[mɔˈʃɛe]
synagogue (f)	Synagoge (f)	[zynaˈɡɔːɡɛ]
cathédrale (f)	Kathedrale (f)	[katɛdˈraːle]
temple (m)	Tempel (m)	[ˈtɛmpɛʎ]
église (f)	Kirche (f)	[ˈkɪrhe]
institut (m)	Institut (n)	[instiˈtʊt]
université (f)	Universität (f)	[univɛrziˈtɛt]
école (f)	Schule (f)	[ˈʃuːle]
préfecture (f)	Präfektur (f)	[prɛfɛkˈtʊːr]
mairie (f)	Rathaus (n)	[ˈrathaus]
hôtel (m)	Hotel (n)	[hɔˈtɛʎ]
banque (f)	Bank (f)	[baŋk]
ambassade (f)	Botschaft (f)	[ˈbɔːtʃaft]
agence (f) de voyages	Reisebüro (n)	[raɪzɛbyˈrɔː]
bureau (m) d'information	Informationsbüro (n)	[informaˈtsɪons byˈrɔː]
bureau (m) de change	Wechselstelle (f)	[vɛksɛʎˈʃtɛle]
métro (m)	U-Bahn (f)	[ˈu ˈbaːn]
hôpital (m)	Krankenhaus (n)	[ˈkraŋkɛnhaus]
station-service (f)	Tankstelle (f)	[ˈtaŋkʃtɛle]
parking (m)	Parkstelle (f)	[ˈparkʃtɛle]

80. Les enseignes. Les panneaux

enseigne (f)	Schild (n)	[ʃiʎt]
inscription (f)	Aufschrift (f)	[ˈaufʃrift]
placard (m)	Plakat (n)	[plaˈkaːt]
indicateur (m) de direction	Wegeweiser (m)	[ˈvɛːgevaɪzə]
flèche (f)	Pfeil (m)	[pfaɪʎ]
avertissement (m)	Vorsicht (f)	[ˈfɔːziht]
avertissement (m) (panneau)	Warnung (f)	[ˈvarnʊn]
avertir (vt)	warnen (vt)	[ˈvarnɛn]
jour (m) de repos	freier Tag (m)	[ˈfraɪə ˈtaːk]

| horaire (m) | Plan (m) | [pla:n] |
| heures (pl) d'ouverture | Öffnungszeiten (f pl) | [øfnʊns'tsaɪtɛn] |

BIENVENUE!	HERZLICH WILLKOMMEN!	['hɛrtslih wiʎ'kɔmɛn]
ENTRÉE	EINGANG	['aɪŋan]
SORTIE	AUSGANG	['aus'gan]

POUSSER	DRÜCKEN	['drykkɛn]
TIRER	ZIEHEN	['tsien]
OUVERT	GEÖFFNET	[gɛøfnɛt]
FERMÉ	GESCHLOSSEN	[gɛʃlɔsɛn]

| FEMMES | DAMEN / FRAUEN | ['damɛn] / ['frauɛn] |
| HOMMES | HERREN / MÄNNER | [hɛrrɛn] / ['mɛnə] |

RABAIS	AUSVERKAUF	[ausfɛr'kauf]
SOLDES	REDUZIERT	[rɛdu'tsirt]
NOUVEAU!	NEU!	[nɔɪ]
GRATUIT	GRATIS	['gra:tis]

ATTENTION!	ACHTUNG!	['ahtʊn]
COMPLET	ZIMMER BELEGT	['tsimə bɛ'ligt]
RÉSERVÉ	RESERVIERT	[rɛzɛr'wi:rt]

| ADMINISTRATION | VERWALTUNG | [fɛr'valtʊn] |
| RÉSERVÉ AU PERSONNEL | NUR FÜR PERSONAL | [nu:r fyr pɛrzo'na:ʎ] |

ATTENTION	VORSICHT BISSIGER	['fo:ziht 'bissigə
CHIEN MÉCHANT	HUND	hʊnt]
DÉFENSE DE FUMER	RAUCHEN VERBOTEN!	['rauhɛn fɛr'bo:tɛn]
PRIÈRE DE NE PAS TOUCHER	BITTE NICHT BERÜHREN	['bitə niht bɛ'ry:rɛn]

DANGEREUX	GEFÄHRLICH	[gɛ'fɛrlih]
DANGER	VORSICHT!	['fo:ziht]
HAUTE TENSION	HOCHSPANNUNG	['hohʃpanʊn]
BAIGNADE INTERDITE	BADEN VERBOTEN	['ba:dɛn fɛr'bo:tɛn]
HORS SERVICE	AUßER BETRIEB	['ausə bɛt'ri:p]

INFLAMMABLE	LEICHTENTZÜNDLICH	[ʎaiht ɛn'tsyndlih]
INTERDIT	VERBOTEN	[fɛr'bo:tɛn]
PASSAGE INTERDIT	DURCHGANG VERBOTEN	['dʊrhgan fɛr'bo:tɛn]
PEINTURE FRAÎCHE	FRISCH GESTRICHEN	[friʃ gɛʃt'ri:hen]

81. Les transports en commun

autobus (m)	Bus (m)	[bʊs]
tramway (m)	Straßenbahn (f)	['ʃtrasɛnba:n]
trolleybus (m)	Obus (m)	['ɔ:bʊs]
itinéraire (m)	Linie (f)	['li:niɛ]
numéro (m)	Nummer (f)	['nʊmə]

prendre ...	mit ... fahren (vt)	[mit 'fa:rɛn]
monter (dans l'autobus)	einsteigen (vi)	['aɪnʃtaɪgɛn]
descendre de ...	aussteigen (vi)	['ausʃtaɪgɛn]

sortir de …	absteigen (vt)	[abʃˈtaɪgɛn]
arrêt (m)	Haltestelle (f)	[ˈhaʌtɛʃtɛle]
arrêt (m) prochain	nächste Haltestelle (f)	[ˈnɛkstɛ ˈhaʌtɛʃtɛle]
terminus (m)	Endhaltestelle (f)	[ˈɛnthaʌtɛʃtɛle]
horaire (m)	Fahrplan (m)	[ˈfaːrplaːn]
attendre (vt)	warten (vi, vt)	[ˈvartɛn]
ticket (m)	Fahrkarte (f)	[ˈfaːrkartɛ]
prix (m) du ticket	Fahrpreis (m)	[ˈfaːrprˌaɪs]
caissier (m)	Kassierer (m)	[kasˈsiːrə]
contrôle (m) des tickets	Kontrolle (f)	[kɔntˈroːle]
contrôleur (m)	Kontrolleur (m)	[kɔntroˈløːr]
être en retard	sich verspäten	[ziħ fɛrʃpɛːtɛn]
rater (train, etc.)	sich verspäten (vi)	[ziħ fɛrʃpɛtɛn]
être pressé	sich beeilen	[ziħ bɛˈaɪlen]
taxi (m)	Taxi (n)	[ˈtaksi]
chauffeur (m) de taxi	Taxifahrer (m)	[ˈtaksifaːrə]
en taxi	mit dem Taxi	[mit dɛm ˈtaksi]
arrêt (m) de taxi	Taxistand (m)	[ˈtaksiʃtant]
appeler un taxi	ein Taxi bestellen	[aɪn ˈtaksi bɛʃtɛlen]
prendre un taxi	ein Taxi nehmen	[aɪn ˈtaksi ˈnɛːmɛn]
trafic (m)	Straßenverkehr (m)	[ˈʃtrasɛnfɛrkeːr]
embouteillage (m)	Stau (m)	[ʃtau]
heures (pl) de pointe	Hauptverkehrszeit (f)	[ˈhauptfɛrˈkeːrsˈtsaɪt]
se garer (vp)	parken (vi)	[ˈparkɛn]
garer (vt)	parken (vt)	[ˈparkɛn]
parking (m)	Parkplatz (m)	[ˈpaːrkplaʦ]
métro (m)	U-Bahn (f)	[ˈu ˈbaːn]
station (f)	Station (f)	[ʃtaˈtsʲɔn]
prendre le métro	mit der U-Bahn fahren	[mit də ˈu ˈbaːn ˈfaːrɛn]
train (m)	Zug (m)	[ʦuk]
gare (f)	Bahnhof (m)	[ˈbaːnhɔf]

82. Le tourisme

monument (m)	Denkmal (n)	[ˈdɛŋkmaːʌ]
forteresse (f)	Festung (f)	[ˈfɛstʊn]
palais (m)	Palast (m)	[paˈlast]
château (m)	Schloß (n)	[ʃlɔs]
tour (f)	Turm (m)	[tʊrm]
mausolée (m)	Mausoleum (n)	[mavzɔˈleum]
architecture (f)	Architektur (f)	[arhitɛkˈtuːr]
du Moyen Âge	mittelalterlich	[ˈmittɛˈʌʲaʌtɛrliħ]
ancien	alt	[aʌt]
national	national	[natsʲɔˈnaːʌ]
connu	berühmt	[bɛˈrymt]
touriste (m)	Tourist (m)	[tʊˈrist]
guide (m)	Fremdenführer (m)	[ˈfrɛmdɛnfyːrə]

excursion (f)	**Ausflug** (m)	['ausfluk]
montrer (vt)	**zeigen** (vt)	['ʦaɪgɛn]
raconter (vt)	**erzählen** (vt)	[ɛr'ʦɛlen]

trouver (vt)	**finden** (vt)	['fɪndɛn]
se perdre (vp)	**sich verlieren**	[zɪħ fɛr'liːrɛn]
plan (m, du metro, etc.)	**Schema** (n)	['ʃɛma]
carte (f, de la ville, etc.)	**Plan** (m)	[plaːn]

souvenir (m)	**Souvenir** (n)	[zuvɛ'niːr]
boutique (f) de souvenirs	**Souvenirladen** (m)	[zuvɛ'niːr'laːdɛn]
photographier (vt)	**fotografieren** (vt)	[fotogra'fiːrɛn]
se faire photographier	**sich fotografieren**	[zɪħ fotogra'fiːrɛn]

83. Le shopping

acheter (vt)	**kaufen** (vt)	['kaufɛn]
achat (m)	**Einkauf** (m)	['aɪŋkauf]
faire des achats	**einkaufen gehen**	['aɪŋkaufɛn 'geːn]
shopping (m)	**Einkaufen** (n)	['aɪŋkaufɛn]

être ouvert	**offen sein**	['ɔfɛn zaɪn]
être fermé	**zu sein**	[ʦu zaɪn]

chaussures (f pl)	**Schuhe** (m pl)	['ʃuːɛ]
vêtement (m)	**Kleidung** (f)	['kʎaɪdʊn]
produits (m pl) de beauté	**Kosmetik** (f)	[kɔs'meːtik]
produits (m pl) alimentaires	**Lebensmittel** (n pl)	['leːbɛns'mitɛʎ]
cadeau (m)	**Geschenk** (n)	[gɛ'ʃɛŋk]

vendeur (m)	**Verkäufer** (m)	[fɛr'kɔɪfə]
vendeuse (f)	**Verkäuferin** (f)	[fɛr'kɔɪfɛrin]

caisse (f)	**Kasse** (f)	['kasɛ]
glace (f)	**Spiegel** (m)	['ʃpiːgɛʎ]
comptoir (m)	**Ladentisch** (m)	['laːdɛntiʃ]
cabine (f) d'essayage	**Umkleidekabine** (f)	['umkʎaɪdɛkab‚iːnɛ]

essayer (robe, etc.)	**anprobieren** (vt)	['anprobiːrɛn]
aller bien (robe, etc.)	**passen** (vi)	['passɛn]
plaire à …	**gefallen** (vi)	[gɛ'falen]

prix (m)	**Preis** (m)	[praɪs]
étiquette (f)	**Preisschild** (n)	['praɪsʃiʎt]
coûter (vi, vt)	**kosten** (vt)	['kɔstɛn]
Combien?	**Wieviel?**	['wiːfiːʎ]
rabais (m)	**Rabatt** (m)	[ra'bat]

pas cher	**preiswert**	['praɪsvɛrt]
bon marché	**billig**	['biliħ]
cher	**teuer**	['tɔɪə]
C'est cher.	**Das ist teuer**	[das ist 'tɔɪə]
location (f)	**Verleih** (m)	[fɛr'ʎaɪ]
louer (une voiture, etc.)	**ausleihen** (vt)	['ausʎaːen]

| crédit (m) | **Kredit** (m) | [krɛ'di:t] |
| à crédit | **auf Kredit** | ['auf krɛ'dit] |

84. L'argent

argent (m)	**Geld** (n)	[gɛʌt]
échange (m)	**Austausch** (m)	['austauʃ]
cours (m) de change	**Kurs** (m)	[kurs]
distributeur (m)	**Geldautomat** (m)	['gɛʌtʰautɔ'ma:t]
monnaie (f)	**Münze** (f)	['myntsɛ]

| dollar (m) | **Dollar** (m) | ['dɔllar] |
| euro (m) | **Euro** (m) | ['ɔɪrɔ] |

lire (f)	**Lira** (f)	['li:rɛ]
marque (f)	**Mark** (f)	[mark]
franc (m)	**Franken** (m)	[fraŋkn]
livre (f)	**Pfund Sterling** (n)	['aɪn 'pfunt 'ʃtɛrlin]
yen (m)	**Yen** (m)	[jen]

dette (f)	**Schuld** (f)	[ʃuʌt]
débiteur (m)	**Schuldner** (m)	['ʃuʌdnə]
prêter (vt)	**leihen** (vt)	['ʌa:jen]
emprunter (vt)	**ausleihen** (vt)	['ausʌa:en]

banque (f)	**Bank** (f)	[baŋk]
compte (m)	**Konto** (n)	['kɔntɔ]
verser sur le compte	**einzahlen** (vt)	['aɪntsa:len]
retirer de son compte	**abheben** (vt)	['aphe:bɛn]

carte (f) de crédit	**Kreditkarte** (f)	[krɛ'di:t'kartɛ]
espèces (f pl)	**Bargeld** (n)	['bargɛʌt]
chèque (m)	**Scheck** (m)	[ʃɛk]
faire un chèque	**einen Scheck schreiben**	['aɪnɛn ʃɛk 'ʃraɪbɛn]
chéquier (m)	**Scheckbuch** (n)	['ʃɛkbuh]

portefeuille (m)	**Geldtasche** (f)	['gɛʌttaʃɛ]
bourse (f)	**Geldbeutel** (m)	['gɛʌtbɔɪtɛʌ]
porte-monnaie (m)	**Brieftasche** (f)	['briftaʃɛ]
coffre fort (m)	**Safe** (m)	[sɛɪf]

héritier (m)	**Erbe** (m)	['ɛrbɛ]
héritage (m)	**Erbschaft** (n)	['ɛrpʃaft]
fortune (f)	**Vermögen** (n)	[fɛr'mø:gɛn]

location (f)	**Pacht** (f)	[paht]
loyer (m)	**Miete** (f)	['mi:tɛ]
louer (prendre en location)	**mieten** (vt)	['mi:tɛn]

prix (m)	**Preis** (m)	[praɪs]
coût (m)	**Kosten** (f pl)	['kɔstɛn]
somme (f)	**Summe** (f)	['zumɛ]
dépenser (vt)	**ausgeben** (vt)	['ausge:bɛn]
dépenses (f pl)	**Ausgaben** (f pl)	['ausga:bɛn]

| économiser (vt) | sparen (vt) | ['ʃpaːrɛn] |
| économe | sparsam | ['ʃpaːrzam] |

payer (régler)	zahlen (vt)	['tsaˑlən]
paiement (m)	Lohn (m)	[loːn]
monnaie (f, rendre la ~)	Rest (m)	[rɛst]

impôt (m)	Steuer (f)	['ʃtɔɪə]
amende (f)	Geldstrafe (f)	['gɛʎtʃtˈraːfɛ]
mettre une amende à qn	bestrafen (vt)	[bɛʃtˈraːfɛn]

85. La poste. Les services postaux

poste (f)	Post (f)	[pɔst]
courrier (m)	Post (f)	[pɔst]
facteur (m)	Briefträger (m)	['briːftrɛgə]
heures (pl) d'ouverture	Öffnungszeiten (f pl)	[øfnʊnsˈtsaɪtɛn]

lettre (f)	Brief (m)	[briːf]
recommandé (m)	Einschreibebrief (m)	['aɪnʃraɪbɛbriːf]
carte (f) postale	Postkarte (f)	['pɔstkartɛ]
télégramme (m)	Telegramm (n)	[tɛlegˈram]
colis (m)	Postpaket (n)	[pɔstpaˈket]
mandat (m) postal	Geldanweisung (f)	['gɛʎtʰanˈvaɪzun]

recevoir (vt)	bekommen (vt)	[bɛˈkɔmɛn]
envoyer (vt)	abschicken (vt)	['apʃikkɛn]
envoi (m)	Absendung (f)	['apzɛndʊn]

adresse (f)	Postanschrift (f)	['pɔstʰˈanʃrift]
code (m) postal	Postleitzahl (f)	['pɔstʎaɪtsaːʎ]
destinataire (m)	Empfänger (m)	[ɛmpˈfɛŋə]
expéditeur (m)	Absender (m)	['apzɛndə]
destinataire (m)	Empfänger (m)	[ɛmpˈfɛŋə]

| prénom (m) | Vorname (m) | ['foːrnaːmɛ] |
| nom (m) de famille | Nachname (m) | ['naːhˈnaːmɛ] |

tarif (m)	Tarif (m)	[taˈrif]
normal	standard	['ʃtaːndat]
économique	Spar-	[ʃpa]

poids (m)	Gewicht (n)	[gɛˈwiħt]
peser (vt)	abwiegen (vt)	['apwiːgɛn]
enveloppe (f)	Briefumschlag (m)	['briːfˣumʃlaːk]
timbre (m)	Briefmarke (f)	['brifmarkɛ]
timbrer (vt)	Briefmarke aufkleben	['brifmarkɛ 'aufkleːbɛn]

Le logement. La maison. Le foyer

86. La maison. Le logis

maison (f)	**Haus** (n)	['haus]
chez soi	**zu Hause**	[ʦu 'hauzɛ]
cour (f)	**Hof** (m)	[hɔf]
clôture (f)	**Gitter** (n)	['gittə]
brique (f)	**Ziegel** (m)	['ʦi:gɛʎ]
en brique	**Ziegel-**	['ʦi:gɛʎ]
pierre (f)	**Stein** (m)	[ʃtaɪn]
en pierre	**Stein-**	[ʃtaɪn]
béton (m)	**Beton** (m)	[bɛ'tɔn]
en béton	**Beton-**	[bɛ'tɔn]
neuf	**neu**	[nɔɪ]
vieux	**alt**	[aʎt]
délabré	**baufällig**	['baufɛlliɧ]
moderne	**modern**	[mɔ'dɛrn]
à plusieurs étages	**mehrstöckig**	['me:rʃtøkiɧ]
haut	**hoch**	[hɔh]
étage (m)	**Stock** (m)	[ʃtɔk]
sans étage	**einstöckig**	['aɪnʃtøkiɧ]
rez-de-chaussée (m)	**Erdgeschoß** (n)	['e:rtgɛ'ʃos]
dernier étage (m)	**oberer Stock** (m)	['ɔ:bɛrə ʃtɔk]
toit (m)	**Dach** (n)	[dah]
cheminée (f)	**Rohr** (n)	[rɔ:r]
tuile (f)	**Dachziegel** (m)	['dah'ʦi:gɛʎ]
en tuiles	**Dachziegel-**	['dah'ʦi:gɛʎ]
grenier (m)	**Dachboden** (m)	['dah'bɔ:dɛn]
fenêtre (f)	**Fenster** (n)	['fɛnstə]
vitre (f)	**Glas** (n)	[gla:s]
rebord (m)	**Fensterbrett** (n)	['fɛnstɛrb'rɛt]
volets (m pl)	**Fensterläden** (m pl)	['fɛnstɛr'lɛ:dɛn]
mur (m)	**Wand** (f)	[vant]
balcon (m)	**Balkon** (m)	[baʎ'kɔ:n]
gouttière (f)	**Regenfallrohr** (n)	['re:gɛnfaʎrˌɔ:r]
en haut (à l'étage)	**nach oben**	[na:h 'ɔ:bɛn]
monter (vi)	**hinaufgehen** (vi)	[hi'nauf'ge:ɛn]
descendre (vi)	**herabsteigen** (vi)	[hɛ'rapʃtaɪgɛn]
déménager (vi)	**umziehen** (vi)	['umʦi:en]

87 La maison. L'entrée. L'ascenseur

entrée (f)	Eingang (m)	['aıŋan]
escalier (m)	Treppe (f)	['trɛppɛ]
marches (f pl)	Stufen (f pl)	['ʃtu:fɛn]
barre (f)	Geländer (n)	[gɛ'lɛndə]
hall (m)	Halle (f)	['hale]
boîte (f) à lettres	Briefkasten (m)	['bri:fkastɛn]
poubelle (f)	Müllkasten (m)	['myʎ'kastɛn]
vide-ordures (m)	Müllschlucker (m)	['myʎʃlykkə]
ascenseur (m)	Aufzug (m), Fahrstuhl (m)	['auftsuk], ['fa:rʃtu:ʎ]
monte-charge (m)	Lastaufzug (m)	['lastʰ'auftsuk]
cabine (f)	Aufzugskabine (f)	['auftsykska'bi:nɛ]
prendre l'ascenseur	Aufzug nehmen	['auftsuk 'nɛ:mɛn]
appartement (m)	Wohnung (f)	['vo:nʊn]
locataires (m pl)	Mieter (m pl)	['mi:tə]
voisin (m)	Nachbar (m)	['nahba:r]
voisine (f)	Nachbarin (f)	['nahba:rin]
voisins (m pl)	Nachbarn (pl)	['nahba:rn]

88 La maison. L'électricité

électricité (f)	Elektrizität (f)	[ɛlektritsi'tɛt]
ampoule (f)	Glühbirne (f)	['gly:birnɛ]
interrupteur (m)	Schalter (m)	['ʃaʎtə]
plomb (m), fusible (m)	Sicherung (f)	['ziherʊn]
fil (m)	Draht (m)	[dra:t]
fils (m pl)	Leitung (f)	['ʎaitʊn]
compteur (m) électrique	Stromzähler (m)	['ʃtro:mtsɛlə]
relevé (m)	Anzeige (f)	['antsaıgɛ]

89. La maison. La porte. La serrure

porte (f)	Tür (f)	[ty:r]
portail (m)	Tor (n)	[to:r]
poignée (f)	Griff (m)	[grif]
déverrouiller (vt)	aufschließen (vt)	['aufʃlisen]
ouvrir (vt)	öffnen (vt)	[øfnɛn]
fermer (vt)	schließen (vt)	['ʃli:sɛn]
clé (f), clef (f)	Schlüssel (m)	['ʃlyssɛʎ]
trousseau (m), jeu (m)	Bündel (n)	['byndɛʎ]
grincer (vi)	knarren (vi)	['knarɛn]
grincement (m)	Knarren (n)	['knarɛn]
gond (m)	Türscharnier (n)	['ty: 'ʃa:niɛ]
paillasson (m)	Fußmatte (f)	['fusmatɛ]
serrure (f)	Schloß (n)	[ʃlɔs]

trou (m) de la serrure	**Schlüsselloch** (n)	['ʃlysseʌɔh]
verrou (m)	**Türriegel** (m)	[tyr'ri:gɛʌ]
loquet (m)	**Riegel** (m)	['ri:gɛʌ]
cadenas (m)	**Vorhängeschloß** (n)	['fɔ:rhɛŋeʃlɔs]
sonner (vi)	**klingeln** (vi)	['kliŋɛʌn]
sonnerie (f)	**Klingel** (f)	['kliŋɛʌ]
sonnette (f)	**Türklingel** (f)	[ty:k'liŋɛ]
bouton (m)	**Knopf** (m)	[knɔpf]
coups (pl, ~ à la porte)	**Klopfen** (n)	['klɔpfɛn]
frapper (~ à la porte)	**anklopfen** (vi)	['aŋklɔpfɛn]
code (m)	**Code** (m)	['kɔ:dɛ]
serrure (f) à combinaison	**Codeschloß** (n)	['kɔ:dɛʃlɔs]
interphone (m)	**Türsprechanlage** (f)	['hausʃprɛ'fʰanla:gɛ]
numéro (m)	**Nummer** (f)	['numə]
plaque (f) de porte	**Schild** (n)	[ʃiʌt]
judas (m)	**Türspion** (m)	['ty:rʃpiɔn]

90. La maison de campagne

village (m)	**Dorf** (n)	[dɔrf]
potager (m)	**Gemüsegarten** (m)	[gɛ'my:zɛ'gartɛn]
palissade (f)	**Zaun** (m)	['ʦaun]
clôture (f)	**Zaun** (m)	['ʦaun]
portillon (m)	**Zauntür** (f)	['zauntyɛ]
grange (f)	**Speicher** (m)	['ʃpaɪhə]
cave (f)	**Keller** (m)	['kɛlə]
abri (m) de jardin	**Schuppen** (m)	['ʃuppɛn]
puits (m)	**Brunnen** (m)	['brunɛn]
four (m)	**Ofen** (m)	['ɔ:fɛn]
chauffer (le four)	**heizen** (vt)	['haɪʦɛn]
bois (m) de chauffage	**Holz** (n)	[hɔʌʦ]
bûche (f)	**Holzscheit** (n)	['hɔʌʦʃaɪt]
véranda (f)	**Veranda** (f)	[vɛ'randa]
terrasse (f)	**Terrasse** (f)	[tɛ'rassɛ]
perron (m)	**Außentreppe** (f)	['ausɛnt'rɛpɛ]
balançoire (f)	**Schaukel** (f)	['ʃaukɛʌ]

91. La villa et le manoir

maison (f) de campagne	**Landhaus** (n)	['lanthaus]
villa (f)	**Villa** (f)	['wila]
aile (f)	**Flügel** (m)	['fly:gɛʌ]
jardin (m)	**Garten** (m)	['gartɛn]
parc (m)	**Park** (m)	[park]
serre (f)	**Orangerie** (f)	[ɔranʒɛ'ri:]
s'occuper de …	**pflegen** (vt)	['pfle:gɛn]

piscine (f)	Schwimmbad (n)	['ʃwimbat]
salle (f) de gym	Kraftraum (m)	['kraftraum]
court (m) de tennis	Tennisplatz (m)	['tɛnisplats]
cinéma (m)	Kino (n)	['ki:no]
garage (m)	Garage (f)	[ga'ra:ʒɛ]

| propriété (f) privée | Privateigentum (n) | [pri'vatʰ'aɪgntʊm] |
| terrain (m) privé | Privatgrundstück (n) | [pri'va:tg'rʊntʃtyk] |

| avertissement (m) | Warnung (f) | ['varnʊn] |
| panneau (m) d'avertissement | Warnschild (n) | ['varn'ʃiʌt] |

sécurité (f)	Bewachung (f)	[bɛ'vahʊn]
agent (m) de sécurité	Wächter (m)	['vɛhtə]
alarme (f)	Signalisierung (f)	[zignali'zi:rʊn]

92. Le château. Le palais

château (m)	Schloß (n)	[ʃlɔs]
palais (m)	Palast (m)	[pa'last]
forteresse (f)	Festung (f)	['fɛstʊn]
muraille (f)	Mauer (f)	['mauə]
tour (f)	Turm (m)	[tʊrm]
donjon (m)	Bergfried (m)	['bɛrgfrit]

herse (f)	Fallgatter (n)	['faʌgitə]
passage (m) souterrain	Tunnel (n)	['tʊnɛl]
douve (f)	Graben (m)	['gra:bɛn]
chaîne (f)	Kette (f)	['kettɛ]
meurtrière (f)	Schießscharte (f)	['ʃi:s'ʃartɛ]

magnifique	großartig, prächtig	['grɔ:sʰartiɦ], ['prɛhtiɦ]
majestueux	majestätisch	[maes'tɛ:tiʃ]
inaccessible	unnahbar	['uɲa:ba:r]
de chevalerie	Ritter-	['rittɛr]
médiéval, de Moyen Âge	mittelalterlich	['mittɛ'ʎaʌtɛrliɦ]

93. L'appartement

appartement (m)	Wohnung (f)	['vo:nʊn]
chambre (f)	Zimmer (n)	['tsimə]
chambre (f) à coucher	Schlafzimmer (n)	['ʃla:ftsimə]
salle (f) à manger	Eßzimmer (n)	['ɛstsimə]
salon (m)	Wohnzimmer (n)	['vo:ntsimə]
cabinet (m)	Arbeitszimmer (n)	['arbaɪtsimə]

antichambre (f)	Vorzimmer (n)	['fortsimə]
salle (f) de bains	Badezimmer (n)	['ba:dɛ'tsimə]
toilettes (f pl)	Toilette (f)	[toa'letɛ]
plafond (m)	Decke (f)	['dɛkke]
plancher (m)	Fußboden (m)	['fu:sbɔ:dɛn]
coin (m)	Ecke (f)	['ɛke]

94. L'appartement. Le ménage

faire le ménage	aufräumen (vt)	['aufrɔɪmɛn]
ranger (vt)	wegräumen (vt)	[we:g'rɔɪmen]
poussière (f)	Staub (m)	['ʃtaup]
poussiéreux	staubig	['ʃtaubiħ]
essuyer la poussière	Staub abwischen	['ʃtaup 'apwiʃɛn]
aspirateur (m)	Staubsauger (m)	['ʃtaupzaugə]
passer l'aspirateur	Staub saugen	['ʃtaup 'zaugɛn]
balayer (vt)	fegen (vt)	['fe:gɛn]
balayures (m pl)	Müll (m)	[myʎ]
ordre (m)	Ordnung (f)	['ɔrdnʊn]
désordre (m)	Unordnung (f)	['unºɔrdnʊn]
balai (m) à franges	Schrubber (m)	['ʃrʊbbə]
torchon (m)	Lappen (m)	['lappɛn]
balai (m)	Besen (m)	['be:zɛn]
pelle (f) à ordures	Müllschaufel (f)	['myʎ'ʃaufɛʎ]

95. Les meubles. L'intérieur

meuble (m)	Möbel (n)	['mø:bɛʎ]
table (f)	Tisch (m)	[tiʃ]
chaise (f)	Stuhl (m)	[ʃtʊːʎ]
lit (m)	Bett (n)	[bɛt]
canapé (m)	Sofa (n)	['zɔ:fa]
fauteuil (m)	Sessel (m)	['zɛssɛʎ]
bibliothèque (f, meuble)	Bücherschrank (m)	['byhɛrʃ'raŋk]
rayon (m)	Regal (n)	[rɛ'ga:ʎ]
étagère (f)	Etagere (f)	[ɛta'ʒɛrɛ]
armoire (f)	Schrank (m)	[ʃraŋk]
patère (f)	Kleiderhakenleiste (f)	['kʎaɪdɛrhakɛnʎaɪstɛ]
portemanteau (m)	Kleiderständer (m)	['kʎaɪdɛrʃtɛndə]
commode (f)	Kommode (f)	[kɔ'mɔ:dɛ]
table (f) basse	Couchtisch (m)	['kautʃtiʃ]
miroir (m), glace (f)	Spiegel (m)	['ʃpi:gɛʎ]
tapis (m)	Teppich (m)	['tɛppiħ]
petit tapis (m)	kleiner Teppich (m)	['kʎaɪnə 'tɛppiħ]
cheminée (f)	Kamin (m, n)	[ka'min]
bougie (f)	Kerze (f)	['kɛrʦɛ]
chandelier (m)	Leuchter (m)	['lɔɪhtə]
rideaux (m pl) de cuisine	Küchenvorhänge (m pl)	['kyhɛn 'fɔ:rhɛŋɛ]
rideaux (m pl)	Vorhänge (m pl)	['fɔ:rhɛŋɛ]
papier (m) peint	Tapete (f)	[ta'petɛ]
jalousies (f pl)	Jalousie (f)	[ʒaly'zi:]

lampe (f)	Tischlampe (f)	['tiʃlampɛ]
applique (f)	Leuchte (f)	['løɪhtə]
lampadaire (m)	Stehlampe (f)	['ʃte:ɛlampɛ]
lustre (m)	Kronleuchter (m)	['krɔnløɪhtə]

pied (m)	Bein (n)	[baɪn]
accoudoir (m)	Armlehne (f)	['arm'le:nɛ]
dossier (m)	Lehne (f)	['le:nɛ]
tiroir (m)	Schublade (f)	['ʃʊpla:dɛ]

96. La literie

linge (m)	Bettwäsche (f)	['bɛtvɛʃɛ]
oreiller (m)	Kissen (n)	['kissɛn]
taie (f) d'oreiller	Kissenbezug (m)	['kissɛnbɛ'ʦuk]
couverture (f)	Bettdecke (f)	[bɛt'dɛkɛ]
drap (m)	Laken (n)	['la:kɛn]
couvre-lit (m)	Tagesdecke (f)	['ta:gɛs 'dɛkɛ]

97. La cuisine

cuisine (f)	Küche (f)	['kyhe]
gaz (m)	Gas (n)	[ga:s]
cuisinière (f) à gaz	Gasherd (m)	['ga:shɛrt]
cuisinière (f) électrique	Elektroherd (m)	[ɛ'lektro'he:rt]
four (m)	Backofen (m)	['bak'ɔ:fɛn]
four (m) micro-ondes	Mikrowellenherd (m)	[mikro'vɛlen'hɛrt]

réfrigérateur (m)	Kühlschrank (m)	['ky:ʎʃraŋk]
congélateur (m)	Tiefkühltruhe (f)	['tifkyʎt'rʊ:ɛ]
lave-vaisselle (m)	Geschirrspülmaschine (f)	[gɛ'ʃirʃpyʎma'ʃi:nɛ]

hachoir (m)	Fleischwolf (m)	['fʎaɪʃvɔʎf]
presse-agrumes (m)	Saftpresse (f)	['zaftprɛssɛ]
grille-pain (m)	Toaster (m)	['tɔstə]
batteur (m)	Mixer (m)	['miksə]

machine (f) à café	Kaffeemaschine (f)	[ka'fe:ma'ʃi:nɛ]
cafetière (f)	Kaffeekanne (f)	[ka'fe:'kanɛ]
moulin (m) à café	Kaffeemühle (f)	['kafɛ:'my:le]

bouilloire (f)	Wasserkessel (m)	['vassə 'ke:sl]
théière (f)	Teekanne (f)	['te:'kanɛ]
couvercle (m)	Deckel (m)	['dɛkeʎ]
passoire (f) à thé	Teesieb (n)	['te:'zi:p]

cuillère (f)	Löffel (m)	['løffɛʎ]
petite cuillère (f)	Teelöffel (m)	['te:løffɛʎ]
cuillère (f) à soupe	Eßlöffel (m)	['ɛsløffɛʎ]
fourchette (f)	Gabel (f)	['ga:bɛʎ]
couteau (m)	Messer (n)	['mɛssə]
vaisselle (f)	Geschirr (n)	[gɛ'ʃir]

| assiette (f) | **Teller** (m) | ['tɛlə] |
| soucoupe (f) | **Untertasse** (f) | ['untɛrtassɛ] |

verre (m) à vodka	**Weinglas** (n)	['vaɪŋlaːs]
verre (m)	**Glas** (n)	[glaːs]
tasse (f)	**Tasse** (f)	['tassɛ]

sucrier (m)	**Zuckerdose** (f)	['tsukkɛr'doːzɛ]
salière (f)	**Salzstreuer** (m)	['zaʎtsʃt'roɪə]
poivrière (f)	**Pfefferstreuer** (m)	['pfɛffɛrʃtroɪə]
beurrier (m)	**Butterdose** (f)	['butter'doːzɛ]

casserole (f)	**Kochtopf** (m)	['kohtopf]
poêle (f)	**Pfanne** (f)	['pfanɛ]
louche (f)	**Schöpflöffel** (m)	['ʃopf'løffɛʎ]
passoire (f)	**Durchschlag** (m)	['dʊrhʃ'laːk]
plateau (m)	**Tablett** (n)	[tab'let]

bouteille (f)	**Flasche** (f)	['flaːʃɛ]
bocal (m)	**Einmachglas** (n)	[aɪnmahg'laːs]
boîte (f) en métal	**Dose** (f)	['doːzɛ]

ouvre-bouteille (m)	**Öffner** (m)	[øfnə]
ouvre-boîte (m)	**Öffner** (m)	[øfnə]
tire-bouchon (m)	**Korkenzieher** (m)	['korken'tsiːə]
filtre (m)	**Filter** (n)	['fiʎtə]
filtrer (vt)	**filtern** (vt)	['filtɛrn]

| ordures (f pl) | **Abfall** (m) | ['apfaʎ] |
| poubelle (f) | **Mülleimer** (m) | ['my'ʎaɪmə] |

98. La salle de bains

salle (f) de bains	**Badezimmer** (n)	['baːdɛ'tsimə]
eau (f)	**Wasser** (n)	['vassə]
robinet (m)	**Wasserhahn** (m)	['vasɛr'haːn]
l'eau chaude	**Warmwasser** (n)	['varm'vasə]
l'eau froide	**kaltes Wasser** (n)	['kaʎtɛs 'vassə]

| dentifrice (m) | **Zahnpasta** (f) | ['tsaːnpasta] |
| se brosser les dents | **Zähne putzen** | ['tsɛnɛ 'putsɛn] |

se raser (vp)	**sich rasieren**	[ziɦ ra'ziːrɛn]
mousse (f) à raser	**Rasierschaum** (m)	[ra'ziːr'ʃaum]
rasoir (m)	**Rasierer** (m)	[ra'ziːrə]

laver (vt)	**waschen** (vt)	['vaːʃɛn]
se laver (vp)	**sich waschen**	[ziɦ 'vaːʃɛn]
douche (f)	**Dusche** (f)	['duʃɛ]
prendre une douche	**sich duschen**	[ziɦ 'duʃɛn]

baignoire (f)	**Badewanne** (f)	['baːdɛ'vanɛ]
cuvette (f)	**Klosettbecken** (n)	[klo'zɛt'bɛkkɛn]
lavabo (m)	**Waschbecken** (n)	['vaːʃbɛkn]

| savon (m) | Seife (f) | ['zaɪfɛ] |
| porte-savon (m) | Seifenschale (f) | ['zaɪfɛn'ʃa:le] |

éponge (f)	Schwamm (m)	[ʃvam]
shampooing (m)	Shampoo (n)	[ʃam'po:]
serviette (f)	Handtuch (n)	['hanttʊh]
peignoir (m) de bain	Bademantel (m)	['ba:dɛ'manteʎ]

lessive (f)	Wäsche (f)	['vɛʃɛ]
machine (f) à laver	Waschmaschine (f)	['vaʃma'ʃi:nɛ]
faire la lessive	waschen (vt)	['va:ʃɛn]
lessive (f) en poudre	Waschpulver (n)	['vaʃpuʎvə]

99. Les appareils électroménagers

télé (m)	Fernseher (m)	['fɛrnze:ə]
magnétophone (m)	Tonbandgerät (n)	['tonbandge'rɛt]
magnétoscope (m)	Videorekorder (m)	['wideorɛ'kordə]
radio (f)	Empfänger (m)	[ɛmp'fɛŋə]
lecteur (m)	Player (m)	['plɛɪə]

vidéoprojecteur (m)	Videoprojektor (m)	['wideoprɔ'jekto:r]
home cinéma (m)	Heimkino (n)	['haɪm'kinɔ]
lecteur (m) DVD	DVD-Player (m)	[dɛ 'fau 'dɛ 'plɛ:ɪə]
amplificateur (m)	Verstärker (m)	[fɛrʃ'tɛrkə]
console (f) de jeux	Spielkonsole (f)	['ʃpi:ʎkɔnsɔle]

caméscope (m)	Videokamera (f)	['wideo'ka:mɛra]
appareil (m) photo	Kamera (f)	['ka:mɛra]
appareil (m) photo numérique	Digitalkamera (f)	[digi'taʎ'ka:mɛra]

aspirateur (m)	Staubsauger (m)	['ʃtaupzaugə]
fer (m) à repasser	Bügeleisen (n)	['bygɛʎaɪzɛn]
planche (f) à repasser	Bügelbrett (n)	['by:gɛʎb'rɛt]

téléphone (m)	Telefon (n)	[tɛle'fo:n]
portable (m)	Mobiltelefon (n)	['mɔbiʎ 'telefo:n]
machine (f) à écrire	Schreibmaschine (f)	['ʃraɪbmaʃi:nɛ]
machine (f) à coudre	Nähmaschine (f)	['nɛ:maʃi:nɛ]

micro (m)	Mikrophon (n)	[mikrɔ'fo:n]
écouteurs (m pl)	Kopfhörer (m)	['kopfhø:rə]
télécommande (f)	Fernbedienung (f)	['fɛrnbɛ'di:nun]

disque CD (m)	CD (f)	[tsɛ'dɛ]
cassette (f)	Kassette (f)	[kas'sɛttɛ]
disque (m)	Schallplatte (f)	['ʃaʎ 'plattɛ]

100. Les travaux de réparation et de rénovation

| rénovation (f) | Renovierung (f) | [rɛnɔ'wi:run] |
| faire la rénovation | renovieren (vt) | [rɛnɔ'wi:rɛn] |

rénover (vt)	**reparieren** (vt)	[rɛpa'riːrɛn]
mettre en ordre	**in Ordnung bringen**	[in 'ɔrdnʊn 'briŋɛn]
refaire (vt)	**noch einmal machen** (vt)	[nɔfi 'aɪnmaʎ 'mahen]
peinture (f)	**Farbe** (f)	['farbɛ]
peindre (des murs)	**streichen** (vt)	['ʃtraɪhen]
peintre (m)	**Anstreicher** (m)	['anʃtraɪhə]
pinceau (m)	**Pinsel** (m)	['pinzɛʎ]
chaux (f)	**Kalkanstrich** (m)	[kaʎk anʃtrifi]
blanchir à la chaux	**weißen** (vt)	['vaɪsɛn]
papier (m) peint	**Tapete** (f)	[ta'petɛ]
tapisser (vt)	**tapezieren** (vt)	[tapɛ'ʦiːrɛn]
vernis (m)	**Lack** (m)	['lak]
vernir (vt)	**lackieren** (vt)	[la'kiːrɛn]

101. La plomberie

eau (f)	**Wasser** (n)	['vassə]
l'eau chaude	**Warmwasser** (n)	['varm'vasə]
l'eau froide	**kaltes Wasser** (n)	['kaʎtɛs 'vassə]
robinet (m)	**Wasserhahn** (m)	['vasɛr'haːn]
goutte (f)	**Tropfen** (m)	['trɔpfɛn]
goutter (vi)	**tropfen** (vi)	['trɔpfɛn]
couler (vi)	**durchsickern** (vi)	['dʊrfi'zikkɛrn]
fuite (f)	**Leck** (n)	[lek]
flaque (f)	**Lache** (f)	['lahe]
tuyau (m)	**Rohr** (n)	[rɔːr]
soupape (f)	**Ventil** (n)	[vɛn'tiːʎ]
se boucher (vp)	**sich verstopfen**	[fɛrʃ'topfɛn]
outils (m pl)	**Werkzeuge** (n pl)	['vɛrkʦɔɪgɛ]
clé (f) réglable	**verstellbarer**	[fɛrʃ'tɛʎbaːrə
	Schraubenschlüssel (m)	ʃraubɛnʃljusɛʎ]
dévisser (vt)	**abdrehen** (vt)	['apd're:ɛn]
visser (vt)	**zudrehen** (vt)	['ʦudre:ɛn]
déboucher (vt)	**reinigen** (vt)	['raɪnigɛn]
plombier (m)	**Installateur** (m)	[instaʎa'toːr]
sous-sol (m)	**Keller** (m)	['kɛlə]
canalisation (f)	**Kanalisation** (f)	[kanaliza'ʦiɔn]

102. L'incendie

feu (m)	**Feuer** (n)	['fɔɪə]
flamme (f)	**Flamme** (f)	['flamɛ]
étincelle (f)	**Funke** (m)	['fʊŋɛ]
fumée (f)	**Rauch** (m)	['rauh]
flambeau (f)	**Fackel** (f)	['fakkɛʎ]

feu (m) de bois	Lagerfeuer (n)	['la:gɛr'fɔɪə]
essence (f)	Benzin (n)	[bɛn'ʦi:n]
kérosène (m)	Kerosin (n)	[kerɔ'zi:n]
inflammable	brennbar	['brɛnbar]
explosif	explosiv	[ɛksplɔ'zif]
DÉFENSE DE FUMER	RAUCHEN VERBOTEN!	['rauhɛn fɛr'bɔ:tɛn]

sécurité (f)	Sicherheit (f)	['ziherhaɪt]
danger (m)	Gefahr (f)	[gɛ'fa:r]
dangereux	gefährlich	[gɛ'fɛrliɧ]

s'allumer (vp)	sich entflammen	[ziɧ ɛntf'lamɛn]
explosion (f)	Explosion (f)	[ɛksplɔ'zɪɔn]
mettre feu	in Brand stecken	[in brant 'ʃtɛkkɛn]
incendiaire (m)	Brandstifter (m)	['brantʃti:ftə]
incendie (m) prémédité	Brandstiftung (f)	['brantʃti:ftʊn]

flamboyer	flammen (vi)	['flamɛn]
brûler (vi)	brennen (vi)	['brɛnɛn]
brûler complètement	verbrennen (vi)	[fɛrb'rɛnɛn]

appeler les pompiers	die Feuerwehr rufen	[di 'fɔjer'we:r 'ru:fɛn]
pompier (m)	Feuerwehrmann (m)	['fɔjer'we:r'man]
voiture (f) de pompiers	Feuerwehrwagen (m)	['fɔjer'we:r'va:gɛn]
sapeurs-pompiers (pl)	Feuerwehr (f)	['fɔjer'we:r]
échelle (f) des pompiers	Feuerwehrtreppe (f)	['fɔjer'we:rt'rɛppɛ]

tuyau (m) d'incendie	Schlauch (m)	['ʃlauh]
extincteur (m)	Feuerlöscher (m)	['fɔjerløʃə]
casque (m)	Helm (m)	[hɛʎm]
sirène (f)	Sirene (f)	[zi'rɛnɛ]

crier (vi, vt)	schreien (vi)	['ʃrajen]
appeler au secours	um Hilfe rufen	[um 'hiʎfɛ 'ru:fɛn]
secouriste (m)	Retter (m)	['rɛtə]
sauver (vt)	retten (vt)	['rɛttɛn]

venir (vi)	ankommen (vi)	['aŋkɔmɛn]
éteindre (feu)	löschen (vt)	['løʃɛn]
eau (f)	Wasser (n)	['vassə]
sable (m)	Sand (m)	[zant]

ruines (f pl)	Trümmer (pl)	['trymə]
s'écrouler (vp)	zusammenbrechen (vi)	[ʦu'zamɛn 'brɛhen]
tomber en ruine	einstürzen (vi)	['aɪnʃtyrʦɛn]
s'effondrer (vp)	einstürzen (vi)	['aɪnʃtyrʦɛn]

| fragment (m) | Bruchstück (n) | ['brʊhʃtyk] |
| cendre (f) | Asche (f) | ['aʃɛ] |

| mourir étouffé | ersticken (vi) | [ɛrʃ'tikkɛn] |
| périr (vi) | ums Leben kommen | [ums 'le:bɛn 'kɔmɛn] |

LES ACTIVITÉS HUMAINS

Le travail. Les affaires. Partie 1

103. Le bureau. La vie de bureau

bureau (m) (établissement)	**Büro** (n)	[byˈrɔː]
bureau (m) (au travail)	**Büro** (n)	[byˈrɔː]
accueil (m)	**Rezeption** (f)	[rɛtsɛpˈtsɪon]
secrétaire (m, f)	**Sekretär** (m)	[zɛkrɛˈtɛr]
directeur (m)	**Direktor** (m)	[diˈrɛktɔr]
manager (m)	**Manager** (m)	[ˈmɛnɛdʒə]
comptable (m)	**Buchhalter** (m)	[ˈbʊhaʎtə]
collaborateur (m)	**Mitarbeiter** (m)	[ˈmitʰ'arbaɪtə]
meuble (m)	**Möbel** (n)	[ˈmøːbɛʎ]
bureau (m)	**Tisch** (m)	[tiʃ]
fauteuil (m)	**Sessel** (m)	[ˈzɛssɛʎ]
classeur (m) à tiroirs	**Rollcontainer** (m)	[ˈroʎkɔnˈtɛɪnə]
portemanteau (m)	**Kleiderständer** (m)	[ˈkʎaɪdɛrʃtɛndə]
ordinateur (m)	**Computer** (m)	[kɔmˈpjyːtə]
imprimante (f)	**Drucker** (m)	[ˈdrʊkkə]
fax (m)	**Fax** (n)	[faks]
copieuse (f)	**Kopierer** (m)	[kɔˈpiːrə]
papier (m)	**Papier** (n)	[paˈpiːə]
papeterie (f)	**Schreibwaren** (pl)	[ˈʃraɪpvaːrɛn]
tapis (m) de souris	**Mousepad** (n)	[ˈmauspɛt]
feuille (f)	**Bogen** (m)	[ˈbɔːgɛn]
classeur (m)	**Mappe** (f)	[ˈmappɛ]
catalogue (m)	**Katalog** (m)	[kataˈlɔːk]
annuaire (m)	**Adreßbuch** (n)	[adˈrɛsbʊh]
documents (m pl)	**Dokumentation** (f)	[dɔkʊmɛntaˈtsɪon]
brochure (f)	**Broschüre** (f)	[brɔˈʃyrɛ]
prospectus (m)	**Flugblatt** (n)	[ˈflykblat]
échantillon (m)	**Muster** (n)	[ˈmʊstə]
formation (f)	**Training** (n)	[ˈtrɛnin]
réunion (f)	**Beratung** (f)	[bɛˈratʊŋ]
pause (f) déjeuner	**Mittagspause** (f)	[ˈmittaːksˈpauzɛ]
faire une copie	**eine Kopie machen**	[ˈaɪnɛ kɔˈpi: ˈmahɛn]
faire des copies	**vervielfältigen** (vt)	[fɛrˈfiːʎˈfɛʎtigɛn]
recevoir un fax	**Fax bekommen**	[faks bɛˈkɔmɛn]
envoyer un fax	**ein Fax senden**	[ɛɪn faks ˈsɛndɛn]
téléphoner, appeler	**anrufen** (vt)	[ˈanrʊːfɛn]

| répondre (vi, vt) | antworten (vi) | ['antvɔrtɛn] |
| passer (au téléphone) | verbinden (vt) | [fɛr'bindɛn] |

fixer (rendez-vous)	ausmachen (vt)	['ausmahɛn]
montrer (un échantillon)	demonstrieren (vt)	[dɛmonst'riːrɛn]
être absent	fehlen (vi)	['feːlen]
absence (f)	Abwesenheit (f)	[ap'veːzɛnhait]

104. Les processus d'affaires. Partie 1

métier (m)	Beschäftigung (f)	[bɛ'ʃɛftigʊn]
compagnie (f)	Firma (f)	['firma]
société (f)	Gesellschaft (f)	[gɛ'zɛʎʃaft]
corporation (f)	Konzern (m)	[kɔn'tsɛrn]
entreprise (f)	Unternehmen (n)	[untɛ:'niːmɛn]
agence (f)	Agentur (f)	[agen'tuːr]

accord (m)	Vertrag (m)	[fɛrt'raːk]
contrat (m)	Vertrag (m)	[fɛrt'raːk]
marché (m), accord (m)	Geschäft (n)	[gɛ'ʃɛft]
commande (f)	Auftrag (m)	['auftraːk]
terme (m)	Bedingung (f)	[bɛ'diŋun]

en gros (adv)	en gros	[ɛn 'grɔ]
en gros	Großhandels-	['grɔːshandɛʎs]
vente (f) en gros	Großhandel (m)	['grɔːshandɛʎ]
au détail	Einzelhandels-	['aintsɛʎ'handɛʎ]
vente (f) au détail	Einzelhandel (m)	['aintsɛʎ'handɛʎ]

concurrent (m)	Konkurrent (m)	[kɔŋku'rɛnt]
concurrence (f)	Konkurrenz (f)	[kɔŋku'rɛnts]
concurrencer (vt)	konkurrieren (vi)	[kɔŋku'riːrɛn]

| associé (m) | Partner (m) | ['partnə] |
| partenariat (m) | Partnerschaft (f) | ['partnɛrʃaft] |

crise (f)	Krise (f)	['kriːzɛ]
faillite (f)	Bankrott (m)	[baŋk'rɔːt]
faire faillite	Bankrott machen	[baŋk'rɔːt 'mahɛn]
difficulté (f)	Schwierigkeit (f)	['ʃwiːrihkait]
problème (m)	Problem (n)	[prɔb'lem]
catastrophe (f)	Katastrophe (f)	[katast'rɔːfɛ]

économie (f)	Wirtschaft (f)	['wirtʃaft]
économique	wirtschaftlich	['wirtʃaftlih]
baisse (f) économique	Rezession (f)	[rɛtsɛ'sʲɔn]

| but (m) | Ziel (n) | [tsiːʎ] |
| objectif (m) | Aufgabe (f) | ['aufgaːbɛ] |

faire du commerce	handeln (vi)	['handɛʎn]
réseau (m)	Netz (n)	[nɛts]
stock (m)	Lager (n)	['laːgə]
assortiment (m)	Sortiment (n)	[zɔrti'mɛnt]

leader (m)	Führer (m)	['fy:rə]
grande (~ entreprise)	groß	[gro:s]
monopole (m)	Monopol (n)	[mɔnɔ'pɔ:ʎ]

théorie (f)	Theorie (f)	[tɛɔ'ri:]
pratique (f)	Erfahrung (f)	[ɛr'fa:rʊn]
expérience (f)	Erfahrung (f)	[ɛr'fa:rʊn]
tendance (f)	Tendenz (f)	[tɛn'dɛnts]
développement (m)	Entwicklung (f)	[ɛnt'wiklun]

105. Les processus d'affaires. Partie 2

| avantage (m) | Vorteil (m) | [fo:taɪl] |
| avantageux | vorteilhaft | ['fo:rtaɪʎhaft] |

délégation (f)	Delegation (f)	[dɛlega'tsʲon]
salaire (m)	Lohn (m)	[lo:n]
corriger (vt)	korrigieren (vt)	[kɔri'gi:rɛn]
voyage (m) d'affaires	Dienstreise (f)	['di:nst'raɪzɛ]
commission (f)	Kommission (f)	[kɔmi'sʲon]

contrôler (vt)	kontrollieren (vt)	[kɔntro'li:rɛn]
conférence (f)	Konferenz (f)	[kɔnfɛ'rɛnts]
licence (f)	Lizenz (f)	[li'tsɛnts]
fiable	zuverlässig	['tsufɛrlɛsiɦ]

initiative (f)	Initiative (f)	[initsia'ti:vɛ]
norme (f)	Norm (f)	[nɔrm]
circonstance (f)	Umstand (m)	['umʃtant]
obligation (f)	Pflicht (f)	[pfliɦt]
entreprise (f)	Unternehmen (n)	[untɛ:'ni:mɛn]

organisation (f)	Organisation (f)	[ɔrganiza'tsʲon]
organisé	organisiert	[ɔrgani'zi:rt]
annulation (f)	Abschaffung (f)	['ap'ʃaffʊn]
annuler (vt)	abschaffen (vt)	['apʃaffɛn]
rapport (m)	Bericht (m)	[bɛ'riɦt]

brevet (m)	Patent (n)	[pa'tɛnt]
breveter (vt)	patentieren (vt)	[patɛn'ti:rɛn]
planifier (vt)	planen (vt)	['pla:nɛn]

prime (f)	Prämie (f)	['prɛmie]
professionnel	professionell	[prɔfɛssʲo'nɛʎ]
procédure (f)	Prozedur (f)	[prɔtsɛ'du:r]

examiner (vt)	erörtern (vt)	[ɛʰøtɛn]
calcul (m)	Berechnung (f)	[bɛ'rɛhnʊn]
réputation (f)	Ruf (m)	[rʊ:f]
risque (m)	Risiko (n)	['ri:zikɔ]

diriger (~ une usine)	leiten (vt)	['ʎaɪtɛn]
renseignements (m pl)	Daten (pl)	['da:tɛn]
propriété (f)	Eigentum (n)	['aɪgɛntʊm]

union (f)	Bund (m)	[bʊnt]
assurance vie (f)	Lebensversicherung (f)	['le:bɛnsfɛr'ziherʊn]
assurer (vt)	versichern (vt)	[fɛr'zihern]
assurance (f)	Versicherung (f)	[fɛr'ziherʊn]
enchères (f pl)	Auktion (f)	[aʊk'tsɪ̯ɔn]
informer (aviser qn)	benachrichtigen (vt)	[bɛ'nahriħtigɛn]
gestion (f)	Verwaltung (f)	[fɛr'vaʎtʊn]
service (m)	Dienst (m)	['di:nst]
forum (m)	Forum (n)	['fo:rʊm]
fonctionner (vi)	funktionieren (vi)	[fʊŋktsɪ̯ɔ'ni:rɛn]
étape (f)	Etappe (f)	[ɛ'tappɛ]
juridique	juristisch	[ju'ristiʃ]
juriste (m)	Jurist (m)	[ju'rist]

106. L'usine. La production

usine (f)	Werk (n)	[vɛrk]
fabrique (f)	Fabrik (f)	[fab'ri:k]
atelier (m)	Werkstatt (f)	['vɛ:kʃtat]
site (m) de production	Betrieb (m)	[bɛt'ri:p]
industrie (f)	Industrie (f)	[indʊst'ri:]
industriel	Industrie-	[indʊst'ri:]
industrie (f) lourde	Schwerindustrie (f)	['ʃwe:rʰindʊstri]
industrie (f) légère	Leichtindustrie (f)	['ʎaɪħtʰindʊst'ri:]
produit (m)	Produktion (f)	[prodʊk'tsɪ̯ɔn]
produire (vt)	herstellen (vt)	['he:rʃtɛlen]
matières (f pl) premières	Rohstoff (m)	['ro:ʃtɔf]
chef (m) d'équipe	Vorarbeiter (m), Meister (m)	[fo:ar'baɪtɛ], ['maɪstɛ]
équipe (f) d'ouvriers	Arbeitsteam (n)	['arbaɪts'ti:m]
ouvrier (m)	Arbeiter (m)	['arbaɪtə]
jour (m) ouvrable	Arbeitstag (m)	['arbaɪtsta:k]
pause (f)	Pause (f)	['pauzɛ]
réunion (f)	Versammlung (f)	[fɛr'zamlun]
discuter (vt)	besprechen (vt)	[beʃp'rɛhen]
plan (m)	Plan (m)	[pla:n]
accomplir le plan	den Plan erfüllen	[dɛn pla:n ɛr'fylen]
norme (f) de production	Norm (f)	[nɔrm]
qualité (f)	Qualität (f)	[kvali'tɛt]
contrôle (m)	Prüfung (f)	['pry:fʊn]
contrôle (m) qualité	Gütekontrolle (f)	['gytɛkɔnt'rɔ:le]
sécurité (f) de travail	Sicherheitstechnik (f)	['ziherhaɪts'tɛħnik]
discipline (f)	Disziplin (f)	[distsip'li:n]
violation (f)	Fehler (m)	['fɛ:lə]
violer (les règles, etc.)	übertreten (vt)	['jubɛrtrɛtɛn]
grève (f)	Streik (m)	[ʃtraɪk]
gréviste (m)	Streikende (m)	['ʃtraɪkʰɛndɛ]

| faire grève | **streiken** (vi) | ['ʃtraɪkɛn] |
| syndicat (m) | **Gewerkschaft** (f) | [gɛ'vɛrkʃaft] |

inventer (vt)	**erfinden** (vt)	[ɛr'findɛn]
invention (f)	**Erfindung** (f)	[ɛr'findʊn]
recherche (f)	**Erforschung** (f)	[ɛr'forʃʊn]
améliorer (vt)	**verbessern** (vt)	[fɛr'bɛssɛrn]
technologie (f)	**Technologie** (f)	[tɛhnɔlɔ'gi:]
dessin (m) technique	**Zeichnung** (f)	['tsaɪhnʊn]

charge (f)	**Ladung** (f)	['ladʊn]
chargeur (m)	**Ladearbeiter** (m)	['la:dɛ'arbaɪtə]
charger (véhicule, etc.)	**laden** (vt)	['la:dɛn]
chargement (m)	**Verladung** (f)	[fɛr'ladʊn]
décharger (vt)	**entladen** (vt)	[ɛnt'la:dɛn]
déchargement	**Entladung** (f)	[ɛnt'la:dʊn]

transport (m)	**Transport** (m)	[trans'port]
compagnie (f) de transport	**Transportunternehmen** (n)	[trans'portʰuntɛr'nɛɪmɛn]
transporter (vt)	**transportieren** (vt)	[transpɔr'ti:rɛn]

wagon (m) de marchandise	**Waggon** (m)	[va'gɔ:n]
citerne (f)	**Zisterne** (f)	[tsis'tɛrnɛ]
camion (m)	**Lastkraftwagen** (m)	['lastkraft'va:gɛn]

| machine-outil (f) | **Werkzeugmaschine** (f) | ['werktsɔɪkma'ʃi:nɛ] |
| mécanisme (m) | **Mechanismus** (m) | [mɛka'nismʊs] |

déchets (m pl)	**Industrieabfälle** (m pl)	[indʊst'ri: 'apfɛlɛ]
emballage (f)	**Einpacken** (n)	['aɪnpakkɛn]
emballer (vt)	**verpacken** (vt)	[fɛr'pakkɛn]

107. Le contrat. L'accord

contrat (m)	**Vertrag** (m)	[fɛrt'ra:k]
accord (m)	**Vereinbarung** (f)	[fɛ aɪnbɛ'rʊn]
annexe (f)	**Anhang** (m)	['anhan]

signer un contrat	**einen Vertrag abschließen**	['aɪnɛn 'fɛrtrak apʃ'li:sɛn]
signature (f)	**Unterschrift** (f)	['untɛrʃrift]
signer (vt)	**unterschreiben** (vt)	[untɛrʃ'raɪbɛn]
cachet (m)	**Stempel** (m)	['ʃtɛmpɛʎ]

objet (m) du contrat	**Vertragsgegenstand** (m)	[fɛrt'ra:ks'gɛgɛnʃtant]
clause (f)	**Punkt** (m)	[pʊŋkt]
côtés (m pl)	**Parteien** (pl)	[par'tajen]
domiciliation (f)	**offizielle Adresse** (f)	[ɔfi'tsjele ad'rɛssɛ]

violer l'accord	**Vertrag brechen**	[fɛrt'ra:k 'brɛhen]
obligation (f)	**Verpflichtung** (f)	[fɛrp'liftʊn]
responsabilité (f)	**Verantwortlichkeit** (f)	[fɛrʰ'antvɔrtlihkaɪt]
force (f) majeure	**Force majeure** (f)	[fɔrs ma'ʒø:r]
litige (m)	**Streit** (m)	[ʃtraɪt]
pénalités (f pl)	**Strafsanktionen** (f pl)	['ʃtra:f zan'tsʲɔnɛn]

108. L'importation. L'exportation

importation (f)	**Import** (m)	[im'pɔrt]
importateur (m)	**Importeur** (m)	[impɔr'tø:r]
importer (vt)	**importieren** (vt)	[impɔr'ti:rɛn]
importé	**Import-**	[im'pɔrt]
exportation (f)	**Export** (m)	[ɛks'pɔrt]
exportateur (m)	**Exporteur** (m)	[ɛkspɔr'tø:r]
exporter (vt)	**exportieren** (vt)	[ɛkspɔr'ti:rɛn]
à l'export	**Export-**	[ɛks'pɔrt]
marchandise (f)	**Ware** (f)	['va:rɛ]
livraison (f)	**Partie** (f), **Ladung** (f)	[par'ti:], ['ʎadʊn]
poids (m)	**Gewicht** (n)	[gɛ'wiħt]
volume (m)	**Volumen** (n)	[vɔ'ly:mɛn]
mètre (m) cube	**Kubikmeter** (m)	[kʊ'bik'metə]
producteur (m)	**Hersteller** (m)	['hɛrʃ'tɛlə]
compagnie (f) de transport	**Transportunternehmen** (n)	[trans'pɔrtʰuntɛr'nɛimɛn]
container (m)	**Container** (m)	[kɔn'tɛinə]
frontière (f)	**Grenze** (f)	['grɛntsɛ]
douane (f)	**Zollamt** (n)	['tsɔʎ'amt]
droit (m) de douane	**Zoll** (m)	[tsɔʎ]
douanier (m)	**Zollbeamte** (m)	['tsɔʎbɛ'amtɛ]
contrebande (f, trafic)	**Schmuggel** (m)	['ʃmu:gɛʎ]
contrebande (f)	**Schmuggelware** (f)	['ʃmʊgɛʎva:rɛ]

109. La finance

action (f)	**Aktie** (f)	['aktsie]
obligation (f)	**Obligation** (f)	[ɔbliga'tsiɔn]
lettre (f) de change	**Wechsel** (m)	['vɛksɛʎ]
bourse (f)	**Börse** (f)	['børzɛ]
cours (m) d'actions	**Aktienkurs** (m)	['aktsiɛ'ŋkurs]
baisser (vi)	**billiger werden**	['biligə 'we:rdɛn]
augmenter (vi)	**teuer werden**	['tɔiə 'we:rdɛn]
part (f)	**Anteil** (m)	['antaiʎ]
participation (f) de contrôle	**Mehrheitspaket** (n)	['me:rhaitspa'kɛt]
investissements (m pl)	**Investitionen** (f pl)	[invɛsti'tsiɔnɛn]
investir (vt)	**investieren** (vt)	[invɛs'ti:rɛn]
intérêt (m)	**Prozent** (n)	[pro'tsɛnt]
intérêts (m pl)	**Zinsen** (m pl)	['tsinzɛn]
profit (m)	**Gewinn** (m)	[gɛ'win]
profitable	**gewinnbringend**	[gɛ'wi:nbri:nɛnt]
impôt (m)	**Steuer** (f)	['ʃtɔiə]

devise (f)	**Währung** (f)	['vɛrʊn]
national	**Landes-**	['landɛs]
échange (m)	**Austausch** (m)	['austauʃ]
comptable (m)	**Buchhalter** (m)	['bʊhaʌtə]
comptabilité (f)	**Buchhaltung** (f)	['bʊ'haʌtʊn]
faillite (f)	**Bankrott** (m)	[baŋk'rɔːt]
krach (m)	**Zusammenbruch** (m)	[ʦu'zamenbrʊh]
ruine (f)	**Pleite** (f)	['pʌaitə]
faire faillite	**pleite gehen**	['pʌaitɛ 'geːɛn]
inflation (f)	**Inflation** (f)	[infʌa'ʦɔn]
dévaluation (f)	**Abwertung** (f)	['apvɛrtʊn]
capital (m)	**Kapital** (n)	[kapi'taːʌ]
revenu (m)	**Einkommen** (n)	['aiŋkɔmɛn]
chiffre (m) d'affaires	**Umsatz** (m)	['uːmzats]
ressources (f pl)	**Mittel** (n pl)	['mitɛʌ]
moyens (m pl) financiers	**Geldmittel** (n)	['gɛʌt'mittɛʌ]
charges (f pl) opérationnelles	**Gemeinkosten** (pl)	[gɛ'mai'ŋkɔstɛn]
réduire (vt)	**reduzieren** (vt)	[rɛdʊ'ʦiːrɛn]

110. La commercialisation. Le marketing

marketing (m)	**Marketing** (n)	[mar'ketin]
marché (m)	**Markt** (m)	[markt]
segment (m) du marché	**Marktsegment** (n)	['marktzɛg'mɛnt]
produit (m)	**Produkt** (n)	[prɔ'dʊkt]
marchandise (f)	**Ware** (f)	['vaːrɛ]
marque (f) déposée	**Handelsmarke** (f)	['handɛʌs'markɛ]
logotype (m)	**Firmenzeichen** (n)	['firmɛn'ʦaihɛn]
logo (m)	**Logo** (n)	['lɔːgɔ]
demande (f)	**Nachfrage** (f)	['naːhfraːgɛ]
offre (f)	**Angebot** (n)	['aɲeːbot]
besoin (m)	**Bedürfnis** (n)	[bɛ'døːrfnis]
consommateur (m)	**Verbraucher** (m)	[fɛrb'rauhə]
analyse (f)	**Analyse** (f)	[ana'lyːzɛ]
analyser (vt)	**analysieren** (vt)	[analy'ziːrɛn]
positionnement (m)	**Positionierung** (f)	[pozi'ʦɔ'nirʊn]
positionner (vt)	**positionieren**	[poziʦɔ'niːrɛn]
prix (m)	**Preis** (m)	[prais]
politique (f) des prix	**Preispolitik** (f)	['praispolitik]
formation (f) des prix	**Preisbildung** (f)	['praisbiʌdʊn]

111. La publicité

publicité (f), pub (f)	**Werbung** (f)	['vɛrbʊn]
faire de la publicité	**werben** (vt)	['vɛrbɛn]

budget (m)	**Budget** (n)	[by'dʒɛt]
annonce (f), pub (f)	**Werbeanzeige** (f)	['vɛrbɛʰ'antsaɪgɛ]
publicité (f) à la télévision	**Fernsehwerbung** (f)	['fɛrnzeːɛ'vɛrbʊn]
publicité (f) à la radio	**Radiowerbung** (f)	['radɪɔ'vɛrbʊn]
affichage (m)	**Außenwerbung** (f)	['ausɛn'vɛrbun]
mass média (m pl)	**Massenmedien** (pl)	['masɛn'meːdiɛn]
périodique (m)	**Zeitschrift** (f)	['tsaɪtʃrift]
image (f)	**Image** (n)	['imidʒ]
slogan (m)	**Losung** (f)	['lɔːzun]
devise (f)	**Motto** (n)	['mɔttɔ]
campagne (f)	**Kampagne** (f)	[kam'paɲje]
campagne (f) publicitaire	**Werbekampagne** (f)	['vɛrbɛkam'paɲɛ]
public (m) cible	**Zielgruppe** (f)	[tsiːʎ 'gruːpɛ]
carte (f) de visite	**Visitenkarte** (f)	[wi'zitɛ'ŋkartɛ]
prospectus (m)	**Flugblatt** (n)	['flykblat]
brochure (f)	**Broschüre** (f)	[bro'ʃyrɛ]
prospectus (m)	**Faltblatt** (n)	['faʎtbʎat]
bulletin (m)	**Informationsblatt** (n)	[informa'tsiɔns blaːt]
enseigne (f)	**Ladenschild** (n)	['ʎaːdnʃiʎt]
affiche (f)	**Plakat** (n)	[pla'kaːt]
panneau-réclame (m)	**Werbeschild** (n)	['vɛrbɛʃiʎt]

112. Les opérations bancaires

banque (f)	**Bank** (f)	[baŋk]
agence (f) bancaire	**Filiale** (f)	[fili'aːle]
conseiller (m)	**Berater** (m)	[bɛ'raːtə]
gérant (m)	**Leiter** (m)	['ʎaɪtə]
compte (m)	**Konto** (n)	['kɔntɔ]
numéro (m) du compte	**Kontonummer** (f)	['kɔntɔ'numə]
compte (m) courant	**Kontokorrent** (n)	['kɔntɔkɔ'rɛnt]
compte (m) sur livret	**Sparkonto** (n)	['ʃpaːrkɔntɔː]
ouvrir un compte	**ein Konto eröffnen**	['aɪn 'kɔntɔ ɛrʰøfnɛn]
clôturer le compte	**das Konto schließen**	[das 'kɔntɔ 'ʃliːsɛn]
verser sur le compte	**einzahlen** (vt)	['aɪntsaːlen]
retirer de son compte	**abheben** (vt)	['apheːbɛn]
dépôt (m)	**Einzahlung** (f)	['aɪnlaːgɛ]
faire un dépôt	**eine Einzahlung machen**	[aɪnɛ aɪn'tsaːlyn 'mahɛn]
transfert (m)	**Überweisung** (f)	[jubɛr'vaɪzun]
réaliser un transfert	**überweisen** (vt)	[jubɛr'vaɪzɛn]
somme (f)	**Summe** (f)	['zumɛ]
Combien?	**Wieviel?**	['wiːfiːʎ]
signature (f)	**Unterschrift** (f)	['untɛrʃrift]
signer (vt)	**unterschreiben** (vt)	[untɛrʃ'raɪbɛn]

carte (f) de crédit	Kreditkarte (f)	[krɛ'di:t'kartɛ]
code (m)	Code (m)	['ko:dɛ]
numéro (m) de carte de crédit	Kreditkartennummer (f)	[kre'dit'karte'ŋumə]
distributeur (m)	Geldautomat (m)	['gɛʎtʰauto'ma:t]
chèque (m)	Scheck (m)	[ʃɛk]
faire un chèque	einen Scheck schreiben	['aɪnɛn ʃɛk 'ʃraɪbɛn]
chéquier (m)	Scheckbuch (n)	['ʃɛkbʊh]
crédit (m)	Darlehen (m)	[da:ə'le:ɛn]
demander un crédit	Darlehenantrag zu stellen	[da:ə'le:ɛn ant'rak tsu 'ʃtɛlen]
prendre un crédit	ein Darlehen aufnehmen	[aɪn da:ə'le:ɛn aʊf'ne:mɛn]
accorder un crédit	ein Darlehen geben	[aɪn da:ə'le:ɛn ge:bn]
gage (m)	Pfand (n)	[pfant]

113. Le téléphone. La conversation téléphonique

téléphone (m)	Telefon (n)	[tɛle'fo:n]
portable (m)	Mobiltelefon (n)	['mobiʎ 'telefo:n]
répondeur (m)	Anrufbeantworter (m)	['anrʊ:fbɛ'antvɔrtə]
téléphoner, appeler	anrufen (vt)	['anrʊ:fɛn]
appel (m)	Anruf (m)	['anrʊ:f]
composer le numéro	eine Nummer wählen	['aɪnɛ 'nʊmə 'vɛlen]
Allô!	Hallo!	[ha'lø:]
demander (vt)	fragen (vt)	['fra:gɛn]
répondre (vi, vt)	antworten (vi)	['antvɔrtɛn]
entendre (vt)	hören (vt)	['hø:rɛn]
bien	gut	[gʊ:t]
mal	schlecht	['ʃleħt]
bruits (m pl)	Störungen (f pl)	['ʃtø:rʊŋɛn]
récepteur (m)	Hörer (m)	['hø:rə]
décrocher (vt)	den Hörer abnehmen	[dɛn 'hø:rə ab'nɛ:mɛn]
raccrocher (vi)	auflegen (vt)	['aʊf'le:gɛn]
occupé	besetzt	[bɛ'zɛtst]
sonner (vi)	läuten (vi)	['lɔɪtɛn]
carnet (m) de téléphone	Telefonbuch (n)	[tɛle'fo:nbʊh]
local	Orts-, lokal	[ɔrts], [lɔ'ka:ʎ]
interurbain	interurban	[intɛrʊr'ban]
international	Auslands-	['aʊslants]

114. Le téléphone portable

portable (m)	Mobiltelefon (n)	['mobiʎ 'telefo:n]
écran (m)	Display (n)	[disp'lɛɪ]
bouton (m)	Knopf (m)	[knɔpf]
carte SIM (f)	SIM-Karte (f)	[zim 'kartɛ]

pile (f)	Batterie (f)	[battɛ'riː]
être déchargé	leer sein	['leːə zaɪn]
chargeur (m)	Ladevorrichtung (f)	['laːdɛ'for'rɪhtʊn]

carte (f)	Speisekarte (f)	['ʃpaɪzɛkartɛ]
réglages (m pl)	Abstimmungen (pl)	['apʃtimʊŋɛn]
mélodie (f)	Melodie (f)	[mɛlɔ'diː]
choisir (vt)	auswählen (vt)	['ausvɛlen]

calculatrice (f)	Rechner (m)	['rɛhnə]
répondeur (m)	Anrufbeantworter (m)	['anrʊːfbɛ'antvɔrtə]
réveil (m)	Wecker (m)	['vɛkkə]
liste (f) de contacts	Telefonbuch (n)	[tɛle'foːnbʊh]

| SMS (m) | SMS-Nachricht (f) | [ɛsɛ'mɛs 'naːhrɪht] |
| abonné (m) | Teilnehmer (m) | ['taɪlnɛɪmə] |

115. La papeterie

| stylo (m) à bille | Kugelschreiber (m) | ['kʊːgɛʎ'raɪbə] |
| stylo (m) à plume | Federhalter (m) | ['feːdɛr'haʎtə] |

crayon (m)	Bleistift (m)	['bʎaɪʃtift]
marqueur (m)	Faserschreiber (m)	['fazɛrʃraɪbə]
feutre (m)	Filzstift (m)	['fiʎtsʃtift]

| bloc-notes (m) | Notizblock (m) | [nɔ'titsblɔk] |
| agenda (m) | Terminkalender (m) | [ter'mɪŋka'lɛndə] |

règle (f)	Lineal (n)	[linɛ'aːʎ]
calculatrice (f)	Rechner (m)	['rɛhnə]
gomme (f)	Radiergummi (m)	[ra'diːr'gʊmi]
punaise (f)	Reißzwecke (f)	['raɪstsvɛkkɛ]
trombone (m)	Heftklammer (f)	['hɛftklamə]

colle (f)	Klebstoff (m)	['klepʃtɔf]
agrafeuse (f)	Hefter (m)	['hɛftə]
perforateur (m)	Locher (m)	['lohə]
taille-crayon (m)	Bleistiftspitzer (m)	['bʎaɪʃtiftʃpitsə]

pointeur (m), baguette (f)	Zeigestock (m)	['tsaɪgɛʃtok]
cartothèque (f)	Kartei (f)	[kar'taɪ]
étiquette (f)	Etikett (n)	[eti'kɛt]

116. Les différents types de documents

rapport (m)	Bericht (m)	[bɛ'rɪht]
accord (m)	Abkommen (n)	['apkɔmɛn]
demande (f) de participation	Antrag (m)	['antraːk]
authentique	Original-	[ɔrigi'naːʎ]
badge (m)	Namensschild (n)	['namɛnsʃiʎt]
carte (f) de visite	Visitenkarte (f)	[wi'zitɛ'ŋkartɛ]

certificat (m)	**Zertifikat** (n)	[tsɛrtifi'kat]
chèque (m) de banque	**Scheck** (m)	[ʃɛk]
addition (f)	**Rechnung** (f)	['rɛhnʊn]
constitution (f)	**Verfassung** (f)	[fɛr'fassʊn]
contrat (m)	**Vertrag** (m)	[fɛrt'ra:k]
copie (f)	**Kopie** (f)	[ko'pi:]
exemplaire (m)	**Kopie** (f)	[ko'pi:]
déclaration (f)	**Deklaration** (f)	[dɛklara'tsʲon]
document (m)	**Dokument** (n)	[dokʊ'mɛnt]
permis (m) de conduire	**Führerschein** (m)	['fy:rerʃaɪn]
annexe (f)	**Anlage** (f)	[an'la:gɛ]
questionnaire (m)	**Fragebogen** (m)	['fragebo:geɛn]
carte (f) d'identité	**Ausweis** (m)	['ausvaɪs]
demande (f) de renseignements	**Anfrage** (f)	['anf'ra:gɛ]
lettre (f) d'invitation	**Einladungskarte** (f)	['aɪnla:dʊns'kartɛ]
facture (f)	**Rechnung** (f)	['rɛhnʊn]
loi (f)	**Gesetz** (n)	[gɛ'zɛts]
lettre (f)	**Brief** (m)	[bri:f]
papier (m) à en-tête	**Briefbogen** (n)	['bri:fbo:gen]
liste (f)	**Liste** (f)	['listɛ]
manuscrit (m)	**Manuskript** (n)	[manʊsk'ript]
bulletin (m)	**Informationsblatt** (n)	[informa'tsʲons bla:t]
note (f)	**Zettel** (m)	['tsɛttɛʎ]
laissez-passer (m)	**Passierschein** (m)	[pas'sirʃaɪn]
passeport (m)	**Paß** (m)	[pas]
autorisation (f)	**Erlaubnis** (f)	[ɛr'laubnis]
CV (m)	**Lebenslauf** (m)	['le:bɛns'lauf]
récépissé (m)	**Schuldschein** (m)	['ʃʊʎdʃaɪn]
reçu (m)	**Quittung** (f)	['kwittʊn]
ticket (m) de caisse	**Kassenbon** (m)	['kasen'bon]
rapport (m)	**Bericht** (m)	[bɛ'riht]
présenter (pièce d'identité)	**vorzeigen** (vt)	['fo:rtsaɪgɛn]
signer (vt)	**unterschreiben** (vt)	[untɛrʃ'raɪbɛn]
signature (f)	**Unterschrift** (f)	['untɛrʃrift]
cachet (m)	**Stempel** (m)	['ʃtɛmpɛʎ]
texte (m)	**Text** (m)	[tɛkst]
ticket (m)	**Eintrittskarte** (f)	['aɪntrits'kartɛ]
rayer (vt)	**durchstreichen** (vt)	['ausʃt'raɪhen]
remplir (vt)	**ausfüllen** (vt)	['ausfylen]
bordereau (m) de transport	**Frachtbrief** (m)	['frahtbri:f]
testament (m)	**Testament** (n)	[tɛsta'mɛnt]

117. Les types d'activités économiques

agence (f) de recrutement	**Personalagentur** (f)	[pɛrzo'na:ʎagen'tʊ:r]
agence (f) de sécurité	**Sicherheitsagentur** (f)	['zihɛrtsaɪts a:gen'tʊ:r]

agence (f) d'information	Nachrichtenagentur (f)	[ˈnahrɪhtɛnʰagɛnˈtʊr]
agence (f) publicitaire	Werbeagentur (f)	[ˈvɛrbɛagenˈtuːr]
antiquités (f pl)	Antiquitäten (pl)	[ɑntikwiˈtɛtn]
assurance (f)	Versicherung (f)	[fɛrˈziherʊn]
atelier (m) de couture	Atelier (n)	[atɛˈʎə]
banques (f pl)	Bankwesen (n)	[ˈbaŋkvɛzɛn]
bar (m)	Bar (f)	[baːr]
bâtiment (m)	Bau (m)	[ˈbau]
bijouterie (f)	Juwelierwaren (f pl)	[juvɛˈliːrˈvaːrɛn]
bijoutier (m)	Juwelier (m)	[juvɛˈliːə]
blanchisserie (f)	Wäscherei (f)	[vɛʃɛˈraɪ]
boissons (f pl) alcoolisées	Spirituosen (f pl)	[ʃpirituˈɔːzɛn]
boîte (f) de nuit	Nachtklub (m)	[ˈnahtklup]
bourse (f)	Börse (f)	[ˈbørzɛ]
brasserie (f)	Bierbrauerei (f)	[ˈbiːrbrauɛˈraɪ]
bureau (m) de pompes funèbres	Bestattungsanstalt (f)	[bɛʃˈtattʊnsʰˈanʃtaʎt]
casino (m)	Kasino (n)	[kaˈziːnɔ]
centre (m) d'affaires	Geschäftszentrum (n)	[gɛˈʃɛfˈtsɛntrʊm]
cinéma (m)	Kino (n)	[ˈkiːnɔ]
climatisation (m)	Klimaanlagen (f pl)	[ˈklimaanlaːgɛn]
commerce (m)	Handel (m)	[ˈhandɛʎ]
compagnie (f) aérienne	Fluggesellschaft (f)	[ˈflykgɛzɛʎʃaft]
conseil (m)	Beratung (f)	[bɛˈratʊn]
coursiers (m pl)	Kurierdienst (m)	[kʊrjeːˈdinst]
dentistes (pl)	Stomatologie (f)	[stomatɔlɔˈgiː]
design (m)	Design (n)	[diˈzaɪn]
école (f) de commerce	Busineß-Schule (f)	[ˈbiznɛs ˈʃuːle]
entrepôt (m)	Lager (n)	[ˈlaːgə]
galerie (f) d'art	Galerie (f)	[galeˈriː]
glace (f)	Eis (n)	[aɪs]
hôtel (m)	Hotel (n)	[hɔˈtɛʎ]
immobilier (m)	Immobilien (f pl)	[imɔˈbiːlien]
imprimerie (f)	Polygraphie (f)	[pɔligraˈfiː]
industrie (f)	Industrie (f)	[indʊstˈriː]
Internet (m)	Internet (n)	[intɛrˈnɛt]
investissements (m pl)	Investitionen (f pl)	[invɛstiˈtsʲɔnɛn]
journal (m)	Zeitung (f)	[ˈtsaɪtʊn]
librairie (f)	Buchhandlung (f)	[ˈbʊhhandlun]
l'industrie légère	Leichtindustrie (f)	[ˈʎaɪhtʰindʊstˈriː]
magasin (m) de détail	Laden (m)	[ˈlaːdɛn]
maison (f) d'édition	Verlag (m)	[fɛrˈlaːk]
médecine (f)	Medizin (f)	[mɛdiˈtsiːn]
meubles (m pl)	Möbel (n)	[ˈmøːbɛʎ]
musée (m)	Museum (n)	[mʊˈzɛum]
pétrole (m)	Erdöl (n)	[ˈeːrtʰøːʎ]
pharmacie (f)	Apotheke (f)	[apɔˈteːkɛ]

pharmacologie (f)	**Pharmaindustrie** (f)	['farmaindʊst'ri:]
piscine (f)	**Schwimmbad** (n)	['ʃwimbat]
pressing (m)	**chemische Reinigung** (f)	['hemiʃɛ 'raɪnigʊn]
produits (m pl) alimentaires	**Nahrungsmittel** (n pl)	['na:rʊns'mitɛʎ]
publicité (f), pub (f)	**Werbung** (f)	['vɛrbʊn]
radio (f)	**Rundfunk** (m)	['rʊntfʊŋk]
récupération (f) des déchets	**Müllabfuhr** (f)	['my'ʎapfʊ:r]
restaurant (m)	**Restaurant** (n)	[rɛstɔ'ran]
revue (f)	**Zeitschrift** (f)	['ʦaɪtʃrift]
salon (m) de beauté	**Schönheitssalon** (m)	[ʃɔnhaɪʦza'lɔ:n]
service (m) financier	**Finanzdienstleistungen** (pl)	[fi'nanʦ'dinst'ʎaɪstʊŋɛn]
service (m) juridique	**juristische Hilfe** (f)	[ju'ristiʃɛ 'hiʎfɛ]
services (m pl) comptables	**Buchführung** (f)	['bʊh'fy:rʊn]
services (m pl) d'audition	**Rechnungsprüfung** (f)	['rɛhnʊnsp'ry:fʊn]
sport (m)	**Sport** (m)	[ʃpɔrt]
supermarché (m)	**Supermarkt** (m)	['zupɛrmarkt]
télévision (f)	**Fernsehen** (n)	['fɛrnze:ɛn]
théâtre (m)	**Theater** (n)	[tɛ'a:tə]
tourisme (m)	**Reisen** (f pl)	['raɪzɛn]
transport (m)	**Transporte** (m pl)	[trans'pɔrtɛ]
vente (f) par catalogue	**Versandhandel** (m)	[fɛrzant'handɛʎ]
vêtement (m)	**Kleidung** (f)	['kʎaɪdʊn]
vétérinaire (m)	**Tierarzt** (m)	['ti:rʰ'a:rtst]

Le travail. Les affaires. Partie 2

118. Les foires et les salons

salon (m)	Ausstellung (f)	['ausʃtɛlun]
salon (m) commercial	Handelsausstellung (f)	['handɛʌsʰ'ausʃtɛlun]
participation (f)	Teilnahme (f)	['taiʌ'naːmɛ]
participer à ...	teilnehmen (vi)	['tailnɛɪmɛn]
participant (m)	Teilnehmer (m)	['tailnɛɪmə]
directeur (m)	Direktor (m)	[di'rɛktɔr]
direction (f)	Organisationsbüro (n)	[ɔrganiza'tsʲɔːnsbyː'rɔ]
organisateur (m)	Organisator (m)	[ɔrgani'zaːtɔːr]
organiser (vt)	veranstalten (vt)	[fɛrʰ'anʃtaʌtɛn]
demande (m) de participation	Teilnehmerantrag (m)	['tailnɛɪmɛrʰ'antraːk]
remplir (vt)	ausfüllen (vt)	['ausfylen]
détails (m pl)	Details (n pl)	[dɛ'taɪz]
information (f)	Information (f)	[informa'tsʲɔn]
prix (m)	Preis (m)	[praɪs]
y compris	einschließlich	['aɪnʃ'liːsliʰ]
comprendre (inclure)	einschließen (vt)	['aɪnʃ'liːsɛn]
payer (régler)	zahlen (vt)	['tsaːlen]
droits (m pl) d'inscription	Anmeldegebühr (f)	['anmɛʌdɛge'byːr]
entrée (f)	Eingang (m)	['aɪŋan]
pavillon (m)	Pavillon (m)	[pawi'ʌʲɔn]
enregistrer (vt)	registrieren (vt)	[rɛgist'riːrɛn]
badge (m)	Namensschild (n)	['namɛnsʃiʌt]
stand (m)	Stand (m)	[ʃtant]
réserver (vt)	reservieren (vt)	[rɛzɛr'wiːrɛn]
vitrine (f)	Vitrine (f)	[wit'rinɛ]
lampe (f)	Strahler (m)	['ʃtralɛ]
design (m)	Design (n)	[di'zaɪn]
mettre (placer)	unterbringen (vt)	['untɛbrinɛn]
être placé	untergebracht sein	[untɛrgɛb'raht zaɪn]
distributeur (m)	Distributor (m)	[distri'bytɔr]
fournisseur (m)	Lieferant (m)	[liːfɛ'rant]
fournir (vt)	liefern (vt)	['liːfɛrn]
pays (m)	Land (n)	[lant]
étranger	ausländisch	['auslɛndiʃ]
produit (m)	Produkt (n)	[pro'dukt]
association (f)	Assoziation (f)	[asɔtsia'tsʲɔn]
salle (f) de conférences	Konferenzraum (m)	[kɔnfɛ'rɛnts'raum]

| congrès (m) | Kongreß (m) | [kɔŋˈrɛs] |
| concours (m) | Wettbewerb (m) | [ˈvɛtbɛˈvɛrp] |

visiteur (m)	Besucher (m)	[bɛˈzu:hə]
visiter (vt)	besuchen (vt)	[bɛˈzu:hɛn]
commanditaire (m)	Auftraggeber (m)	[ˈauftra:kˈge:bə]

119. Les médias de masse

journal (m)	Zeitung (f)	[ˈtsaɪtʊn]
revue (f)	Zeitschrift (f)	[ˈtsaɪtʃrift]
presse (f)	Presse (f)	[ˈprɛssə]
radio (f)	Rundfunk (m)	[ˈrʊntfʊŋk]
station (f) de radio	Rundfunksender (m)	[ˈrʊndfʊŋkˈzɛndə]
télévision (f)	Fernsehen (n)	[ˈfɛrnze:ɛn]

présentateur (m)	Moderator (m)	[mɔdɛˈra:tɔ:r]
annonceur (m)	Sprecher (m)	[ˈʃprɛhə]
commentateur (m)	Kommentator (m)	[kɔmɛnˈta:tɔr]

journaliste (m)	Journalist (m)	[ʒurnaˈlist]
correspondant (m)	Korrespondent (m)	[kɔrɛspɔnˈdɛnt]
reporter photographe (m)	Bildberichterstatter (m)	[ˈbiʎtbɛˈriftʰɛrʃˈtattə]
reporter (m)	Reporter (m)	[rɛˈpɔrtə]

| rédacteur (m) | Redakteur (m) | [rɛdakˈtø:r] |
| rédacteur (m) en chef | Chefredakteur (m) | [ˈʃefrɛdaktø:r] |

s'abonner (vp)	abonnieren	[abɔˈni:rɛn]
abonnement (m)	Abonnement (n)	[abɔnɛˈmɛnt]
abonné (m)	Abonnent (m)	[abɔˈnɛnt]
lire (vi, vt)	lesen (vi, vt)	[ˈle:zɛn]
lecteur (m)	Leser (m)	[ˈle:zə]

tirage (m)	Auflage (f)	[ˈaufla:gɛ]
mensuel	monatlich	[ˈmɔ:natliḥ]
hebdomadaire	wöchentlich	[ˈwøhɛntliḥ]
numéro (m)	Ausgabe (f)	[ˈausga:bɛ]
dernier	neu	[nɔɪ]

titre (m)	Titel (m)	[ˈti:tɛʎ]
entrefilet (m)	Artikel (m)	[arˈti:kɛʎ]
rubrique (f)	Rubrik (f)	[rʊbˈri:k]
article (m)	Artikel (m)	[arˈti:kɛʎ]
page (f)	Seite (f)	[ˈzaɪtɛ]

reportage (m)	Reportage (f)	[rɛpɔrˈtaʒɛ]
événement (m)	Ereignis (n)	[ɛrʰˈaɪgnis]
sensation (f)	Sensation (f)	[zɛnzaˈtsʲɔn]
scandale (m)	Skandal (m)	[skanˈdaʎ]
scandaleux	skandalös	[skandaˈlø:s]
grand (scandale)	groß	[grɔ:s]
émission (f)	Sendung (f)	[ˈzɛndʊn]
interview (f)	Interview (n)	[intɛrˈvjy:]

| émission (f) en direct | Live-Übertragung (f) | ['laɪv jubɛrt'ragʊn] |
| chaîne (f) | Kanal (m) | [ka'na:ʎ] |

120. L'agriculture

agriculture (f)	Landwirtschaft (f)	['lant'wirtʃaft]
paysan (m)	Bauer (m)	['bauə]
paysanne (f)	Bäuerin (f)	['bɔjerin]
fermier (m)	Farmer (m)	['farmə]

| tracteur (m) | Traktor (m) | ['traktɔr] |
| moissonneuse-batteuse (f) | Mähdrescher (m) | ['mɛ:drɛʃə] |

charrue (f)	Pflug (m)	['pflyk]
labourer (vt)	pflügen (vt)	['pfly:gɛn]
champ (m) labouré	Acker (m)	['akkə]
sillon (m)	Furche (f)	['fʊrhe]

semer (vt)	säen (vt)	['ze:ɛn]
semeuse (f)	Sämaschine (f)	['zɛma'ʃi:nɛ]
semailles (f pl)	Saat (f)	['za:t]

| faux (f) | Sense (f) | ['zɛnzɛ] |
| faucher (vt) | mähen (vt) | ['mɛen] |

| pelle (f) | Schaufel (f) | ['ʃaufɛʎ] |
| creuser (vt) | graben (vt) | ['gra:bɛn] |

couperet (m)	Hacke (f)	['hakkɛ]
sarcler (vt)	jäten (vt)	['jetɛn]
mauvaise herbe (f)	Unkraut (n)	['uŋkraut]

arrosoir (m)	Gießkanne (f)	['gis'kanɛ]
arroser (plantes)	gießen (vt)	['gi:sɛn]
arrosage (m)	Bewässerung (f)	[be've:sɛrʊn]

| fourche (f) | Heugabel (f) | ['hɔɪ'ga:bɛʎ] |
| râteau (m) | Rechen (m) | ['rɛhen] |

engrais (m)	Dünger (m)	['dyŋə]
engraisser (vt)	düngen (vt)	['dyŋɛn]
fumier (m)	Mist (m)	[mist]

champ (m)	Feld (n)	[fɛʎt]
pré (m)	Wiese (f)	['wi:zɛ]
potager (m)	Gemüsegarten (m)	[gɛ'my:zɛ'gartɛn]
jardin (m)	Garten (m)	['gartɛn]

faire paître	weiden (vt)	['vaɪdɛn]
berger (m)	Hirt (m)	[hirt]
pâturage (m)	Weide (f)	['vaɪdɛ]

| élevage (m) | Viehzucht (f) | ['fi:tsuht] |
| élevage (m) de moutons | Schafzucht (f) | ['ʃaftsuht] |

plantation (f)	**Plantage** (f)	[plan'ta:ʒɛ]
plate-bande (f)	**Beet** (n)	['be:t]
serre (f)	**Treibhaus** (n)	['traɪphaus]

| sécheresse (f) | **Dürre** (f) | ['dyrɛ] |
| sec | **dürr, trocken** | [dyr] |

| céréales (f pl) | **Getreidekulturen** (pl) | [gɛt'raɪdɛkʊʎ'tʊ:rɛn] |
| récolter (vt) | **ernten** (vt) | ['ɛrntɛn] |

meunier (m)	**Müller** (m)	['myllə]
moulin (m)	**Mühle** (f)	['my:le]
moudre (vt)	**mahlen** (vt)	['ma:lɛn]
farine (f)	**Mehl** (n)	[me:ʎ]
paille (f)	**Stroh** (n)	[ʃtrɔ:]

121. Le BTP et la construction

chantier (m)	**Baustelle** (f)	['bauʃtɛle]
construire (vt)	**bauen** (vt)	['bauɛn]
ouvrier (m) du bâtiment	**Bauarbeiter** (m)	['bauarbaɪtə]

projet (m)	**Projekt** (n)	[prɔ'jekt]
architecte (m)	**Architekt** (m)	[arhi'tɛkt]
ouvrier (m)	**Arbeiter** (m)	['arbaɪtə]

fondations (f pl)	**Fundament** (n)	[fʊnda'mɛnt]
toit (m)	**Dach** (n)	[dah]
pilot (m)	**Pfahl** (m)	[pfa:ʎ]
mur (m)	**Wand** (f)	[vant]

| ferraillage (m) | **Armatur** (f) | [arma'tʊ:r] |
| échafaudages (m pl) | **Gerüst** (n) | [gɛ'ryst] |

béton (m)	**Beton** (m)	[bɛ'tɔn]
granit (m)	**Granit** (m)	[gra'ni:t]
pierre (f)	**Stein** (m)	[ʃtaɪn]
brique (f)	**Ziegel** (m)	['tsi:gɛʎ]

sable (m)	**Sand** (m)	[zant]
ciment (m)	**Zement** (m)	[tsɛ'mɛnt]
plâtre (m)	**Putz** (m)	[pʊts]
plâtrer (vt)	**verputzen** (vt)	[fɛr'pʊtsɛn]
peinture (f)	**Farbe** (f)	['farbɛ]
peindre (des murs)	**färben** (vt)	['fɛrbɛn]
tonneau (m)	**Faß** (n), **Tonne** (f)	[fas], ['tɔnɛ]

grue (f)	**Kran** (m)	[kran]
monter (vt)	**aufheben** (vt)	['aufhe:bɛn]
descendre (vt)	**herunterlassen** (vt)	[hɛ'rʊntɛrlassɛn]

bulldozer (m)	**Planierraupe** (f)	[pla'ni:r'raupɛ]
excavateur (m)	**Bagger** (m)	['bɛggə]
godet (m)	**Kübel** (m)	['ky:bɛʎ]

| creuser (vt) | **graben** (vt) | ['graːbɛn] |
| casque (m) | **Helm** (m) | [hɛʎm] |

122. La recherche scientifique et les chercheurs

science (f)	**Wissenschaft** (f)	['wissɛnʃaft]
scientifique	**wissenschaftlich**	['wissɛnʃaftliħ]
savant (m)	**Wissenschaftler** (m)	['wissɛnʃaftlə]
théorie (f)	**Theorie** (f)	[tɛo'riː]

axiome (m)	**Axiom** (n)	[aksi'ɔm]
analyse (f)	**Analyse** (f)	[ana'lyːzɛ]
analyser (vt)	**analysieren** (vt)	[analy'ziːrɛn]
argument (m)	**Argument** (n)	[argʊ'mɛnt]
matière (f)	**Substanz** (f)	['zubstants]

hypothèse (f)	**Hypothese** (f)	[hypo'tɛzɛ]
dilemme (m)	**Dilemma** (n)	[di'lemma]
thèse (f)	**Dissertation** (f)	[disserta'tsʲon]
dogme (m)	**Dogma** (n)	['dɔgma]

doctrine (f)	**Doktrin** (f)	[dɔkt'riːn]
recherche (f)	**Erforschung** (f)	[ɛr'fɔrʃʊn]
rechercher (vt)	**untersuchen** (vt)	['untɛrzuhen]
test (m)	**Kontrolle** (f)	[kɔnt'roːle]
laboratoire (m)	**Labor** (n)	[la'boːr]

méthode (f)	**Methode** (f)	[mɛ'toːdɛ]
molécule (f)	**Molekül** (n)	[mole'kyːʎ]
monitoring (m)	**Monitoring** (n)	[moni'tɔrin]
découverte (f)	**Entdeckung** (f)	[ɛnt'dɛkkʊn]

postulat (m)	**Postulat** (n)	[postʊ'lat]
principe (m)	**Prinzip** (n)	[prin'tsip]
pronostic (m)	**Prognose** (f)	[prɔg'noːze]
prévoir (vt)	**prognostizieren** (vt)	[prɔgnɔsti'tsiːrɛn]

synthèse (f)	**Synthese** (f)	[zyn'tɛze]
tendance (f)	**Tendenz** (f)	[tɛn'dɛnts]
théorème (m)	**Theorem** (n)	[tɛɔ'rem]

enseignements (m pl)	**Lehre** (f)	['leːre]
fait (m)	**Tatsache** (f)	['taːtzahɛ]
expédition (f)	**Expedition** (f)	[ɛkspedi'tsʲon]
expérience (f)	**Experiment** (n)	[ɛkspɛri'mɛnt]

académicien (m)	**Akademiemitglied** (n)	[akadɛ'mimitglid]
bachelier (m)	**Bachelor** (m)	[batʃe'lor]
docteur (m)	**Doktor** (m)	['dɔktor]
chargé (m) de cours	**Dozent** (m)	[do'tsent]
magistère (m)	**Magister** (m)	[ma'gistə]
professeur (m)	**Professor** (m)	[pro'fɛssor]

Les professions. Les métiers

123. La recherche d'emploi. Le licenciement

travail (m)	Arbeit (f), Stelle (f)	['arbaɪt], ['ʃtɛle]
staff (m)	Belegschaft (f)	[bɛ'legʃaft]
carrière (f)	Karriere (f)	[ka'rjerɛ]
perspective (f)	Perspektive (f)	[perspek'tivɛ]
maîtrise (f)	Können (n)	['kø:nɛn]
sélection (f)	Auswahl (f)	['ausva:ʎ]
agence (f) de recrutement	Personalagentur (f)	[pɛrzo'na:ʎagen'tu:r]
CV (m)	Lebenslauf (m)	['le:bɛns'lauf]
entretien (m)	Vorstellungsgespräch (n)	['forʃtɛlyŋsgɛʃp'rɛɦ]
emploi (m) vacant	Vakanz (f)	[va'kants]
salaire (m)	Gehalt (n)	[gɛ'haʎt]
salaire (m) fixe	festes Gehalt (n)	['fɛstɛs gɛ'haʎt]
rémunération (f)	Arbeitslohn (m)	['arbaɪts 'lø:n]
poste (m)	Stellung (f)	['ʃtɛllun]
fonction (f)	Pflicht (f)	[pfliɦt]
liste (f) des fonctions	Aufgabenbereich (m)	['aufgabɛn bɛ'raɪɦ]
occupé	beschäftigt	[bɛ'ʃɛftiɦt]
licencier (vt)	kündigen (vt)	['kyndigɛn]
licenciement (m)	Kündigung (f)	['kyndigun]
chômage (m)	Arbeitslosigkeit (f)	['arbaɪtslo:ziɦkaɪt]
chômeur (m)	Arbeitslose (m)	['arbaɪtslo:zɛ]
retraite (f)	Rente (f), Ruhestand (m)	['rɛntɛ], ['ru:ɛʃtant]
prendre sa retraite	in Rente gehen	[in 'rɛntɛ 'ge:ɛn]

124. Les hommes d'affaires

directeur (m)	Direktor (m)	[di'rɛktɔr]
gérant (m)	Leiter (m)	['ʎaɪtə]
dirigeant (m)	Boß (m)	[bɔs]
chef (m)	Chef (m)	[ʃɛf]
supérieurs (m pl)	Vorgesetzte (m pl)	['fo:rgɛ'zɛtstɛ]
président (m)	Präsident (m)	[prɛzi'dɛnt]
président (m, d'entreprise)	Vorsitzende (m)	['fo:rzi:tsɛndɛ]
adjoint (m)	Stellvertreter (m)	['ʃtɛʎfɛrtrɛtə]
assistant (m)	Helfer (m)	['hɛʎfə]
secrétaire (f)	Sekretär (m)	[zɛkrɛ'tɛr]
secrétaire (m, f) personnel	Privatsekretär (m)	[pri'vatzɛkrɛ'tɛr]

homme (m) d'affaires	Geschäftsmann (m)	[gɛ'ʃɛfts'man]
entrepreneur (m)	Unternehmer (m)	[untɛr'nɛimə]
fondateur (m)	Gründer (m)	['gryndə]
fonder (vt)	gründen (vt)	['gryndɛn]
fondateur (m)	Gründer (m)	['gryndə]
partenaire (m)	Partner (m)	['partnə]
actionnaire (m)	Aktionär (m)	[aktsio'nɛr]
millionnaire (m)	Millionär (m)	[miʎjɔ'nɛr]
milliardaire (m)	Milliardär (m)	[miʎjar'dɛr]
propriétaire (m)	Besitzer (m)	[bɛ'zitsə]
propriétaire (m) foncier	Landbesitzer (m)	['lantbɛ'zitsə]
client (m)	Kunde (m)	['kundɛ]
client (m) régulier	Stammkunde (m)	['ʃtamkundɛ]
acheteur (m)	Käufer (m)	['kɔifə]
visiteur (m)	Besucher (m)	[bɛ'zu:hə]
professionnel (m)	Fachmann (m)	['fahman]
expert (m)	Experte (m)	[ɛks'pɛrtɛ]
spécialiste (m)	Spezialist (m)	[ʃpɛtsa'list]
banquier (m)	Bankier (m)	[ba'ŋki:ə]
courtier (m)	Makler (m)	['maklə]
caissier (m)	Kassierer (m)	[kas'si:rə]
comptable (m)	Buchhalter (m)	['buhaʎtə]
agent (m) de sécurité	Wächter (m)	['vɛhtə]
investisseur (m)	Investor (m)	[in'vɛstɔr]
débiteur (m)	Schuldner (m)	['ʃuʎdnə]
créancier (m)	Gläubiger (m)	['glɔibigə]
emprunteur (m)	Kreditnehmer (m)	[krɛ'dit'nɛ:mə]
importateur (m)	Importeur (m)	[impɔr'tø:r]
exportateur (m)	Exporteur (m)	[ɛkspɔr'tø:r]
producteur (m)	Hersteller (m)	['hɛrʃ'tɛlə]
distributeur (m)	Distributor (m)	[distri'bytor]
intermédiaire (m)	Vermittler (m)	[fɛr'mitlə]
conseiller (m)	Berater (m)	[bɛ'ra:tə]
représentant (m)	Vertreter (m)	[fɛrt'rɛtə]
agent (m)	Agent (m)	[a'gent]
agent (m) d'assurances	Versicherungsagent (m)	[fɛ'ziheruns a'gɛnt]

125. Les métiers des services

cuisinier (m)	Koch (m)	[kɔh]
cuisinier (m) en chef	Chefkoch (m)	[ʃɛfkɔh]
boulanger (m)	Bäcker (m)	['bɛkkə]
barman (m)	Barmixer (m)	['ba:rmiksə]
serveur (m)	Kellner (m)	['kɛʎnə]

serveuse (f)	**Kellnerin** (f)	[ˈkɛʎnɛrin]
avocat (m)	**Rechtsanwalt** (m)	[ˈrɛhtsanvaʎt]
juriste (m)	**Jurist** (m)	[juˈrist]
notaire (m)	**Notar** (m)	[nɔˈtaːr]
électricien (m)	**Elektriker** (m)	[ɛˈlektrikə]
plombier (m)	**Installateur** (m)	[instaʎaˈtɔːr]
charpentier (m)	**Zimmermann** (m)	[ˈtsimɛrman]
masseur (m)	**Masseur** (m)	[masˈsøːr]
masseuse (f)	**Masseurin** (f)	[masˈsøːrin]
médecin (m)	**Arzt** (m)	[aːrtst]
chauffeur (m) de taxi	**Taxifahrer** (m)	[ˈtaksifaːrə]
chauffeur (m)	**Fahrer** (m)	[ˈfaːrə]
coursier (m)	**Bote** (m)	[ˈbɔːtɛ]
femme (f) de chambre	**Zimmermädchen** (n)	[ˈtsimɛrˈmɛthen]
agent (m) de sécurité	**Wächter** (m)	[ˈvɛhtə]
hôtesse (f) de l'air	**Flugbegleiterin** (f)	[ˈflykbɛgʎaitɛrin]
professeur (m)	**Lehrer** (m)	[ˈleːrə]
bibliothécaire (m)	**Bibliothekar** (m)	[biblioˈteːkaːr]
traducteur (m)	**Übersetzer** (m)	[jubɛrˈzɛtsə]
interprète (m)	**Dolmetscher** (m)	[ˈdɔʎmɛtʃə]
guide (m)	**Fremdenführer** (m)	[ˈfrɛmdɛnfyːrə]
coiffeur (m)	**Friseur** (m)	[friˈzøːr]
facteur (m)	**Briefträger** (m)	[ˈbriːftrɛgə]
vendeur (m)	**Verkäufer** (m)	[fɛrˈkɔifə]
jardinier (m)	**Gärtner** (m)	[ˈgɛrtnə]
serviteur (m)	**Diener** (m)	[ˈdiːnə]
servante (f)	**Magd** (f)	[makd]
femme (f) de ménage	**Putzfrau** (f)	[ˈputsfrau]

126. Les professions militaires et leurs grades

soldat (m)	**Soldat** (m)	[zɔʎˈdaːt]
sergent (m)	**Sergeant** (m)	[serˈʒant]
lieutenant (m)	**Leutnant** (m)	[ˈlɔitnant]
capitaine (m)	**Hauptmann** (m)	[ˈhauptman]
commandant (m)	**Major** (m)	[maˈjɔr]
colonel (m)	**Oberst** (m)	[ˈɔːbɛrst]
général (m)	**General** (m)	[gɛnɛˈraːʎ]
maréchal (m)	**Marschall** (m)	[ˈmarʃaːʎ]
amiral (m)	**Admiral** (m)	[admiˈraːʎ]
militaire (m)	**Militärperson** (f)	[miliˈtɛrpɛˈzɔn]
soldat (m)	**Soldat** (m)	[zɔʎˈdaːt]
officier (m)	**Offizier** (m)	[ɔfiˈtsiːə]
commandant (m)	**Kommandeur** (m)	[kɔmanˈdøːr]
garde-frontière (m)	**Grenzsoldat** (m)	[ˈgrɛntszɔʎdaːt]

opérateur (m) radio	Funker (m)	['fuŋkə]
éclaireur (m)	Aufklärer (m)	['aufk'lerə]
démineur (m)	Pionier (m)	[piɔ'ni:ə]
tireur (m)	Schütze (m)	['ʃylsɛ]
navigateur (m)	Steuermann (m)	['ʃtɔjerman]

127. Les fonctionnaires. Les prêtres

roi (m)	König (m)	['kø:niɦ]
reine (f)	Königin (f)	['kø:nigin]
prince (m)	Prinz (m)	[prinʦ]
princesse (f)	Prinzessin (f)	[prin'ʦɛssin]
tsar (m)	Zar (m)	[ʦa:r]
tsarine (f)	Zarin (f)	['ʦa:rin]
président (m)	Präsident (m)	[prɛzi'dɛnt]
ministre (m)	Minister (m)	[mi'nistə]
premier ministre (m)	Ministerpräsident (m)	[mi'nistɛrprɛzi'dɛnt]
sénateur (m)	Senator (m)	[zɛ'na:tɔr]
diplomate (m)	Diplomat (m)	[diplo'ma:t]
consul (m)	Konsul (m)	['kɔnzuʎ]
ambassadeur (m)	Botschafter (m)	['bɔ:tʃaftə]
conseiller (m)	Ratgeber (m)	['ra:tge:bə]
fonctionnaire (m)	Beamte (m)	[bɛ'amtɛ]
préfet (m)	Präfekt (m)	['prɛffekt]
maire (m)	Bürgermeister (m)	['byrgɛrmaistə]
juge (m)	Richter (m)	['riɦtə]
procureur (m)	Staatsanwalt (m)	['ʃta:ʦʰanvaʎt]
missionnaire (m)	Missionar (m)	[missiɔ'na:r]
moine (m)	Mönch (m)	['mønɦ]
abbé (m)	Abt (m)	[apt]
rabbin (m)	Rabbiner (m)	[ra'bi:nə]
vizir (m)	Wesir (m)	[we'zir]
shah (m)	Schach (n)	[ʃah]
cheik (m)	Scheich (m)	[ʃaih]

128. Les professions agricoles

apiculteur (m)	Bienenzüchter (m)	['bi:nɛn'ʦyɦtə]
berger (m)	Hirt (m)	[hirt]
agronome (m)	Agronom (m)	[agrɔ'nɔ:m]
éleveur (m)	Viehzüchter (m)	['fi:ʦyɦtə]
vétérinaire (m)	Tierarzt (m)	['ti:rʰa:rʦt]
fermier (m)	Farmer (m)	['farmə]
vinificateur (m)	Winzer (m)	['winʦə]

potier (m)	**Töpfer** (m)	['tøpfə]
zoologiste (m)	**Zoologe** (m)	[ʦɔːˈloːgɛ]
cow-boy (m)	**Cowboy** (m)	['kauˈbɔɪ]

129. Les professions artistiques

acteur (m)	**Schauspieler** (m)	['ʃauʃˈpiːlə]
actrice (f)	**Schauspielerin** (f)	['ʃauʃˈpiːlerin]
chanteur (m)	**Sänger** (m)	['zɛŋə]
cantatrice (f)	**Sängerin** (f)	['zɛŋɛrin]
danseur (m)	**Tänzer** (m)	['tɛnʦə]
danseuse (f)	**Tänzerin** (f)	['tɛnʦɛrin]
artiste (m)	**Künstler** (m)	['kynstlə]
artiste (f)	**Künstlerin** (f)	['kynstlerin]
musicien (m)	**Musiker** (m)	['muːzikə]
pianiste (m)	**Pianist** (m)	[piaˈnist]
guitariste (m)	**Gitarrist** (m)	[gitaˈrist]
chef (m) d'orchestre	**Dirigent** (m)	[diriˈgent]
compositeur (m)	**Komponist** (m)	[kɔmpoˈnist]
imprésario (m)	**Manager** (m)	['mɛnɛdʒə]
metteur (m) en scène	**Regisseur** (m)	[rɛʒisˈsøːr]
producteur (m)	**Produzent** (m)	[prɔduˈʦɛnt]
scénariste (m)	**Drehbuchautor** (m)	['dreːɛbʊhˈautor]
critique (m)	**Kritiker** (m)	['kritikə]
écrivain (m)	**Schriftsteller** (m)	['ʃriftʃtɛlə]
poète (m)	**Dichter** (m)	['diɦtə]
sculpteur (m)	**Bildhauer** (m)	['biʌtˈhauə]
peintre (m)	**Maler** (m)	['maːlə]
jongleur (m)	**Jongleur** (m)	[ʒɔŋˈløːr]
clown (m)	**Clown** (m)	['klaun]
acrobate (m)	**Akrobat** (m)	[akrɔˈbaːt]
magicien (m)	**Zauberkünstler** (m)	['tsaubɛrˈkynstlə]

130. Les différents métiers

médecin (m)	**Arzt** (m)	[aːrtst]
infirmière (f)	**Krankenschwester** (f)	['kraŋkɛnʃvɛstə]
psychiatre (m)	**Psychiater** (m)	[psyhiˈatə]
dentiste (m)	**Zahnarzt** (m)	['tsaːnhaːrtst]
chirurgien (m)	**Chirurg** (m)	[hiˈrʊrk]
astronaute (m)	**Astronaut** (m)	[astrɔˈnaut]
astronome (m)	**Astronom** (m)	[astrɔˈnoːm]
pilote (m)	**Pilot** (m)	[piˈloːt]

chauffeur (m)	Fahrer (m)	['faːrə]
conducteur (m) (de train)	Lokomotivführer (m)	[lɔkɔmɔ'tiːf 'fyːrə]
mécanicien (m)	Mechaniker (m)	[mɛ'kaːnikə]

mineur (m)	Bergarbeiter (m)	['bɛrkʰ'arbaɪtə]
ouvrier (m)	Arbeiter (m)	['arbaɪtə]
serrurier (m)	Schlosser (m)	['ʃlɔssə]
menuisier (m)	Tischler (m)	['tiʃlə]
tourneur (m)	Dreher (m)	['dreːə]
constructeur (m)	Bauarbeiter (m)	['bauarbaɪtə]
soudeur (m)	Schweißer (m)	['ʃvaɪsə]

professeur (m)	Professor (m)	[prɔ'fɛssɔr]
architecte (m)	Architekt (m)	[arhi'tɛkt]
historien (m)	Geschichtsforscher (m)	[gɛ'ʃihtsforʃə]
savant (m)	Wissenschaftler (m)	['wissɛnʃaftlə]
physicien (m)	Physiker (m)	['fyːzikə]
chimiste (m)	Chemiker (m)	['hemikə]

archéologue (m)	Archäologe (m)	[arhɛɔ'loːgɛ]
géologue (m)	Geologe (m)	[gɛɔ'loːgɛ]
explorateur (m)	Forscher (m)	['forʃə]

baby-sitter (m, f)	Kinderfrau (f)	['kindɛrf'rau]
pédagogue (m, f)	Pädagoge (m)	[pɛda'gɔːgɛ]
rédacteur (m)	Redakteur (m)	[rɛdak'tøːr]
rédacteur (m) en chef	Chefredakteur (m)	['ʃefrɛdaktøːr]
correspondant (m)	Korrespondent (m)	[kɔrɛspɔn'dɛnt]
dactylographe (f)	Schreibkraft (f)	['ʃraɪpkraft]

designer (m)	Designer (m)	[di'zaɪnə]
informaticien (m)	Computerspezialist (m)	[kɔm'pjytɛrʃpɛtsia'list]
programmeur (m)	Programmierer (m)	[prɔgra'miːrə]
ingénieur (m)	Ingenieur (m)	[inʒɛ'nøːr]

marin (m)	Seemann (m)	['zeːɛman]
matelot (m)	Matrose (m)	[mat'roːzɛ]
sauveteur (m)	Retter (m)	['rɛtə]

pompier (m)	Feuerwehrmann (m)	['fɔjer'weːr'man]
policier (m)	Polizist (m)	[poli'tsist]
veilleur (m) de nuit	Wächter (m)	['vɛhtə]
détective (m)	Detektiv (m)	[dɛtɛk'tiːf]

douanier (m)	Zollbeamte (m)	['tsɔʌbɛ'amtɛ]
garde (m) du corps	Leibwächter (m)	['ʎaipvɛhtə]
inspecteur (m)	Inspektor (m)	[ins'pɛktɔr]

sportif (m)	Sportler (m)	['ʃportlə]
entraîneur (m)	Trainer (m)	['trɛnə]
boucher (m)	Fleischer (m)	['fʎaiʃə]
cordonnier (m)	Schuster (m)	['ʃustə]
commerçant (m)	Geschäftsmann (m)	[gɛ'ʃɛfts'man]
chargeur (m)	Ladearbeiter (m)	['laːdɛ'arbaɪtə]
couturier (m)	Modeschöpfer (m)	[moːdɛ'ʃɛpfə]
modèle (f)	Modell (n)	[mo'dɛʎ]

131. Les occupations. Le statut social

écolier (m)	Schüler (m)	[ˈʃyːlə]
étudiant (m)	Student (m)	[ʃtʊˈdɛnt]
philosophe (m)	Philosoph (m)	[filoˈzɔf]
économiste (m)	Ökonom (m)	[økɔˈnɔːm]
inventeur (m)	Erfinder (m)	[ɛrˈfində]
chômeur (m)	Arbeitslose (m)	[ˈarbaɪtslɔːzɛ]
retraité (m)	Rentner (m)	[ˈrɛntnə]
espion (m)	Spion (m)	[ʃpiˈɔːn]
prisonnier (m)	Gefangene (m)	[gɛˈfaŋɛnɛ]
gréviste (m)	Streikende (m)	[ˈʃtraɪkʰɛndɛ]
bureaucrate (m)	Bürokrat (m)	[byrɔkˈrat]
voyageur (m)	Reisende (m)	[ˈraɪzɛndɛ]
homosexuel (m)	Homosexuelle (m)	[ˈhɔmɔzɛksʊˈɛlle]
hacker (m)	Hacker (m)	[ˈhɛkkə]
hippie (m, f)	Hippie (m)	[ˈhippi]
bandit (m)	Bandit (m)	[banˈdiːt]
tueur (m) à gages	Killer (m)	[ˈkilə]
drogué (m)	Drogenabhängige (m)	[ˈdrɔːgɛnʰaphɛŋigɛ]
trafiquant (m) de drogue	Drogenhändler (m)	[ˈdrɔgɛnhɛndlə]
prostituée (f)	Prostituierte (f)	[prɔstituˈiːrtɛ]
souteneur (m)	Zuhälter (m)	[ˈtsuhɛʌtə]
sorcier (m)	Zauberer (m)	[ˈtsaubɛrə]
sorcière (f)	Zauberin (f)	[ˈtsaubɛrin]
pirate (m)	Seeräuber (m)	[ˈzeːɛˈrɔɪbə]
esclave (m)	Sklave (m)	[ˈsklaːvɛ]
samouraï (m)	Samurai (m)	[zamʊˈraɪ]
sauvage (m)	Wilde (m)	[ˈwiʌdɛ]

Le sport

132. Les types de sports. Les sportifs

sportif (m)	Sportler (m)	['ʃpɔrtlə]
sport (m)	Sportart (f)	['ʃpɔrtart]
basketball (m)	Basketball (m)	['basketbaʎ]
basketteur (m)	Basketballspieler (m)	['basketbaʎʃpiːlə]
base-ball (m)	Baseball (m, n)	['bɛɪsbɔl]
joueur (m) de base-ball	Baseballspieler (m)	['bɛɪsbɔlʃpiːlə]
football (m)	Fußball (m)	['fusbaʎ]
joueur (m) de football	Fußballspieler (m)	['fusbaʎʃpiːlə]
gardien (m) de but	Torwart (m)	['toːrvart]
hockey (m)	Eishockey (n)	['aɪshɔkkɛ]
hockeyeur (m)	Eishockeyspieler (m)	['aɪs'hɔkkeɪʃpiːlə]
volley-ball (m)	Volleyball (m)	['vɔlibaʎ]
joueur (m) de volley-ball	Volleyballspieler (m)	['vɔlibaʎʃpiːlə]
boxe (f)	Boxen (n)	['bɔksɛn]
boxeur (m)	Boxer (m)	['bɔksə]
lutte (f)	Ringen (n)	['riŋɛn]
lutteur (m)	Ringkämpfer (m)	['ri'ŋkɛmpfə]
karaté (m)	Karate (n)	[ka'raːtɛ]
karatéka (m)	Karate Kämpfer (m)	[ka'ratɛ 'kɛmpfə]
judo (m)	Judo (n)	['juːdɔ]
judoka (m)	Judoka (m)	['juːdɔka]
tennis (m)	Tennis (n)	['tɛnis]
joueur (m) de tennis	Tennisspieler (m)	['tɛnisʃpiːlə]
natation (f)	Schwimmen (n)	['ʃwimɛn]
nageur (m)	Schwimmer (m)	['ʃwimə]
escrime (f)	Fechten (n)	['fɛhtɛn]
escrimeur (m)	Fechter (m)	['fɛhtə]
échecs (m pl)	Schach (n)	[ʃah]
joueur (m) d'échecs	Schachspieler (m)	['ʃahʃpiːlə]
alpinisme (m)	Bergsteigen (n)	['bɛrkʃtaɪgɛn]
alpiniste (m)	Bergsteiger (m)	['bɛrkʃtaɪgə]
course (f)	Lauf (m)	['lauf]

coureur (m)	**Läufer** (m)	['lɔɪfə]
athlétisme (m)	**Leichtathletik** (f)	['ʎaɪht^hatle:tik]
athlète (m)	**Athlet** (m)	[at'le:t]
équitation (f)	**Pferdesport** (m)	['pfe:rdɛʃpɔrt]
cavalier (m)	**Reiter** (m)	['raɪtə]
patinage (m) artistique	**Eiskunstlauf** (m)	['aɪskʊnst'lauf]
patineur (m)	**Eiskunstläufer** (m)	['aɪs'kʊnstlɔɪfə]
patineuse (f)	**Eiskunstläuferin** (f)	['aɪs'kʊnst'lɔɪferin]
haltérophilie (f)	**Gewichtheben** (n)	[gɛ'wiɦthe:bɛn]
haltérophile (m)	**Gewichtheber** (m)	[gɛ'wiɦthe:bə]
course (f) automobile	**Autorennen** (n)	['autɔrɛnen]
pilote (m)	**Rennfahrer** (m)	['rɛnfa:rə]
cyclisme (m)	**Radfahren** (n)	['ra:tfa:rɛn]
cycliste (m)	**Radfahrer** (m)	['ra:tfa:rə]
sauts (pl) en longueur	**Weitsprung** (m)	['vaɪtʃprʊn]
sauts (pl) à la perche	**Stabhochsprung** (m)	['ʃtaphɔhʃprʊn]
sauteur (m)	**Springer** (m)	['ʃprɪŋə]

133. Les types de sports. Divers

football (m) américain	**American Football** (m)	[ɛ'mɛrikɛn 'fʊtbɔl]
badminton (m)	**Federballspiel** (n)	[fedɛr'balʃp,iʎ]
biathlon (m)	**Biathlon** (n)	[biat'lɔ:n]
billard (m)	**Billard** (n)	[bi'ʎjart]
bobsleigh (m)	**Bob** (m)	[bɔp]
bodybuilding (m)	**Bodybuilding** (n)	[bɔdi'bildin]
water-polo (m)	**Wasserballspiel** (n)	['vassɛbaʎ ʃpiʎ]
handball (m)	**Handball** (m)	['hantbaʎ]
golf (m)	**Golf** (n)	[gɔʎf]
aviron (m)	**Rudern** (n)	['rʊ:dɛrn]
plongée (f)	**Tauchen** (n)	['tauhɛn]
course (f) à skis	**Skilanglauf** (m)	['skilaŋlauf]
tennis (m) de table	**Tischtennis** (n)	['tiʃtɛnis]
voile (m)	**Segelsport** (m)	['zɛgɛʎʃ'pɔrt]
rallye (m)	**Rennen** (n)	['rɛnɛn]
rugby (m)	**Rugby** (n)	['rakbi]
planche (f) à neige	**Snowboard** (n)	['snɔubɔrt]
tir (m) à l'arc	**Bogenschießen** (n)	['bɔ:gɛnʃi:sɛn]

134. La salle de sport

barre (f) à disques	**Hantel** (f)	['hantɛʎ]
haltères (m pl)	**Hanteln** (f pl)	['hantɛʎn]
appareil (m) d'entraînement	**Trainingsgerät** (n)	['trɛninsgɛrɛt]

| vélo (m) d'exercice | Fahrradtrainer (m) | ['farradt'rɛɪnə] |
| tapis (m) roulant | Laufbahn (f) | ['laufbaːn] |

barre (f) fixe	Reck (n)	[rɛk]
barres (pl) parallèles	Barren (m)	['barɛn]
cheval (m) d'Arçons	Sprungpferd (n)	['ʃprʊːnpfɛt]
tapis (m) gymnastique	Matte (f)	['matɛ]

corde (f) à sauter	Sprungseil (n)	['ʃprʊnzaɪʎ]
aérobic (m)	Aerobic (n)	[aɛ'roːbik]
yoga (m)	Yoga (m)	['jɔga]

135. Le hockey sur glace

hockey (m)	Eishockey (n)	['aɪshɔkkɛ]
hockeyeur (m)	Eishockeyspieler (m)	['aɪs'hɔkkeɪʃpiːlə]
jouer au hockey	Hockey spielen	['hɔkeɪ 'ʃpiːlen]
glace (f)	Eis (n)	[aɪs]

palet (m)	Puck (m)	[pʊk]
crosse (f)	Hockeyschläger (m)	['hɔkeʃlɛgə]
patins (m pl) à glace	Schlittschuhe (m pl)	['ʃlitʃuːɛ]

| rebord (m) | Bord (m) | ['bɔrt] |
| tir (m) | Schuß (m) | [ʃʊs] |

gardien (m) de but	Torwart (m)	['toːrvart]
but (m)	Tor (n)	[toːr]
marquer un but	ein Tor schießen	[aɪn 'toːr 'ʃiːsɛn]

période (f)	Drittel (n)	['drittɛʎ]
deuxième période (f)	zweites Drittel (n)	['tsvaɪtɛs 'drittɛʎ]
banc (m) des remplaçants	Ersatzbank (f)	[ɛr'zatsbaŋk]

136. Le football

football (m)	Fußball (m)	['fʊsbaʎ]
joueur (m) de football	Fußballspieler (m)	['fʊsbaʃpiːlə]
jouer au football	Fußball spielen	['fʊsbaʎ 'ʃpiːlen]

ligue (f) supérieure	Oberliga (f)	['ɔːbɛrliːga]
club (m) de football	Fußballclub (m)	['fʊsbaʎk'lup]
entraîneur (m)	Trainer (m)	['trɛnə]
propriétaire (m)	Besitzer (m)	[bɛ'zitsə]

équipe (f)	Mannschaft (f)	['manʃaft]
capitaine (m) de l'équipe	Mannschaftskapitän (m)	['manʃaftskapi'tɛn]
joueur (m)	Spieler (m)	['ʃpiːlə]
remplaçant (m)	Ersatzspieler (m)	['ɛrzatsʃpˌiːlə]

| attaquant (m) | Stürmer (m) | ['ʃtyrmə] |
| avant-centre (m) | Mittelstürmer (m) | ['mittɛʎʃtyrmə] |

butteur (m)	**Torjäger** (m)	['tɔrʰ'eːgə]
arrière (m)	**Verteidiger** (m)	[fɛr'taɪdigə]
demi (m)	**Läufer** (m)	['lɔɪfə]
match (m)	**Spiel** (n)	[ʃpiːʎ]
se rencontrer (vp)	**sich begegnen**	[ziɦ bɛ'giːgnɛn]
finale (f)	**Finale** (n)	[fi'naːle]
demi-finale (f)	**Halbfinale** (n)	['haʎpfi'naːle]
championnat (m)	**Meisterschaft** (f)	['maɪstɛrʃaft]
mi-temps (f)	**Halbzeit** (f)	['haʎptsaɪt]
première mi-temps (f)	**erste Halbzeit** (f)	['ɛrstɛ 'haʎbtsaɪt]
pause (f)	**Halbzeit** (f)	['haʎptsaɪt]
but (m)	**Tor** (n)	[tɔːr]
gardien (m) de but	**Torwart** (m)	['tɔːrvart]
poteau (m)	**Torpfosten** (m)	['tɔːrpˈfostɛn]
barre (f)	**Torlatte** (f)	['tɔːrˈlattɛ]
filet (m)	**Netz** (n)	[nɛts]
laisser passer	**zulassen** (vt)	[tsuːˈʎasn]
laisser passer le ballon	**ein Tor zulassen**	[aɪn 'tɔːə tsuːˈʎasn]
ballon (m)	**Ball** (m)	[baʎ]
passe (f)	**Paß** (m)	[pas]
coup (m)	**Schuß** (m)	[ʃus]
porter un coup	**schießen** (vi)	['ʃiːsɛn]
coup (m) franc	**Freistoß** (m)	['fraɪstɔːs]
corner (m)	**Eckball** (m)	['ɛkbaʎ]
attaque (f)	**Attacke** (f)	[at'takkɛ]
contre-attaque (f)	**Gegenangriff** (m)	['gɛgɛnʰ'aŋrif]
combinaison (f)	**Kombination** (f)	[kɔmbinaˈtsʲɔn]
arbitre (m)	**Schiedsrichter** (m)	['ʃiːtsriɦtə]
siffler (vi)	**pfeifen** (vi)	['pfaɪfɛn]
sifflet (m)	**Pfeife** (f)	['pfaɪfɛ]
infraction (f)	**Foul** (n)	[fɔl]
commettre une faute	**foulen** (vt)	['faulen]
expulser du terrain	**vom Platz verweisen**	[fɔm 'plaːts fɛr'vaɪzɛn]
carton (m) jaune	**gelbe Karte** (f)	['gɛʎbɛ 'kartɛ]
carton (m) rouge	**rote Karte** (f)	['roːtɛ 'kartɛ]
disqualification (f)	**Disqualifizierung** (f)	[diskvalifi'tsirʊn]
disqualifier (vt)	**disqualifizieren** (vt)	[diskvalifi'tsiːrɛn]
penalty (m)	**Elfmeter** (m)	['ɛʎf'meːtə]
mur (m)	**Mauer** (f)	['mauə]
marquer	**ein Tor schießen**	[aɪn 'tɔːr 'ʃiːsɛn]
but (m)	**Tor** (n)	[tɔːr]
marquer un but	**ein Tor schießen**	[aɪn 'tɔːr 'ʃiːsɛn]
remplacement (m)	**Wechsel** (m)	['vɛkseʎ]
remplacer (vt)	**ersetzen** (vt)	[ɛr'zɛtsɛn]
règles (f pl)	**Regeln** (f pl)	['rɛːgɛʎn]
tactique (f)	**Taktik** (f)	['taktik]

stade (m)	**Stadion** (n)	[ˈʃtaːdiɔn]
tribune (f)	**Tribüne** (f)	[triˈbyːnɛ]
supporteur (m)	**Anhänger** (m)	[ˈanhɛŋə]
crier (vi, vt)	**schrelen** (vi, vt)	[ˈʃraɪen]
tableau (m)	**Anzeigetafel** (f)	[anˈʦaɪgɛ ˈtafɛʎ]
score (m)	**Ergebnis** (n)	[ɛrˈgeːpnis]
défaite (f)	**Niederlage** (f)	[ˈniːdɛrlaːgɛ]
perdre (vi, vt)	**verlieren** (vt)	[fɛrˈliːrɛn]
match (m) nul	**Unentschieden** (n)	[ˈunʰɛntʃiːdɛn]
faire match nul	**unentschieden spielen**	[ˈunʰɛntʃiːdɛn ˈʃpiːlen]
victoire (f)	**Sieg** (m)	[ziːk]
gagner (vi, vt)	**gewinnen** (vt)	[gɛˈwinɛn]
champion (m)	**Meister** (m)	[ˈmaɪstə]
meilleur	**der beste**	[dɛr ˈbestɛ]
féliciter (vt)	**gratulieren** (vi)	[gratʊˈliːrɛn]
commentateur (m)	**Kommentator** (m)	[kɔmɛnˈtaːtɔr]
commenter (vt)	**kommentieren** (vt)	[kɔmɛnˈtiːrɛn]
retransmission (f)	**Übertragung** (f)	[juːbertˈraɡʊn]

137. Le ski alpin

skis (m pl)	**Ski** (pl)	[ʃiː]
faire du ski	**Ski laufen**	[ʃiː ˈlaufɛn]
station (f) de ski	**Skiort** (m)	[ˈʃiɔrt]
remontée (f) mécanique	**Skilift** (m)	[ˈski lift]
bâtons (m pl)	**Skistöcke** (m pl)	[ˈʃiːʃtøkɛ]
pente (f)	**Abhang** (m)	[ˈaphan]
slalom (m)	**Slalom** (m)	[ˈslaːlɔm]

138. Le tennis. Le golf

golf (m)	**Golf** (n)	[gɔʎf]
club (m) de golf	**Golfklub** (m)	[ˈgɔʎfklup]
joueur (m) au golf	**Golfspieler** (m)	[ˈgɔʎfʃpiːlə]
trou (m)	**Loch** (n)	[ˈløh]
club (m)	**Schläger** (m)	[ˈʃlɛgə]
chariot (m) de golf	**Golfwagen** (m)	[ˈgɔʎfvaːgen]
tennis (m)	**Tennis** (n)	[ˈtɛnis]
court (m)	**Tennisplatz** (m)	[ˈtɛnisplaʦ]
service (m)	**Aufschlag** (m)	[ˈaufʃʎak]
servir (vi)	**angeben** (vt)	[ˈaŋeːbɛn]
raquette (f)	**Tennisschläger** (m)	[ˈtɛnisʃlɛgə]
filet (m)	**Netz** (n)	[nɛʦ]
balle (f)	**Ball** (m)	[baʎ]

139. Les échecs

échecs (m pl)	Schach (n)	[ʃah]
pièces (f pl)	Schachfiguren (f pl)	[ˈʃahfiˈguːrɛn]
joueur (m) d'échecs	Schachspieler (m)	[ˈʃahʃpiːlə]
échiquier (m)	Schachbrett (n)	[ˈʃahbˈrɛt]
pièce (f)	Figur (f)	[fiˈguːr]
blancs (m pl)	Weißen (pl)	[di ˈvaɪsɛn]
noirs (m pl)	Schwarze (pl)	[ˈʃvartsɛ]
pion (m)	Bauer (m)	[ˈbauə]
fou (m)	Läufer (m)	[ˈløɪfə]
cavalier (m)	Springer (m)	[ˈʃprɪŋə]
tour (f)	Turm (m)	[tʊrm]
reine (f)	Königin (f)	[ˈkøːnigin]
roi (m)	König (m)	[ˈkøːniħ]
coup (m)	Zug (m)	[tsuk]
jouer (déplacer une pièce)	einen Zug machen	[ˈaɪnɛn ˈtsuk ˈmahɛn]
sacrifier (vt)	opfern (vt)	[ˈopfɛrn]
roque (m)	Rochade (f)	[roˈhaːdɛ]
échec (m)	Schach (n)	[ʃah]
mat (m)	Matt (n)	[mat]
tournoi (m) d'échecs	Schachturnier (n)	[ˈʃahtʊrniːə]
grand maître (m)	Großmeister (m)	[ˈgrɔːsmaɪstə]
combinaison (f)	Kombination (f)	[kombinaˈtsʲon]
partie (f)	Partie (f)	[parˈtiː]
dames (f pl)	Damespiel (n)	[ˈdaːmɛʃpiːʎ]

140. La boxe

boxe (f)	Boxen (n)	[ˈbɔksɛn]
combat (m)	Boxkampf (m)	[ˈbɔkskampf]
match (m)	Zweikampf (m)	[ˈtsvaɪkampf]
round (m)	Runde (f)	[ˈrʊndɛ]
ring (m)	Ring (m)	[rin]
gong (m)	Gong (m)	[gɔn]
coup (m)	Schlag (m)	[ʃlaːk]
knock-down (m)	Knockdown (m)	[nɔkˈdaun]
knock-out (m)	Knockout (m)	[nɔˈkaut]
mettre KO	k.o. schlagen (vt)	[ko ˈʃlaːgɛn]
gant (m) de boxe	Boxhandschuh (m)	[ˈbɔkshantʃʊː]
arbitre (m)	Schiedsrichter (m)	[ˈʃiːtsrihtə]
poids (m) léger	Leichtgewicht (n)	[ˈʎaɪħtgɛˈwiħt]
poids (m) moyen	Mittelgewicht (n)	[ˈmiteʎgɛˈwiht]
poids (m) lourd	Schwergewicht (n)	[ˈʃweːrgɛwiħt]

141. Le sport. Divers

Jeux (m pl) olympiques	Olympischen Spiele (f)	[ɔ'lympʃɛn 'ʃpl:le]
gagnant (m)	Sieger (m)	['zi:gə]
remporter (vt)	gewinnen (vt)	[gɛ'winɛn]
gagner (vi, vt)	gewinnen (vt)	[gɛ'winɛn]
leader (m)	Tabellenführer (m)	[ta'bɛlen 'fyrə]
prendre la tête	führen (vi)	['fy:rɛn]
première place (f)	der erste Platz	[də 'e:rstɛ plats]
deuxième place (f)	der zweite Platz	[də 'tsvaɪtɛ plats]
troisième place (f)	der dritte Platz	[də 'drittɛ 'plats]
médaille (f)	Medaille (f)	[me'daʎje]
trophée (m)	Trophäe (f)	[tro'fɛe]
coupe (f)	Pokal (m)	[po'ka:ʎ]
prix (m)	Preis (m)	[praɪs]
prix (m) principal	Hauptpreis (m)	['hauptpraɪs]
record (m)	Rekord (m)	[rɛ'kɔrt]
établir un record	einen Rekord aufstellen	['aɪnɛn rɛ'kɔrt 'aufʃtɛlen]
finale (f)	Finale (n)	[fi'na:le]
final	Final-	[fi'na:ʎ]
champion (m)	Meister (m)	['maɪstə]
championnat (m)	Meisterschaft (f)	['maɪstɛrʃaft]
stade (m)	Stadion (n)	['ʃta:diɔn]
tribune (f)	Tribüne (f)	[tri'by:nɛ]
supporteur (m)	Fan (m)	[fɛn]
adversaire (m)	Gegner (m)	['gɛgnə]
départ (m)	Start (m)	[ʃtart]
arrivée (f)	Ziel (n), Finish (n)	[tsi:ʎ], ['finiʃ]
défaite (f)	Niederlage (f)	['ni:dɛrla:gɛ]
perdre (vt)	verlieren (vt)	[fɛr'li:rɛn]
arbitre (m)	Schiedsrichter (m)	['ʃi:tsrihtə]
jury (m)	Jury (f)	[ʒu'ri:]
score (m)	Ergebnis (n)	[ɛr'ge:pnis]
match (m) nul	Unentschieden (n)	['unʰɛntʃi:dɛn]
faire match nul	unentschieden spielen	['unʰɛntʃi:dɛn 'ʃpi:len]
point (m)	Punkt (m)	[puŋkt]
résultat (m)	Ergebnis (n)	[ɛr'ge:pnis]
pause (f)	Halbzeit (f), Pause (f)	['haʎptsaɪt], ['pauzɛ]
dopage (m)	Doping (n)	['do:pin]
pénaliser (vt)	bestrafen (vt)	[bɛʃt'ra:fɛn]
disqualifier (vt)	disqualifizieren (vt)	[diskvalifi'tsi:rɛn]
engin (m)	Sportgerät (n)	['ʃportgɛrɛt]
lance (f)	Speer (m)	['ʃpe:ə]

poids (m)	**Kugel** (f)	['kʊːgɛʎ]
bille (f)	**Kugel** (f)	['kʊːgɛʎ]
but (m)	**Ziel** (n)	[ʦiːʎ]
cible (f)	**Zielscheibe** (f)	['ʦiːʎʃaɪbɛ]
tirer (vi, vt)	**schießen** (vi)	['ʃiːsɛn]
précis (un tir ~)	**genau**	[gɛ'nau]
entraîneur (m)	**Trainer** (m)	['trɛnə]
entraîner (vt)	**trainieren** (vt)	[trɛ'niːrɛn]
s'entraîner (vp)	**trainieren** (vi)	[trɛ'niːrɛn]
entraînement (m)	**Training** (n)	['trɛnin]
salle (f) de gym	**Turnhalle** (f)	['tʊrn'hale]
exercice (m)	**Übung** (f)	['juːbʊn]
échauffement (m)	**Aufwärmen** (n)	['aufvɛrmɛn]

L'éducation

142. L'éducation

école (f)	**Schule** (f)	[ˈʃuːlə]
directeur (m) d'école	**Schulleiter** (m)	[ˈʃuːʎʎaɪtə]
élève (m)	**Schüler** (m)	[ˈʃyːlə]
élève (f)	**Schülerin** (f)	[ˈʃyːlerin]
écolier (m)	**Schüler** (m)	[ˈʃyːlə]
écolière (f)	**Schülerin** (f)	[ˈʃyːlerin]
enseigner (vt)	**lehren** (vt)	[ˈleːrɛn]
apprendre (qch)	**lernen** (vt)	[ˈlernɛn]
apprendre par cœur	**auswendig lernen**	[ˈausvɛndiħ ˈlernɛn]
apprendre (à faire qch)	**lernen** (vi)	[ˈlernɛn]
être étudiant, -e	**in der Schule sein**	[in də ˈʃule zaɪn]
aller à l'école	**die Schule besuchen**	[di ˈʃuːle bɛˈzuːhɛn]
alphabet (m)	**Alphabet** (n)	[aʎfaˈbɛt]
matière (f)	**Fach** (n)	[fah]
classe (f)	**Klasse** (f)	[ˈklassɛ]
cours (m)	**Unterricht** (m)	[ˈuntɛriħt]
leçon (f)	**Stunde** (f)	[ˈʃtʊndɛ]
récréation (f)	**Pause** (f)	[ˈpauzɛ]
sonnerie (f)	**Schulglocke** (f)	[ˈʃuːʎgløke]
pupitre (m)	**Schulbank** (f)	[ˈʃuːʎbaŋk]
tableau (m)	**Tafel** (f)	[ˈtaːfɛʎ]
note (f)	**Note** (f)	[ˈnɔːtɛ]
bonne note (f)	**gute Note** (f)	[ˈgʊtɛ ˈnɔːtɛ]
mauvaise note (f)	**schlechte Note** (f)	[ˈʃlehtɛ ˈnɔːtɛ]
noter (donner une note)	**eine Note geben**	[ˈaɪnɛ ˈnɔːtɛ ˈgeːbɛn]
faute (f)	**Fehler** (m)	[ˈfɛːlə]
faire des fautes	**Fehler machen**	[ˈfeːlə ˈmahɛn]
corriger (vt)	**korrigieren** (vt)	[kɔriˈgiːrɛn]
antisèche (f)	**Spickzettel** (m)	[ʃpikˈtsɛtʎ]
devoir (m)	**Hausaufgabe** (f)	[ˈhausʰˈaufgaːbɛ]
exercice (m)	**Übung** (f)	[ˈjuːbʊn]
être présent	**anwesend sein**	[ˈanweːzɛnt zaɪn]
être absent	**fehlen** (vi)	[ˈfeːlen]
manquer (~ la classe)	**versäumen** (vt)	[fɛrˈzɔɪmɛn]
punir (vt)	**bestrafen** (vt)	[bɛʃˈtraːfɛn]
punition (f)	**Strafe** (f)	[ˈʃtraːfɛ]

conduite (f)	Benehmen (n)	[bɛ'nɛɪmɛn]
carnet (m) de notes	Zeugnis (n)	['ʦɔɪgnis]
crayon (m)	Bleistift (m)	['bʎaɪʃtift]
gomme (f)	Radiergummi (m)	[ra'di:r'gʊmi]
craie (f)	Kreide (f)	['kraɪdɛ]
plumier (m)	Federkasten (m)	['fe:dɛrkastɛn]

cartable (m)	Mappe (f)	['mappɛ]
stylo (m)	Kugelschreiber (m)	['kʊ:gɛʎ'raɪbə]
cahier (m)	Heft (n)	[hɛft]
manuel (m)	Lehrbuch (n)	['le:rbʊh]
compas (m)	Zirkel (m)	['ʦirkɛʎ]

dessiner (vi, vt)	zeichnen (vt)	['ʦaɪɦnɛn]
dessin (m) technique	Zeichnung (f)	['ʦaɪɦnʊn]

poésie (f)	Gedicht (n)	[gɛ'diɦt]
par cœur	auswendig	['ausvɛndiɦ]
apprendre par cœur	auswendig lernen	['ausvɛndiɦ 'lernɛn]

vacances (f pl)	Ferien (pl)	['fe:riɛn]
être en vacances	Ferien haben	['fɛriɛn 'habɛn]
passer les vacances	Ferien verbringen	['fe:riɛn fɛrb'riŋɛn]

composition (f)	Test (m), Prüfung (f)	[tɛst], ['pry:fʊn]
rédaction (f)	Aufsatz (m)	['aufzaʦ]
dictée (f)	Diktat (n)	[dik'ta:t]
examen (m)	Prüfung (f)	['pry:fʊn]
passer les examens	Prüfungen ablegen	['pry:fʊŋen 'aple:gɛn]
expérience (f)	Experiment (n)	[ɛkspɛri'mɛnt]

143. L'enseignement supérieur

académie (f)	Akademie (f)	[akadɛ'mi:]
université (f)	Universität (f)	[univɛrzi'tɛt]
faculté (f)	Fakultät (f)	[fakʊʎ'tɛt]

étudiant (m)	Student (m)	[ʃtʊ'dɛnt]
étudiante (f)	Studentin (f)	[ʃtʊ'dɛntin]
enseignant (m)	Lehrer (m)	['le:rə]
professeur (m)	Professor (m)	[prɔ'fɛssɔr]

salle (f)	Hörsaal (m)	[hør'za:ʎ]
diplômé (m)	Hochschulabsolvent (m)	['hɔhʃʊ:ʎ'apzɔʎ'vɛnt]
diplôme (m)	Diplom (n)	[dip'lɔ:m]
thèse (f)	Dissertation (f)	[disserta'ʦɪ'ɔn]

étude (f)	Forschung (f)	['fɔrʃʊn]
laboratoire (m)	Labor (n)	[la'bɔ:r]

cours (m)	Lektion (f)	[lek'ʦɪ'ɔn]
copain (m)	Kommilitone (m)	[kɔmmili'tɔ:nə]
bourse (f)	Stipendium (n)	[ʃti'pɛndium]
grade (m)	akademischer Grad (m)	[aka'dɛ:miʃə gra:t]

144 Les disciplines scientifiques

mathématiques (f pl)	**Mathematik** (f)	[matɛma'tiːk]
algèbre (f)	**Algebra** (f)	['algɛbra]
géométrie (f)	**Geometrie** (f)	[geɔmɛt'riː]
astronomie (f)	**Astronomie** (f)	[astronɔ'miː]
biologie (f)	**Biologie** (f)	[biolɔ'giː]
géographie (f)	**Erdkunde** (f)	['eːrtkʊndɛ]
géologie (f)	**Geologie** (f)	[geɔlɔ'giː]
histoire (f)	**Geschichte** (f)	[gɛ'ʃiħtɛ]
médecine (f)	**Medizin** (f)	[mɛdi'tsiːn]
pédagogie (f)	**Pädagogik** (f)	[pɛda'goːgik]
droit (m)	**Recht** (n)	[rɛħt]
physique (f)	**Physik** (f)	[fy'ziːk]
chimie (f)	**Chemie** (f)	[he'miː]
philosophie (f)	**Philosophie** (f)	[filozɔ'fiː]
psychologie (f)	**Psychologie** (f)	[psyholɔ'giː]

145 Le système d'écriture et l'orthographe

grammaire (f)	**Grammatik** (f)	[gra'matik]
lexique (m)	**Lexik** (f)	['leksik]
phonétique (f)	**Phonetik** (f)	[fɔ'nɛtik]
nom (m)	**Substantiv** (n)	['zupstantiːf]
adjectif (m)	**Adjektiv** (n)	['adʰektiːf]
verbe (m)	**Verb** (n)	[vɛrp]
adverbe (m)	**Adverb** (n)	[at'vɛrp]
pronom (m)	**Pronomen** (n)	[pro'noːmɛn]
interjection (f)	**Interjektion** (f)	[intɛrʰek'tsʲɔn]
préposition (f)	**Präposition** (f)	[prɛpozi'tsʲɔn]
racine (f)	**Wurzel** (f)	['vʊrtsɛʎ]
terminaison (f)	**Endung** (f)	['ɛndʊn]
préfixe (m)	**Vorsilbe** (f)	['foːrziʎbe]
syllabe (f)	**Silbe** (f)	['ziʎbɛ]
suffixe (m)	**Suffix** (n), **Nachsilbe** (f)	[zu'fiks], ['naːhziʎbɛ]
accent (m) tonique	**Betonung** (f)	[bɛ'toːnʊn]
apostrophe (m)	**Apostroph** (m)	[apɔst'roːf]
point (m)	**Punkt** (m)	[pʊŋkt]
virgule (f)	**Komma** (n)	['kɔːma]
point (m) virgule	**Semikolon** (n)	[zemi'koːlɔn]
deux-points (m)	**Doppelpunkt** (m)	['dɔppɛʎpʊŋkt]
points (m pl) de suspension	**Gedankenpunkte** (pl)	['gaŋɛnpʊŋktɛ]
signe (m) d'interrogation	**Fragezeichen** (n)	['fraːgɛtsaɪhen]
signe (m) d'exclamation	**Ausrufezeichen** (n)	['ausˈruːfɛˈtsaɪhen]

guillemets (m pl)	Anführungszeichen (pl)	['anfy:rʊŋs'tsaɪhɛn]
entre guillemets	in Anführungszeichen	[in 'anf:jurʊŋs'tsaɪhɛn]
parenthèses (f pl)	runde Klammern (f pl)	['rʊndɛ 'klamɛrn]
entre parenthèses	in Klammern	[in 'klamɛrn]

trait (m) d'union	Bindestrich (m)	['bindɛʃtriħ]
tiret (m)	Gedankenstrich (m)	[gɛda'aŋkɛnʃtriħ]
blanc (m)	Lücke (f)	['lykkɛ]
séparation (f)	Bindestrich (m)	['bindɛʃtriħ]

| lettre (f) | Buchstabe (m) | ['bʊhʃta:bɛ] |
| majuscule (f) | Großbuchstabe (m) | ['grosbʊhʃta:bɛ] |

| voyelle (f) | Vokal (m) | [vɔ'ka:ʎ] |
| consonne (f) | Konsonant (m) | [kɔnzɔ'nant] |

proposition (f)	Satz (m)	[za:ts]
sujet (m)	Subjekt (n)	[zubʰ'ekt]
prédicat (m)	Prädikat (n)	[prɛdi'ka:t]

ligne (f)	Zeile (f)	['tsaɪle]
à la ligne	in einer neuen Zeile	[in 'aɪnɛ 'nɔjɛ 'tsaɪlɛ]
paragraphe (m)	Absatz (m)	['apzats]

mot (m)	Wort (n)	[vɔrt]
groupe (m) de mots	Wortverbindung (f)	['vɔrtfɛr'bindʊn]
expression (f)	Redensart (f)	['rɛdɛnsʰart]
synonyme (m)	Synonym (n)	[zynɔ'ny:m]
antonyme (m)	Antonym (n)	[antɔ'nym]

règle (f)	Regel (f)	['re:gɛʎ]
exception (f)	Ausnahme (f)	['ausna:mɛ]
correct	richtig	['riħtiħ]

conjugaison (f)	Konjugation (f)	[kɔnʰjuga'tsɪon]
déclinaison (f)	Deklination (f)	[dɛklina'tsjɔ:n]
cas (m)	Kasus (m)	['ka:zus]
question (f)	Frage (f)	['fra:gɛ]
souligner (vt)	unterstreichen (vt)	[untɛrʃt'raɪhɛn]
pointillé (m)	punktierte Linie (f)	[pʊŋk'ti:rtɛ 'li:nie]

146. Les langues étrangères

langue (f)	Sprache (f)	['ʃprahɛ]
étrangère (langue ~)	Fremd-	[frɛmt]
étudier (vt)	studieren (vt)	[ʃtʊ'di:rɛn]
apprendre (qch)	lernen (vt)	['lernɛn]

lire (vi, vt)	lesen (vi, vt)	['le:zɛn]
parler (vi)	sprechen (vi, vt)	['ʃprɛhen]
comprendre (vt)	verstehen (vt)	[fɛrʃ'te:ɛn]
écrire (vt)	schreiben (vi, vt)	['ʃraɪbɛn]
vite	schnell	[ʃnɛʎ]
lentement	langsam	['laŋzam]

couramment	fließend	['flisɛnt]
règles (f pl)	Regeln (f pl)	['rɛːgɛʎn]
grammaire (f)	Grammatik (f)	[gra'matik]
loxique (m)	Lexik (f)	['leksik]
phonétique (f)	Phonetik (f)	[fɔ'nɛtik]

manuel (m)	Lehrbuch (n)	['leːrbʊh]
dictionnaire (m)	Wörterbuch (n)	['wørtɛrbʊh]
manuel (m) autodidacte	Selbstlernbuch (n)	['zɛʎpst'lernbʊh]
guide (m) de conversation	Sprachführer (m)	['ʃprahfyːrə]

cassette (f)	Kassette (f)	[kas'sɛttɛ]
cassette (f) vidéo	Videokassette (f)	['wiːdɛɔkas'sɛttɛ]
disque CD (m)	CD (f)	[tsɛ'dɛ]
DVD (m)	DVD (f)	[dɛ 'fau dɛ]

alphabet (m)	Alphabet (n)	[aʎfa'bɛt]
épeler (vt)	buchstabieren (vt)	[bʊhʃta'biːrɛn]
prononciation (f)	Aussprache (f)	['ausʃprahɛ]

accent (m)	Akzent (m)	[ak'tsɛnt]
avec un accent	mit Akzent	[mit ak'tsɛnt]
sans accent	ohne Akzent	['unɛ ak'tsɛnt]

| mot (m) | Wort (n) | [vɔrt] |
| sens (m) | Bedeutung (f) | [bɛ'dɔɪtʊn] |

cours (m pl)	Kurse (pl)	['kʊrzɛ]
s'inscrire (vp)	sich einschreiben	[ziɦ 'aɪnʃraɪbɛn]
professeur (m)	Lehrer (m)	['leːrə]

traduction (f) (action)	Übertragung (f)	[juːbert'ragʊn]
traduction (f) (texte)	Übersetzung (f)	[juːbɛr'zɛtsun]
traducteur (m)	Übersetzer (m)	[jubɛr'zɛtsə]
interprète (m)	Dolmetscher (m)	['dɔʎmɛtʃə]

| polyglotte (m) | Polyglott (m, f) | [pɔlyg'lɔːt] |
| mémoire (f) | Gedächtnis (n) | [gɛ'dɛɦtnis] |

147. Les personnages de contes de fées

Père Noël (m)	Weihnachtsmann (m)	['vaɪnahts'man]
Cendrillon (f)	Aschenputtel (n)	['aʃenpʊttɛʎ]
sirène (f)	Nixe (f)	['niksɛ]
Neptune	Neptun (m)	[nɛp'tʊn]

magicien (m)	Zauberer (m)	['tsaubɛrə]
fée (f)	Zauberin (f)	['tsaubɛrin]
magique	magisch, Zauber-	['magiʃ], ['tsaubɛr]
baguette (f) magique	Zauberstab (m)	['tsaubɛrʃtap]

conte (m)	Märchen (n)	['mɛrhen]
miracle (m)	Wunder (n)	['vʊndə]
gnome (m)	Zwerg (m)	[tsvɛrk]

se transformer en …	sich verwandeln in …	[ziɦ fɛr'vandɛʎn in]
revenant (m)	Geist (m)	[gaɪst]
fantôme (m)	Gespenst (n)	[gɛʃ'pɛnst]
monstre (m)	Ungeheuer (n)	[uɳɛ'hɔɪə]
dragon (m)	Drache (m)	['drahɛ]
géant (m)	Riese (m)	['riːzɛ]

148. Les signes du zodiaque

Bélier (m)	Widder (m)	['widdə]
Taureau (m)	Stier (m)	[ʃtiːə]
Gémeaux (m pl)	Zwillinge (pl)	['tswilinɛ]
Cancer (m)	Krebs (m)	[kreps]
Lion (m)	Löwe (m)	['løːvɛ]
Vierge (f)	Jungfrau (f)	['junfrau]

Balance (f)	Waage (f)	['vaːgɛ]
Scorpion (m)	Skorpion (m)	['skɔrpiɔn]
Sagittaire (m)	Schütze (m)	['ʃʏtsɛ]
Capricorne (m)	Steinbock (m)	['ʃtaɪnbɔk]
Verseau (m)	Wassermann (m)	['vassɛrman]
Poissons (m pl)	Fische (m pl)	['fiʃɛ]

caractère (m)	Charakter (m)	[ka'raktə]
traits (pl) du caractère	Charakterzüge (m pl)	[ka'raktɛrtsygɛ]
conduite (f)	Benehmen (n)	[bɛ'nɛɪmɛn]
dire la bonne aventure	wahrsagen (vt)	['vaːrzaːgɛn]
diseuse (f) de bonne aventure	Wahrsagerin (f)	['vaːrzgerin]
horoscope (m)	Horoskop (n)	[hɔrɔs'kɔp]

L'art

149. Le théâtre

théâtre (m)	Theater (n)	[tɛ'a:tə]
opéra (m)	Oper (f)	['ɔ:pə]
opérette (f)	Operette (f)	[ɔpɛ'rɛttɛ]
ballet (m)	Ballett (n)	[ba'let]
affiche (f)	Anschlag (m)	['anʃla:k]
troupe (f)	Truppe (f)	['trʊppɛ]
tournée (f)	Gastspiel (n)	['gastʃpi:ʎ]
être en tournée	auf Tournee sein	['auf tu:r'ne: zaın]
répéter (vt)	proben (vt)	['prɔ:bɛn]
répétition (f)	Probe (f)	['prɔ:bɛ]
répertoire (m)	Spielplan (m)	['ʃpi:ʎplan]
représentation (f)	Aufführung (f)	[auf'fyrʊŋ]
spectacle (m)	Vorstellung (f)	['fo:rʃ'tɛlun]
pièce (f)	Theaterstück (n)	[tɛ'atə ʃtyk]
billet (m)	Karte (f)	['kartɛ]
billetterie (f pl)	Kasse (f)	['kasɛ]
hall (m)	Empfangshalle (f)	[ɛmp'fans'hale]
vestiaire (m)	Garderobe (f)	[gardɛ'rɔ:bɛ]
jeton (m)	Garderobennummer (f)	[gardɛ'robɛ'ŋumə]
jumelles (f pl)	Opernglas (n)	['ɔ:pɛrŋla:s]
placeur (m)	Platzanweiser (m)	[pʎats an'vaɪzə]
parterre (m)	Parkett (n)	[par'kɛt]
balcon (m)	Balkon (m)	[baʎ'kɔ:n]
premier (m)	der erste Rang	[də 'e:rstɛ ran]
loge (f)	Loge (f)	['lo:ʒɛ]
rang (m)	Reihe (f)	['raje]
place (f)	Platz (m)	[plats]
public (m)	Publikum (n)	['pʊblikʊm]
spectateur (m)	Zuschauer (m)	['tsuʃauə]
applaudir (vi)	klatschen (vi)	['klatʃen]
applaudissements (m pl)	Applaus (m)	[ap'laus]
ovation (f)	Ovation (f)	[ova'tsʲɔn]
scène (f)	Bühne (f)	['by:nɛ]
rideau (m)	Vorhang (m)	['forhan]
décor (m)	Dekoration (f)	[dɛkora'tsʲɔn]
coulisses (f pl)	Kulissen (f pl)	[kʊ'lisɛn]
scène (f)	Szene (f)	['stsɛnɛ]
acte (m)	Akt (m)	[akt]
entracte (m)	Pause (f)	['pauzɛ]

150. Le cinéma

acteur (m)	Schauspieler (m)	['ʃauʃpi:lə]
actrice (f)	Schauspielerin (f)	['ʃauʃpi:lerin]
cinéma (m)	Kino (n)	['ki:nɔ]
film (m)	Film (m)	[fiʌm]
épisode (m)	Folge (f)	['foʌgɛ]
film (m) policier	Krimi (m)	['kri:mi]
film (m) d'action	Actionfilm (m)	['ɛkʃɛn'fiʌm]
film (m) d'aventures	Abenteuerfilm (m)	['abɛntɔjer'fiʌm]
film (m) de science-fiction	Science-Fiction-Film (m)	['saɪns 'fikʃn 'fiʌm]
film (m) d'horreur	Horrorfilm (m)	['hɔrɔr'fiʌm]
comédie (f)	Komödie (f)	[kɔ'mø:die]
mélodrame (m)	Melodram (n)	[mɛlɔd'ram]
drame (m)	Drama (n)	['dra:ma]
film (m)	Spielfilm (m)	['ʃpi:ʌfiʌm]
documentaire (m)	Dokumentarfilm (m)	[dɔkʊmɛn'ta:rfiʌm]
dessin (m) animé	Zeichentrickfilm (m)	['ʦaɪhɛntrik'fiʌm]
cinéma (m) muet	Stummfilm (m)	['ʃtʊmfiʌm]
rôle (m)	Rolle (f)	['rɔle]
rôle (m) principal	Hauptrolle (f)	['hauptrɔle]
jouer (vt)	spielen (vi)	['ʃpi:len]
vedette (f)	Filmstar (m)	['fiʌms'tar]
connu	bekannt	[be'kant]
célèbre	berühmt	[bɛ'rymt]
populaire	populär	[pɔpʊ'lɛr]
scénario (m)	Drehbuch (n)	['dre:ɛbʊh]
scénariste (m)	Drehbuchautor (m)	['dre:ɛbʊhʰautɔr]
metteur (m) en scène	Regisseur (m)	[rɛʒis'sø:r]
producteur (m)	Produzent (m)	[prɔdu'ʦɛnt]
assistant (m)	Assistent (m)	[asis'tɛnt]
opérateur (m)	Kameramann (m)	['kamɛraman]
cascadeur (m)	Stuntman (m)	['stantmɛn]
tourner un film	einen Film drehen	['aɪnɛn fiʌm 'dre:ɛn]
essais (m pl)	Probe (f)	['prɔ:bɛ]
tournage (m)	Dreharbeiten (f pl)	['drɛ:arbaɪtɛn]
équipe (f) de tournage	Filmteam (n)	['filmti:m]
plateau (m) de tournage	Filmset (n)	['filmzɛt]
caméra (f)	Filmkamera (f)	['fiʌm'ka:mɛra]
cinéma (m)	Kino (n)	['ki:nɔ]
écran (m)	Leinwand (f)	['laɪnvant]
donner un film	einen Film zeigen	['aɪnɛn fiʌm 'ʦaɪgɛn]
piste (f) sonore	Tonspur (f)	['tɔ:nʃpʊr]
effets (m pl) spéciaux	Spezialeffekte (m pl)	[ʃpɛtsi'a:ʌɛ'fɛktɛ]
sous-titres (m pl)	Untertitel (m pl)	['untɛrti:tɛʌ]

| générique (m) | Aufschrift (f) | ['aufʃrift] |
| traduction (f) | Übersetzung (f) | [ju:bɛr'zɛtsun] |

151. La peinture

art (m)	Kunst (f)	[kʊnst]
beaux-arts (m pl)	schönen Künste (f)	[di 'ʃɔnɛn 'kynstɛn]
galerie (f)	Galerie (f)	[gale'ri:]
exposition (f)	Bilderausstellung (f)	['biʌdɛrʰ'ausʃtɛlun]

peinture (f)	Malerei (f)	[male'raɪ]
graphique (f)	Graphik (f)	['gra:fik]
art (m) abstrait	abstrakte Kunst (f)	[apst'raktɛ kʊnst]
impressionnisme (m)	Impressionismus (m)	[imprɛssjɔ'nismʊs]

tableau (m)	Bild (n)	[biʌt]
dessin (m)	Zeichnung (f)	['tsaɪhnʊn]
affiche (f), poster (m)	Plakat (n)	[pla'ka:t]

illustration (f)	Illustration (f)	[ilystra'tsjɔn]
miniature (f)	Miniatur (f)	[minia'tu:r]
copie (f)	Kopie (f)	[kɔ'pi:]
reproduction (f)	Reproduktion (f)	[rɛprodʊk'tsjɔn]

mosaïque (f)	Mosaik (n)	[mɔza'ik]
vitrail (m)	Buntglasfenster (n)	['bʊntglasfɛnstə]
fresque (f)	Freske (f)	['frɛskɛ]
gravure (f)	Gravüre (f)	[gra'wyrɛ]

buste (m)	Büste (f)	['bystɛ]
sculpture (f)	Skulptur (f)	[skʊʌp'tu:r]
statue (f)	Statue (f)	['ʃta:tuɛ]
plâtre (m)	Gips (m)	[gips]
en plâtre	aus Gips	['aus 'gips]

portrait (m)	Porträt (n)	[pɔrt'rɛ:]
autoportrait (m)	Selbstporträt (n)	['zelbst pɔrt'rɛ:]
paysage (m)	Landschaftsbild (n)	['lantʃafts'biʌt]
nature (f) morte	Stillleben (n)	['ʃtiʌe:bɛn]
caricature (f)	Karikatur (f)	[karika'tu:r]
croquis (m)	Entwurf (m)	[ɛnt'vʊrf]

peinture (f)	Farbe (f)	['farbɛ]
aquarelle (f)	Aquarellfarbe (f)	[akva'rɛʌ'farbɛ]
huile (f)	Öl (n)	[ø:ʌ]
crayon (m)	Bleistift (m)	['bʌaɪʃtift]
encre (f) de Chine	Tusche (f)	['tʊʃɛ]
fusain (m)	Kohle (f)	['kɔ:le]

| dessiner (vi, vt) | zeichnen (vt) | ['tsaɪhnɛn] |
| peindre (vi, vt) | malen (vi, vt) | ['ma:len] |

| poser (vi) | Modell stehen | [mɔ'dɛʌ 'ʃte:ɛn] |
| modèle (m) | Modell (n) | [mɔ'dɛʌ] |

modèle (f)	**Modell** (n)	[mo'dɛʎ]
peintre (m)	**Maler** (m)	['maːlə]
œuvre (f)	**Werk** (n)	[vɛrk]
chef (m) d'œuvre	**Meisterwerk** (n)	['maɪstɛrvɛrk]
atelier (m)	**Atelier** (n)	[atɛ'ʎˈə]
toile (f)	**Leinwand** (f)	['laɪnvant]
chevalet (m)	**Staffelei** (f)	[ʃtaffɛ'ʎaɪ]
palette (f)	**Palette** (f)	[pa'lettɛ]
cadre (m)	**Rahmen** (m)	['raːmɛn]
restauration (f)	**Restauration** (f)	[rɛstaura'tsˈon]
restaurer (vt)	**restaurieren** (vt)	[rɛstau'riːrɛn]

152. La littérature et la poésie

littérature (f)	**Literatur** (f)	[litɛra'tuːr]
auteur (m)	**Autor** (m)	['autor]
pseudonyme (m)	**Pseudonym** (n)	[psɔɪdo'nym]
livre (m)	**Buch** (n)	[buh]
volume (m)	**Band** (m)	[bant]
table (f) de matières	**Inhaltsverzeichnis** (n)	['inhaʎtfɛr'tsaɪhnis]
page (f)	**Seite** (f)	['zaɪtɛ]
protagoniste (m)	**Hauptperson** (f)	[h͵auptpɛr'zɔːn]
autographe (m)	**Autogramm** (n)	[autog'ram]
récit (m)	**Kurzgeschichte** (f)	[kuːtsgɛ'ʃihtɛ]
nouvelle (f)	**Erzählung** (f)	[ɛr'tsɛlun]
roman (m)	**Roman** (m)	[ro'man]
œuvre (f)	**Werk** (n)	[vɛrk]
fable (f)	**Fabel** (f)	['faːbɛʎ]
roman (m) policier	**Krimi** (m)	['kriːmi]
vers (m)	**Gedicht** (n)	[gɛ'diht]
poésie (f)	**Dichtung** (f)	['dihtun]
poème (m)	**Gedicht** (n)	[gɛ'diht]
poète (m)	**Dichter** (m)	['dihtə]
belles-lettres (f pl)	**schöne Literatur** (f)	['ʃone litɛra'tuːr]
science-fiction (f)	**Sciencefiction** (f)	['saɪns 'fikʃn]
aventures (f pl)	**Abenteuer** (n)	['abɛntoɪə]
littérature (f) didactique	**Lernmittel** (pl)	['lern'mitɛʎ]
littérature (f) pour enfants	**Kinderliteratur** (f)	['kindɛrlitɛratuːr]

153. Le cirque

cirque (m)	**Zirkus** (m)	['tsirkus]
chapiteau (m)	**Wanderzirkus** (m)	['vandɛr'tsirkus]
programme (m)	**Programm** (n)	[prog'ram]
représentation (f)	**Vorstellung** (f)	['foːrʃ'tɛlun]
numéro (m)	**Nummer** (f)	['numə]

arène (f)	Manege (f)	[maˈnɛʒɛ]
pantomime (f)	Pantomime (f)	[pantoˈmimɛ]
clown (m)	Clown (m)	[ˈklaun]

acrobate (m)	Akrobat (m)	[akrɔˈbaːt]
acrobatie (f)	Akrobatik (f)	[akrɔbaˈtiːk]
gymnaste (m)	Turner (m)	[ˈtʊrnə]
gymnastique (f)	Turnen (n)	[ˈtʊrnɛn]
salto (m)	Salto (m)	[ˈzaʌtɔ]

athlète (m)	Athlet (m)	[atˈleːt]
dompteur (m)	Bändiger (m)	[ˈbɛndigə]
écuyer (m)	Reiter (m)	[ˈraɪtə]
assistant (m)	Assistent (m)	[asisˈtɛnt]

truc (m)	Trick (m)	[trik]
tour (m) de passe-passe	Zaubertrick (m)	[tsaubɛtˈrik]
magicien (m)	Zauberkünstler (m)	[ˈtsaubɛrˈkynstlə]

jongleur (m)	Jongleur (m)	[ʒɔŋˈløːr]
jongler (vi)	jonglieren (vi)	[ʒɔŋˈliːrɛn]
dresseur (m)	Dompteur (m)	[dɔmpˈtør]
dressage (m)	Dressur (f)	[drɛsˈsuːr]
dresser (vt)	dressieren (vt)	[drɛsˈsiːrɛn]

154. La musique

musique (f)	Musik (f)	[mʊˈziːk]
musicien (m)	Musiker (m)	[ˈmʊːzikə]
instrument (m) de musique	Musikinstrument (n)	[mʊˈzikʰinstrʊˈmɛnt]
jouer de ...	... spielen (vt)	[ˈʃpiːlen]

guitare (f)	Gitarre (f)	[giˈtarɛ]
violon (m)	Geige (f)	[ˈgaɪgɛ]
violoncelle (m)	Cello (n)	[ˈtʃɛlɔ]
contrebasse (f)	Kontrabaß (m)	[ˈkɔntrabas]
harpe (f)	Harfe (f)	[ˈharfɛ]

piano (m)	Klavier (n)	[klaˈwiːə]
piano (m) à queue	Flügel (m)	[ˈflyːgɛʎ]
orgue (m)	Orgel (f)	[ˈɔrgɛʎ]

instruments (m pl) à vent	Blasinstrumente (n pl)	[ˈblasʰinstrʊmɛntɛ]
hautbois (m)	Oboe (f)	[ɔˈboːe]
saxophone (m)	Saxophon (n)	[zaksɔˈfɔːn]
clarinette (f)	Klarinette (f)	[klariˈnɛtɛ]
flûte (f)	Flöte (f)	[ˈfløːtɛ]
trompette (f)	Rohr (n)	[rɔːr]

| accordéon (m) | Akkordeon (n) | [akˈkɔrdɛɔn] |
| tambour (m) | Trommel (f) | [ˈtrɔmɛʎ] |

| duo (m) | Duo (n) | [ˈduːɔ] |
| trio (m) | Trio (n) | [ˈtriːɔ] |

quartet (m)	**Quartett** (n)	[kvar'tɛt]
chœur (m)	**Chor** (m)	[kɔr]
orchestre (m)	**Orchester** (n)	[ɔr'kestə]
musique (f) pop	**Popmusik** (f)	[pɔp'muːzik]
musique (f) rock	**Rockmusik** (f)	['rɔkmuzi:k]
groupe (m) de rock	**Rockgruppe** (f)	['rɔkg'ruppɛ]
jazz (m)	**Jazz** (m)	[dʒɛz]
idole (m)	**Idol** (n)	[i'doːʎ]
admirateur (m)	**Verehrer** (m)	[fɛrʰ'eːrə]
concert (m)	**Konzert** (n)	[kɔn'tsɛrt]
symphonie (f)	**Sinfonie** (f)	[zinfo'ni:]
œuvre (f)	**Werk** (n)	[vɛrk]
composer (vt)	**schreiben** (vt)	['ʃraibɛn]
chant (m)	**Gesang** (m)	['gan]
chanson (f)	**Lied** (n)	[li:t]
mélodie (f)	**Melodie** (f)	[mɛlo'di:]
rythme (m)	**Rhythmus** (m)	['rytmus]
blues (m)	**Blues** (m)	[bly:z]
notes (f pl)	**Noten** (pl)	['no:tɛn]
baguette (f)	**Taktstock** (m)	['taktʃtɔk]
archet (m)	**Bogen** (m)	['bo:gɛn]
corde (f)	**Saite** (f)	['zaitɛ]
étui (m)	**Koffer** (m)	['kɔffə]

Les loisirs. Les voyages

155. Les voyages. Les excursions

tourisme (m)	Tourismus (m)	[tʊˈrɪsmʊs]
touriste (m)	Tourist (m)	[tʊˈrɪst]
voyage (m) (à l'étranger)	Reise (f)	[ˈraɪzɛ]
aventure (f)	Abenteuer (n)	[ˈabɛntɔɪə]
voyage (m)	Reise (f)	[ˈraɪzɛ]
vacances (f pl)	Urlaub (m)	[ˈurlaup]
être en vacances	auf Urlaub sein	[aʊf ˈuːrlaup zaɪn]
repos (m, jours de ~)	Erholung (f)	[ɛrˈhoːlun]
train (m)	Zug (m)	[tsuk]
en train	mit dem Zug	[mit dɛm tsuk]
avion (m)	Flugzeug (n)	[ˈflyktsɔɪk]
en avion	mit dem Flugzeug	[mit dɛm ˈflyktsɔɪk]
en voiture	mit dem Auto	[mit dɛm ˈautɔ]
en bateau	mit dem Schiff	[mit dɛm ʃif]
bagage (m)	Gepäck (n)	[gɛˈpɛk]
malle (f)	Koffer (m)	[ˈkɔffə]
chariot (m)	Gepäckwagen (m)	[gɛˈpɛkˈvaːgɛn]
passeport (m)	Paß (m)	[pas]
visa (m)	Visum (n)	[ˈwiːzum]
ticket (m)	Fahrkarte (f)	[ˈfaːrkartɛ]
billet (m) d'avion	Flugticket (n)	[ˈflyktikkɛt]
guide (m)	Reisehandbuch (n)	[ˈraɪzɛ ˈhantbʊh]
carte (f)	Landkarte (f)	[ˈlantkartɛ]
lieu (m)	Gegend (f)	[ˈgɛgɛnt]
endroit (m)	Platz (m)	[plats]
exotisme (m)	Exotik (f)	[ɛkˈzɔːtik]
exotique	exotisch	[ɛkˈzɔːtiʃ]
étonnant	erstaunlich	[ɛrʃˈtaunliɦ]
groupe (m)	Gruppe (f)	[ˈgrʊppɛ]
excursion (f)	Ausflug (m)	[ˈausfluk]
guide (m)	Reiseleiter (m)	[ˈraɪzeʎaɪtə]

156. L'hôtel

hôtel (m), auberge (f)	Hotel (n)	[hɔˈtɛʎ]
motel (m)	Motel (n)	[mɔˈtɛʎ]
3 étoiles	drei Sterne	[ˈdraɪ ˈʃtɛrnɛ]

5 étoiles	**fünf Sterne**	['fynf 'ʃtɛrnɛ]
descendre (à l'hôtel)	**absteigen** (vi)	['apʃtaɪgɛn]
chambre (f)	**Hotelzimmer** (n)	[hɔ'tɛʎ'tsimə]
chambre (f) simple	**Einzelzimmer** (n)	['aɪntsɛʎ'tsimə]
chambre (f) double	**Zweibettzimmer** (n)	['tsvaɪbɛtsimə]
réserver une chambre	**reservieren** (vt)	[rɛzɛr'wiːrɛn]
demi-pension (f)	**Halbpension** (f)	['haʎppan'ziɔn]
pension (f) complète	**Vollpension** (f)	['fɔʎpan'ziɔn]
avec une salle de bain	**mit Bad**	[mit 'baːd]
avec une douche	**mit Dusche**	[mit 'duʃɛ]
télévision (f) par satellite	**Satellitenfernsehen** (n)	[zatɛ'litɛn'fɛrn'zeːɛn]
air (m) conditionné	**Klimaanlage** (f)	['klimaanlaːgɛ]
serviette (f)	**Handtuch** (n)	['hanttʊh]
clé (f), clef (f)	**Schlüssel** (m)	['ʃlyssɛʎ]
administrateur (m)	**Verwalter** (m)	[fɛr'vaʎtə]
femme (f) de chambre	**Zimmermädchen** (n)	['tsimɛr'mɛthen]
porteur (m)	**Träger** (m)	['trɛgə]
portier (m)	**Portier** (m)	[pɔr'tiəː]
restaurant (m)	**Restaurant** (n)	[rɛstɔ'ran]
bar (m)	**Bar** (f)	[baːr]
café (m)	**Café** (n)	[ka'fɛ]
petit déjeuner (m)	**Frühstück** (n)	['fryːʃtyk]
dîner (m)	**Abendessen** (n)	['aːbɛnt'ɛssɛn]
buffet (m)	**Buffet** (n)	[byf'fɛt]
hall (m)	**Foyer** (n)	[fɔ'ə]
ascenseur (m)	**Aufzug** (m), **Fahrstuhl** (m)	['auftsuk], ['faːrʃtuːʎ]
PRIÈRE DE NE PAS DÉRANGER	**BITTE NICHT STÖREN!**	['bittɛ niht 'ʃtøːrɛn]
DÉFENSE DE FUMER	**RAUCHEN VERBOTEN!**	['rauhɛn fɛr'bɔːtɛn]

157. Le livre. La lecture

livre (m)	**Buch** (n)	[bʊh]
auteur (m)	**Autor** (m)	['autɔr]
écrivain (m)	**Schriftsteller** (m)	['ʃriftʃtɛlə]
écrire (vt)	**schreiben** (vt)	['ʃraɪbɛn]
lecteur (m)	**Leser** (m)	['leːzə]
lire (vi, vt)	**lesen** (vi, vt)	['leːzɛn]
lecture (f)	**Lesen** (n)	['leːzɛn]
à part soi	**still**	[ʃtiʎ]
à haute voix	**laut**	['laut]
éditer (vt)	**verlegen** (vt)	[fɛr'leːgɛn]
édition (f)	**Ausgabe** (f)	['ausgaːbɛ]
éditeur (m)	**Herausgeber** (m)	[hɛ'rausgeːbə]

maison (f) d'édition	**Verlag** (m)	[fɛr'la:k]
paraître (livre)	**erscheinen** (vi)	[ɛr'ʃaɪnɛn]
parution (f)	**Erscheinen** (n)	[ɛr'ʃaɪnɛn]
tirage (m)	**Auflago** (f)	['aufla.ɡɛ]

librairie (f)	**Buchhandlung** (f)	['buhandlun]
bibliothèque (f)	**Bibliothek** (f)	[biblio'te:k]

nouvelle (f)	**Erzählung** (f)	[ɛr'tsɛlun]
récit (m)	**Kurzgeschichte** (f)	[ku:tsgɛ'ʃiɦtɛ]
roman (m)	**Roman** (m)	[rɔ'man]
roman (m) policier	**Krimi** (m)	['kri:mi]

mémoires (m pl)	**Memoiren** (f pl)	[mɛmʊ'a:rɛn]
légende (f)	**Legende** (f)	[le'gendɛ]
mythe (m)	**Mythos** (m)	['my:tɔs]

vers (m pl)	**Gedichte** (n pl)	[gɛ'dihtɛ]
autobiographie (f)	**Autobiographie** (f)	[aʊtobiogra'fi:]
les œuvres choisies	**ausgewählte Werke** (pl)	['ausgɛvɛ:ʎtɛ 'vɛrkɛ]
science-fiction (f)	**Sciencefiction** (f)	['saɪns 'fikʃn]

titre (m)	**Titel** (m)	['ti:tɛʎ]
introduction (f)	**Einleitung** (f)	['aɪn'ʎaɪtʊn]
page (f) de titre	**Titelseite** (f)	['ti:tɛʎzaɪtɛ]

chapitre (m)	**Kapitel** (n)	[ka'pi:tɛʎ]
extrait (m)	**Auszug** (m)	['austsuk]
épisode (f)	**Episode** (f)	[ɛpi'zɔ:dɛ]

sujet (m)	**Sujet** (n)	[sy'ʒɛ]
table (f) des matières	**Inhalt** (m)	['inhaʎt]
sommaire (m)	**Inhaltsverzeichnis** (n)	['inhaʎtfɛr'tsaiɦnis]
protagoniste (m)	**Hauptperson** (f)	[h‚aʊptpɛr'zɔ:n]

volume (m)	**Band** (m)	[bant]
couverture (f)	**Buchdecke** (f)	['bu:hdɛkɛ]
reliure (f)	**Einband** (m)	['aɪnbant]
marque-page (m)	**Lesezeichen** (n)	['le:zɛ'tsaɪhen]

page (f)	**Seite** (f)	['zaɪtɛ]
feuilleter (vt)	**blättern** (vi)	['blɛttɛrn]
marge (f)	**Ränder** (m pl)	['rɛndə]
note (f)	**Notiz** (f)	[nɔ'ti:ts]
annotation (f)	**Anmerkung** (f)	['anmɛrkʊn]

texte (m)	**Text** (m)	[tɛkst]
police (f)	**Schrift** (f)	[ʃrift]
faute (f) d'impression	**Druckfehler** (m)	['drʊkfe:lə]

traduction (f)	**Übersetzung** (f)	[ju:bɛr'zɛtsun]
traduire (vt)	**übersetzen** (vt)	[ju:bɛr'zɛtsɛn]
original (m)	**Original** (n)	[ɔrigi'na:ʎ]

célèbre	**berühmt**	[bɛ'rymt]
inconnu	**unbekannt**	['unbɛkant]

| intéressant | **interessant** | [intɛrɛs'sant] |
| best-seller (m) | **Bestseller** (m) | [bɛs'tsɛlə] |

dictionnaire (m)	**Wörterbuch** (n)	['wørtɛrbʊh]
manuel (m)	**Lehrbuch** (n)	['le:rbʊh]
encyclopédie (f)	**Enzyklopädie** (f)	[ɛntsyklɔpɛ'di:]

158. La chasse. La pêche

chasse (f)	**Jagd** (f)	[jakd]
chasser (vi, vt)	**jagen** (vi)	['jagɛn]
chasseur (m)	**Jäger** (m)	['e:gə]

tirer (vi, vt)	**schießen** (vi)	['ʃi:sɛn]
fusil (m)	**Gewehr** (n)	[gɛ'vɛr]
cartouche (f)	**Patrone** (f)	[pat'ro:nɛ]
plomb (m)	**Schrot** (n)	[ʃro:t]

piège (m) à mâchoires	**Falle** (f)	['fale]
piège (m)	**Schlinge** (f)	['ʃliŋɛ]
être pris dans un piège	**in die Falle gehen**	[in di 'fale 'ge:ɛn]
mettre un piège à mâchoires	**eine Falle stellen**	['aɪnɛ 'fale 'ʃtɛlen]

braconnier (m)	**Wilddieb** (m)	['wiʎt'dip]
gibier (m)	**Wild** (n)	[wiʎt]
chien (m) de chasse	**Jagdhund** (m)	['jakthʊnt]
safari (m)	**Safari** (f)	[za'fa:ri]
animal (m) empaillé	**ausgestopftes Tier** (n)	[aʊsgeʃ'tɔpftɛs 'tiə]

pêcheur (m)	**Fischer** (m)	['fiʃə]
pêche (f)	**Angeln** (n)	['aŋɛʎn]
pêcher (vt)	**angeln** (vt)	['aŋɛʎn]

canne (f)	**Angel** (f)	['aŋɛʎ]
fil (m)	**Angelschnur** (f)	['aŋɛʎʃnʊr]
hameçon (m)	**Haken** (m)	['ha:kɛn]
flotteur (m)	**Schwimmer** (m)	['ʃwimə]
amorce (f)	**Köder** (m)	['kø:də]

lancer la ligne	**die Angel auswerfen**	[di 'aŋɛʎ 'aʊsvɛrfɛn]
mordre (vt)	**anbeißen** (vi)	['anbaɪsɛn]
pêche (f, poissons)	**Fang** (m)	[faŋk]
trouée (f)	**Eisloch** (n)	['aɪslɔh]

filet (m)	**Netz** (n)	[nɛts]
barque (f)	**Boot** (n)	['bo:t]
pêcher au filet	**mit dem Netz fangen**	[mit dɛm 'nɛts 'faŋɛn]
jeter un filet	**das Netz hineinwerfen**	[das nɛts hi'naɪnvɛrfɛn]
retirer le filet	**das Netz einholen**	[das nɛts 'aɪnho:lɛn]
tomber dans le filet	**ins Netz gehen**	[ins nɛts 'ge:ɛn]

baleinier (m)	**Walfänger** (m)	['vaʎ'fɛŋə]
baleinière (f)	**Walfangschiff** (n)	['vaʎfaŋʃif]
harpon (m)	**Harpune** (f)	[har'pʊnɛ]

159. Les jeux. Le billard

billard (m)	Billard (n)	[bɪˈʎjaɪt]
salle (f) de billard	Billardzimmer (n)	[bɪˈʎjarˈtsimə]
bille (f)	Billardkugel (f)	[bɪˈʎjartˈkuːgɛʎ]
empocher une bille	die Kugel einlochen	[di ˈkuːgɛʎ ˈaɪnlɔhɛn]
queue (f)	Queue (n)	[ˈkø]
poche (f)	Tasche (f)	[ˈtaʃɛ]

160. Les jeux de cartes

carreau (m)	Karo (n)	[ˈkaːrɔ]
pique (m)	Pik (n)	[pik]
cœur (m)	Herz (n)	[hɛrts]
trèfle (m)	Kreuz (n)	[ˈkrɔɪts]
as (m)	As (n)	[as]
roi (m)	König (m)	[ˈkøːnih]
dame (f)	Dame (f)	[ˈdaːmɛ]
valet (m)	Bube (m)	[ˈbuːbɛ]
carte (f)	Spielkarte (f)	[ˈʃpiːʎkartɛ]
jeu (m) de cartes	Karten (f pl)	[ˈkartɛn]
atout (m)	Trumpf (m)	[trumpf]
paquet (m) de cartes	Kartenspiel (n)	[ˈkartɛnʃtaːpɛʎ]
point (m)	Punkt (m)	[puŋkt]
distribuer (les cartes)	ausgeben (vt)	[ˈausgeːbɛn]
battre les cartes	mischen (vt)	[ˈmiʃɛn]
tour (m) de jouer	Zug (m)	[tsuk]
tricheur (m)	Falschspieler (m)	[ˈfaʎʃpiːlə]

161. Le casino. La roulette

casino (m)	Kasino (n)	[kaˈziːnɔ]
roulette (f)	Roulette (n)	[ruˈlet]
mise (f)	Einsatz (m)	[ˈaɪnzats]
miser (vt)	setzen (vt)	[ˈzɛtsɛn]
rouge (m)	Rot (n)	[roːt]
noir (m)	Schwarze (n)	[ˈʃvartsɛ]
miser sur le rouge	auf Rot setzen	[auf rot ˈzɛtsɛn]
miser sur le noir	auf Schwarz setzen	[auf ʃvarts ˈzɛtsɛn]
croupier (m)	Croupier (m)	[kruˈpə]
faire tourner la roue	das Rad drehen	[das raːt ˈdreːɛn]
règles (f pl) du jeu	Spielregeln (f pl)	[ˈʃpiːʎrɛːgɛʎn]
fiche (f)	Spielmarke (f)	[ˈʃpiːʎmarkɛ]
gagner (vi, vt)	gewinnen (vt)	[gɛˈwinɛn]
gain (m)	Gewinn (m)	[gɛˈwin]

| perdre (vi, vt) | verlieren (vt) | [fɛr'li:rɛn] |
| perte (f) | Verlust (m) | [fɛr'lust] |

joueur (m)	Spieler (m)	['ʃpi:lə]
black-jack (m)	Blackjack (n)	['blɛkdʒɛk]
jeu (m) de dés	Würfelspiel (n)	['wyrfɛlʃpi:ʎ]
dés (m pl)	Würfeln (m pl)	['wyrfɛʎn]
machine (f) à sous	Spielautomat (m)	['ʃpi:ʎˈautɔma:t]

162. Les loisirs. Les jeux

se promener (vp)	spazieren gehen (vi)	[ʃpa'tsi:rɛn 'ge:ɛn]
promenade (f)	Spaziergang (m)	[ʃpa'tsi:rgan]
promenade (f, en voiture)	Reise (f)	['raɪzɛ]
aventure (f)	Abenteuer (n)	['abɛntɔɪə]
pique-nique (m)	Picknick (n)	['piknik]

jeu (m)	Spiel (n)	[ʃpi:ʎ]
joueur (m)	Spieler (m)	['ʃpi:lə]
partie (f)	Partie (f)	[par'ti:]

collectionneur (m)	Sammler (m)	['zamlə]
collectionner	sammeln (vt)	['zamɛʎn]
collection (f)	Sammlung (f)	['zamlun]

mots (m pl) croisés	Kreuzworträtsel (n)	['krɔɪtsvɔrtrɛtzɛʎ]
dominos (m pl)	Domino (n)	[dɔmi'nɔ:]
hippodrome (m)	Rennbahn (f)	['rɛnba:n]
discothèque (f)	Diskothek (f)	[diskɔ'te:k]

| sauna (m) | Sauna (f) | ['zauna] |
| loterie (f) | Lotterie (f) | [lɔttɛ'ri:] |

trekking (m)	Wanderung (f)	['vandɛrun]
camp (m)	Lager (n)	['la:gə]
tente (f)	Zelt (n)	[tsɛʎt]
boussole (f)	Kompaß (m)	['kɔmpas]
campeur (m)	Tourist (m)	[tʊ'rist]

regarder (vt)	fernsehen (vi)	['fɛnze:n]
téléspectateur (m)	Fernsehzuschauer (m)	['fɛrnze:ɛ'tsuʃauə]
émission (f) de télé	Fernsehsendung (f)	['fɛrnzze:ɛ'zɛndun]

163. La photographie

| appareil (m) photo | Kamera (f) | ['ka:mɛra] |
| photo (f) | Foto (n) | ['fɔ:tɔ] |

photographe (m)	Fotograf (m)	[fɔtɔg'ra:f]
studio (m) de photo	Fotostudio (n)	['fɔtɔʃ'tʊ:diɔ]
album (m) de photos	Fotoalbum (n)	['fɔ:tɔ'aʎbʊm]
objectif (m)	Objektiv (n)	[ɔbʰek'ti:f]

téléobjectif (m)	Teleobjektiv (n)	[teleɔbʰek'tiːf]
filtre (m)	Filter (n)	['fiʌtə]
lentille (f)	Linse (f)	['linzɛ]

optique (f)	Optik (f)	['ɔptik]
diaphragme (m)	Blende (f)	['blendɛ]
temps (m) de pose	Belichtungszeit (f)	[bɛ'liħtʊns'tsait]
viseur (m)	Sucher (m)	['zuːhə]

appareil (m) photo numérique	Digitalkamera (f)	[digi'taʌ'kaːmɛra]
trépied (m)	Stativ (n)	[ʃta'tiːf]
flash (m)	Blitzgerät (n)	['blitsgerɛt]

photographier (vt)	fotografieren (vt)	[fotogra'fiːrɛn]
prendre en photo	aufnehmen (vt)	['aufnɛimɛn]
se faire photographier	sich fotografieren laßen	[ziħ fotogra'fiːrɛn 'lasɛn]

mise (f) au point	Schärfe (f)	['ʃɛrfə]
mettre au point	den Fokus einstellen	[dɛn 'foːkʊs 'ainʃtɛlen]
net	scharf	[ʃarf]
netteté (f)	Schärfe (f)	['ʃɛrfə]

contraste (m)	Kontrast (m)	[kɔnt'rast]
contrasté	kontrastierend	[kɔnras'tiːrɛn]

épreuve (f)	Aufnahme (f)	['aufnaːmɛ]
négatif (m)	Negativ (n)	[nɛga'tiːf]
pellicule (f)	Film (m)	[fiʌm]
image (f)	Bild (n)	[biʌt]
tirer (des photos)	drucken (vt)	[druːkn]

164. La plage. La baignade

plage (f)	Strand (m)	[ʃtrant]
sable (m)	Sand (m)	[zant]
désert	menschenleer	['mɛnʃɛn'leːə]

bronzage (m)	Bräune (f)	['brɔinɛ]
se bronzer (vp)	sich bräunen	[ziħ 'brɔinɛn]
bronzé	gebräunt	[gɛb'rɔint]
crème (f) solaire	Sonnencreme (f)	['zoːnɛŋkreːm]

bikini (m)	Bikini (m)	[bi'kiːni]
maillot (m) de bain	Badeanzug (m)	['baːdɛantsuk]
slip (m) de bain	Badehose (f)	['badɛ'hoːzɛ]

piscine (f)	Schwimmbad (n)	['ʃwimbat]
nager (vi)	schwimmen (vi)	['ʃwimɛn]
douche (f)	Dusche (f)	['duʃɛ]
se changer (vp)	sich umkleiden	[ziħ 'umkʌaidɛn]
serviette (f)	Handtuch (n)	['hanttʊh]

barque (f)	Boot (n)	['boːt]
canot (m) à moteur	Motorboot (n)	['moːtorbɔːt]

ski (m) nautique	**Wasserski** (m)	['vassɛr'ʃiː]
pédalo (m)	**Tretboot** (n)	['trɛtboːt]
surf (m)	**Surfing** (n)	['sørfiŋ]
surfeur (m)	**Surfer** (m)	['sørfə]
scaphandre (m) autonome	**Tauchgerät** (n)	['tauhgɛ'rɛt]
palmes (f pl)	**Schwimmflossen** (pl)	['ʃwimflɔsɛn]
masque (m)	**Maske** (f)	['maskɛ]
plongeur (m)	**Taucher** (m)	['tauhə]
plonger (vi)	**tauchen** (vi)	['tauhɛn]
sous l'eau	**unter Wasser**	['untə 'vassə]
parasol (m)	**Sonnenschirm** (m)	['zɔnɛn'ʃirm]
chaise (f) longue	**Liege** (f)	['liːgɛ]
lunettes (f pl) de soleil	**Brille** (f)	['brile]
matelas (m) pneumatique	**Schwimmmatratze** (f)	['ʃwimmatratsɛ]
jouer (vt)	**spielen** (vi, vt)	['ʃpiːlen]
se baigner (vp)	**schwimmen gehen**	['ʃwiːmɛn 'geːɛn]
ballon (m)	**Ball** (m)	[baʎ]
gonfler (vt)	**aufblasen** (vt)	['aufb'laːzɛn]
gonflable	**aufblasbar**	['aufb'lasbar]
vague (f)	**Welle** (f)	['vɛle]
bouée (f)	**Boje** (f)	['bɔje]
se noyer (vp)	**ertrinken** (vi)	[ɛrt'riŋkɛn]
sauver (vt)	**retten** (vt)	['rɛttɛn]
gilet (m) de sauvetage	**Schwimmweste** (f)	['ʃwimvɛstɛ]
observer (vt)	**beobachten** (vt)	[bɛ'ɔbahtɛn]
maître nageur (m)	**Bademeister** (m)	['baːdɛmaɪstə]

LE MATÉRIEL TECHNIQUE. LES TRANSPORTS

Le matériel technique

165. L'informatique

ordinateur (m)	**Computer** (m)	[kɔm'pjuːtə]
PC (m) portable	**Laptop** (m), **Notebook** (n)	['lɛptɔp], ['nɔutbʊk]
allumer	**einschalten** (vt)	['aɪnʃaʌtɛn]
éteindre (vt)	**abstellen** (vt)	['apʃtɛlen]
clavier (m)	**Tastatur** (f)	[tasta'tuːr]
touche (f)	**Taste** (f)	['tastɛ]
souris (f)	**Maus** (f)	['maus]
tapis (m) de souris	**Mousepad** (n)	['mauspɛt]
bouton (m)	**Knopf** (m)	[knɔpf]
curseur (m)	**Cursor** (m)	['kʊrsɔr]
moniteur (m)	**Monitor** (m)	[moni'tɔːr]
écran (m)	**Schirm** (m)	[ʃirm]
disque (m) dur	**Festplatte** (f)	['fɛstplattɛ]
capacité (f) du disque dur	**Festplattengröße** (f)	['fɛstplattɛŋrøse]
mémoire (f)	**Speicher** (m)	['ʃpaɪhə]
mémoire (f) vive	**Arbeitsspeicher** (m)	['arbaɪtsʃpaɪhə]
fichier (m)	**Datei** (f)	[da'taɪ]
dossier (m)	**Ordner** (m)	['ɔrdnə]
ouvrir (vt)	**eine Datei öffnen**	['aɪnɛ da'taɪ øfnɛn]
fermer (vt)	**schließen** (vt)	['ʃliːsɛn]
enregistrer, sauvegarder	**aufbewahren** (vt)	['aufbɛ'vaːrɛn]
supprimer (vt)	**löschen** (vt)	['løʃɛn]
copier (vt)	**kopieren** (vt)	[kɔ'piːrɛn]
trier (vt)	**sortieren** (vt)	[zɔr'tiːrɛn]
copier (vt)	**verschieben** (vt)	[fɛː'ʃiːbn]
programme (m)	**Programm** (n)	[prɔg'ram]
logiciel (m)	**Software** (f)	[sɔft'vɛa]
programmeur (m)	**Programmierer** (m)	[prɔgra'miːrə]
programmer (vt)	**programmieren** (vt)	[prɔgra'miːrɛn]
hacker (m)	**Hacker** (m)	['hɛkkə]
mot (m) de passe	**Kennwort** (n)	['kɛnvɔrt]
virus (m)	**Virus** (n)	['wiːrʊs]
découvrir (détecter)	**entdecken** (vt)	[ɛnt'dɛkɛn]
bit (m)	**Byte** (n)	[baɪt]

mégabit (m)	**Megabyte** (n)	[ˈmɛgabaɪt]
données (f pl)	**Daten** (pl)	[ˈdaːtɛn]
base (f) de données	**Datenbank** (f)	[ˈdatɛnbaŋk]
câble (m)	**Kabel** (n)	[ˈkaːbɛʎ]
déconnecter (vt)	**abschalten** (vt)	[ˈapʃaʎtɛn]
connecter (vt)	**anschließen** (vt)	[ˈanʃliːsɛn]

166. L'Internet. Le courrier électronique

Internet (m)	**Internet** (n)	[intɛrˈnɛt]
navigateur (m)	**Browser** (m)	[ˈbrauzə]
moteur (m) de recherche	**Suchmaschine** (f)	[ˈzuhmaˈʃiːnɛ]
fournisseur (m) d'accès	**Provider** (m)	[prɔˈvaɪdə]
webmestre (m)	**Webmaster** (m)	[ˈvɛpmastə]
site (m) web	**Website** (f)	[ˈvɛpsaɪt]
page (f) web	**Webseite** (f)	[ˈvɛpˈtsaɪtɛ]
adresse (f)	**Adresse** (f)	[adˈrɛssɛ]
carnet (m) d'adresses	**Adreßbuch** (n)	[adˈrɛsbʊh]
boîte (f) de réception	**Mailbox** (f)	[ˈmɛɪlbɔks]
courrier (m)	**Post** (f)	[pɔst]
trop plein	**überfüllt**	[jubɛrˈfyʎt]
message (m)	**Mitteilung** (f)	[ˈmittaɪlun]
messages (pl) entrants	**eingehenden Nachrichten** (f pl)	[aɪˈŋeːɛndn ˈnahrihtn]
messages (pl) sortants	**ausgehenden Nachrichten** (f pl)	[ˈausgeːɛndɛn ˈnaːhrihtɛn]
expéditeur (m)	**Absender** (m)	[ˈapzɛndə]
envoyer (vt)	**abschicken** (vt)	[ˈapʃikkɛn]
envoi (m)	**Absendung** (f)	[ˈapzɛndʊn]
destinataire (m)	**Empfänger** (m)	[ɛmpˈfɛŋə]
recevoir (vt)	**empfangen** (vt)	[ɛːmpˈfaːnɛn]
correspondance (f)	**Briefwechsel** (m)	[ˈbriːfvɛksɛʎ]
être en correspondance	**im Briefwechsel stehen**	[im ˈbrifvɛksɛʎ ˈʃteːɛn]
fichier (m)	**Datei** (f)	[daˈtaɪ]
télécharger (vt)	**herunterladen** (vt)	[hɛˈrʊntɛrˈlaːdɛn]
créer (vt)	**schaffen** (vt)	[ˈʃaffɛn]
supprimer (vt)	**entfernen** (vt)	[ɛntˈfɛːnɛn]
supprimé	**gelöscht**	[gɛˈløʃt]
connexion (f)	**Verbindung** (f)	[fɛrˈbindʊn]
vitesse (f)	**Geschwindigkeit** (f)	[gɛʃwindihkaɪt]
modem (m)	**Modem** (n)	[ˈmɔdɛm]
accès (m)	**Zugang** (m)	[ˈtsuːˈgan]
porte (f)	**Port** (m)	[pɔrt]
connexion (f)	**Anschluss** (m)	[ˈanʃlys]

se connecter à ...	sich anschließen (vt)	[ziħ 'anʃliːsɛn]
sélectionner (vt)	auswählen (vt)	['ausvɛlen]
rechercher (vt)	suchen (vt)	['zuːhɛn]

167. L'électricité

électricité (f)	Elektrizität (f)	[ɛlektritsi'tɛt]
électrique	elektrisch	[ɛ'lektriʃ]
centrale (f) électrique	Elektrizitätswerk (n)	[ɛlektritsi'tɛtsvɛrk]
énergie (f)	Energie (f)	[ɛnɛr'giː]
énergie (f) électrique	Strom (m)	[ʃtrɔːm]

ampoule (f)	Glühbirne (f)	['glyːbirnɛ]
torche (f)	Taschenlampe (f)	['taʃɛn'lampɛ]
réverbère (m)	Straßenlaterne (f)	['ʃtrasɛnlatɛrnɛ]

lumière (f)	Licht (n)	[liħt]
allumer	einschalten (vt)	['aɪnʃaʌtɛn]
éteindre (vt)	ausschalten (vt)	['ausʃaʌtɛn]
éteindre la lumière	das Licht ausschalten	[das liħt 'ausʃaʌtɛn]

être grillé	durchbrennen (vi)	['durħb'rɛnɛn]
court-circuit (m)	Kurzschluß (m)	['kʊrtsʃlus]
rupture (f)	Riß (m)	[ris]
contact (m)	Kontakt (m)	[kɔn'takt]

interrupteur (m)	Schalter (m)	['ʃaʌtə]
prise (f)	Steckdose (f)	['ʃtɛkdɔːzɛ]
fiche (f)	Stecker (m)	['ʃtɛkkə]
rallonge (f)	Verlängerung (f)	[fɛr'lɛŋerʊŋ]

fusible (m)	Sicherung (f)	['ziherʊŋ]
fil (m)	Draht (m)	[draːt]
fils (m pl)	Leitung (f)	['ʌaɪtʊŋ]

ampère (m)	Ampere (n)	[am'pɛr]
intensité (f) du courant	Stromstärke (f)	['ʃtrɔːmʃtɛrkɛ]
volt (m)	Volt (n)	[vɔʌt]
tension (f)	Spannung (f)	['ʃpanʊŋ]

| appareil (m) électrique | Elektrogerät (n) | [ɛ'lektrɔgɛ'rɛt] |
| indicateur (m) | Indikator (m) | [indi'kaːtɔr] |

électricien (m)	Elektriker (m)	[ɛ'lektrikə]
souder (vt)	löten (vt)	['løːtɛn]
fer (m) à souder	Lötkolben (m)	['løːtkɔʌbɛn]
courant (m)	Strom (m)	[ʃtrɔːm]

168. Les outils

| outil (m) | Werkzeug (n) | ['vɛrktsɔɪk] |
| instruments (m pl) | Werkzeuge (n pl) | ['vɛrktsɔɪgɛ] |

équipement (m)	**Einrichtung** (f)	['aınrıçtʊn]
marteau (m)	**Hammer** (m)	['hamə]
tournevis (m)	**Schraubenzieher** (m)	['ʃraʊbɛnʦi:ə]
hache (f)	**Axt** (f)	[akst]
scie (f)	**Säge** (f)	['zɛgɛ]
scier (vt)	**sägen** (vt)	['zɛgɛn]
rabot (m)	**Hobel** (m)	['hɔ:bɛʎ]
raboter (vt)	**hobeln** (vt)	['hɔ:bɛʎn]
fer (m) à souder	**Lötkolben** (m)	['lø:tkɔʎbɛn]
souder (vt)	**löten** (vt)	['lø:tɛn]
lime (f)	**Feile** (f)	['faılɛ]
tenailles (f pl)	**Zange** (f)	['ʦaŋɛ]
pince (f) plate	**Flachzange** (f)	['flahʦaŋɛ]
ciseau (m)	**Stemmeisen** (n)	['ʃtɛmʰaızɛn]
foret (m)	**Bohrer** (m)	['bɔ:rə]
perceuse (f)	**Bohrer** (m)	['bɔ:rə]
percer (vt)	**bohren** (vt)	['bɔ:rɛn]
couteau (m)	**Messer** (n)	['mɛssə]
canif (m)	**Taschenmesser** (n)	['taʃɛn'mɛssə]
pliant	**Klapp-**	[klap]
lame (f)	**Klinge** (f)	['klıŋɛ]
bien affilé	**scharf**	[ʃarf]
émoussé	**stumpf**	[ʃtʊmpf]
s'émousser (vp)	**stumpf werden** (vi)	[ʃtʊmpf 'we:rden]
affiler (vt)	**schärfen** (vt)	['ʃɛrfɛn]
boulon (m)	**Bolzen** (m)	['bɔʎʦɛn]
écrou (m)	**Mutter** (f)	['mʊttə]
filetage (m)	**Gewinde** (n)	[gɛ'wındɛ]
vis (f) à bois	**Holzschraube** (f)	['ʃraʊbɛ]
clou (m)	**Nagel** (m)	['na:gɛʎ]
tête (f)	**Nagelkopf** (m)	['na:gɛʎkɔpf]
règle (f)	**Lineal** (n)	[linɛ'a:ʎ]
mètre (m) à ruban	**Metermaß** (n)	['me:tɛrmas]
niveau (m) à bulle	**Wasserwaage** (f)	['vassɛrva:gɛ]
loupe (f)	**Lupe** (f)	['lu:pɛ]
appareil (m) de mesure	**Meßgerät** (n)	['mɛsgɛ'rɛt]
mesurer (vt)	**messen** (vt)	['mɛssɛn]
échelle (f)	**Skala** (f)	['ska:la]
relevé (m)	**Anzeige** (f)	['anʦaıgɛ]
compresseur (m)	**Kompressor** (m)	[kɔmp'rɛssɔr]
microscope (m)	**Mikroskop** (n)	[mikrɔs'kɔp]
pompe (f)	**Pumpe** (f)	['pʊmpɛ]
robot (m)	**Roboter** (m)	['rɔbɔtə]
laser (m)	**Laser** (m)	['le:zə]
clé (f) de serrage	**Schraubenschlüssel** (m)	['ʃraʊbɛnʃlyssɛʎ]

ruban (m) adhésif	Klebeband (n)	['kle:bɛbant]
colle (f)	Klebstoff (m)	['klepʃtɔf]
papier (m) d'émeri	Sandpapier (n)	['zɑntpa'pi:ə]
ressort (m)	Sprungfeder (f)	['ʃprʊnfe:də]
aimant (m)	Magnet (m)	[mag'nɛt]
gants (m pl)	Handschuhe (m pl)	['hantʃʊ:ɛ]
corde (f)	Leine (f)	['ʎaɪnɛ]
cordon (m)	Schnur (f)	[ʃnʊr]
fil (m)	Draht (m)	[dra:t]
câble (m)	Kabel (n)	['ka:bɛʎ]
masse (f)	schwerer Hammer (m)	['ʃwe:rə 'hamə]
pic (m)	Brecheisen (n)	['brɛhiaɪzɛn]
échelle (f), escabeau (m)	Leiter (f)	['ʎaɪtə]
échelle (f) double	Trittleiter (f)	['tritlaɪtɛ]
visser (vt)	zudrehen (vt)	['tsudre:ɛn]
dévisser (vt)	abdrehen (vt)	['apd're:ɛn]
serrer (vt)	zusammendrücken (vt)	[tsu'zamɛnd'rykkɛn]
coller (vt)	ankleben (vt)	[aŋk'lebɛn]
couper (vt)	schneiden (vt)	['ʃnaɪdɛn]
défaut (m)	Störung (f)	['ʃtø:rʊn]
problème (m)	Störungen (f pl)	['ʃtø:rʊŋɛn]
réparation (f)	Reparatur (f)	[rɛpara'tʊ:r]
réparer (vt)	reparieren (vt)	[rɛpa'ri:rɛn]
régler (vt)	einstellen (vt)	['aɪnʃtɛlen]
vérifier (vt)	prüfen (vt)	['pry:fɛn]
vérification (f)	Prüfung (f)	['pry:fʊn]
relevé (m)	Anzeige (f)	['antsaɪgɛ]
réduire (vt)	senken (vt)	['zɛŋkɛn]
réduction (f)	Senkung (f)	['zɛŋkun]
fiable	sicher	['zihə]
complexe	kompliziert	[kɔmpli'tsi:rt]
rouiller (vi)	verrosten (vi)	[fɛr'rɔstɛn]
rouillé	rostig	['rɔstiɦ]
rouille (f)	Rost (m)	[rɔst]

Les transports

169. L'avion

avion (m)	Flugzeug (n)	['flykˈʦɔɪk]
billet (m) d'avion	Flugticket (n)	['flyktɪkkɛt]
compagnie (f) aérienne	Fluggesellschaft (f)	['flykgɛzɛʎʃaft]
aéroport (m)	Flughafen (m)	['flykhaːfɛn]
supersonique	Überschall-	['jubɛrʃaʎ]
commandant (m) de bord	Flugkapitän (m)	['flyːkapitɛːn]
équipage (m)	Besatzung (f)	[bɛˈʦaʦsun]
pilote (m)	Pilot (m)	[piˈloːt]
hôtesse (f) de l'air	Flugbegleiterin (f)	['flykbɛgʎaɪtɛrin]
navigateur (m)	Steuermann (m)	['ʃtɔjerman]
ailes (f pl)	Flügel (m pl)	['flyːgɛʎ]
queue (f)	Schwanz (m)	[ʃvanʦs]
cabine (f)	Kabine (f)	[kaˈbiːnɛ]
moteur (m)	Motor (m)	['mɔːtɔr]
train (m) d'atterrissage	Fahrgestell (n)	['faːrgɛʃˈtɛʎ]
turbine (f)	Turbine (f)	[tʊrˈbiːnɛ]
hélice (f)	Propeller (m)	[prɔˈpɛlə]
boîte (f) noire	Flugschreiber (m)	['flykʃraɪbə]
gouvernail (m)	Steuerrad (n)	['ʃtɔjerraːt]
carburant (m)	Treibstoff (m)	['traɪpʃtɔf]
consigne (f)	Safety Card (f)	['sɛɪfti kaːrd]
masque (m) à oxygène	Sauerstoffmaske (f)	['zauɛrʃtɔfˈmaskɛ]
uniforme (f)	Uniform (f)	[uniˈfɔrm]
gilet (m) de sauvetage	Schwimmweste (f)	['ʃwimvɛstɛ]
parachute (m)	Fallschirm (m)	['faʎʃirm]
décollage (m)	Start (m)	[ʃtart]
décoller (vi)	starten (vi)	['ʃtartɛn]
piste (f) de décollage	Startbahn (f)	['ʃtartbaːn]
visibilité (f)	Sicht (f)	[ziħt]
vol (m)	Flug (m)	[flyk]
altitude (f)	Höhe (f)	['høːɛ]
trou (m) d'air	Luftloch (n)	['lyftlɔh]
place (f)	Platz (m)	[plaʦs]
écouteurs (m pl)	Kopfhörer (m)	['kɔpfhøːrə]
tablette (f)	Klapptisch (m)	['klaptiʃ]
hublot (m)	Bullauge (n)	['bʊˈʎaugɛ]
Défense de fumer	RAUCHEN VERBOTEN!	['rauhɛn fɛrˈbɔːtɛn]
couloir (m)	Durchgang (m)	['dʊrħgan]

170. Le train

train (m)	**Zug** (m)	[tsuk]
train (m) de banlieue	**elektrischer Zug** (m)	[ɛ'lektriʃə 'tsuk]
TGV (m)	**Schnellzug** (m)	['ʃnɛltsuk]
locomotive (f) diesel	**Diesellok** (f)	['di:zɛ'lɔk]
locomotive (f) à vapeur	**Lokomotive** (f)	[lɔkɔmɔ'ti:vɛ]
wagon (m)	**Eisenbahnwagen** (m)	['aɪzɛnba:n'va:gɛn]
wagon-restaurant (m)	**Speisewagen** (m)	['ʃpaɪzɛva:gɛn]
rails (m pl)	**Schienen** (f pl)	['ʃi:nɛn]
chemin (m) de fer	**Eisenbahn** (f)	['aɪzɛnban]
traverse (f)	**Bahnschwelle** (f)	['ba:nʃwellɛ]
quai (m)	**Bahnsteig** (m)	['ba:nʃtaɪk]
voie (f)	**Gleis** (n)	['glʌɪs]
sémaphore (m)	**Eisenbahnsignal** (n)	['aɪzɛnba:nzig'naʌ]
station (f)	**Station** (f)	[ʃta'tsʲɔn]
conducteur (m)	**Lokomotivführer** (m)	[lɔkɔmɔ'ti:f 'fy:rə]
porteur (m)	**Träger** (m)	['trɛgə]
steward (m)	**Schaffner** (m)	['ʃafnə]
passager (m)	**Fahrgast** (m)	['fa:rgast]
contrôleur (m)	**Kontrolleur** (m)	[kɔntrɔ'lø:r]
couloir (m)	**Flur** (m)	[flu:r]
frein (m) d'urgence	**Notbremse** (f)	['nɔtbrɛmzɛ]
compartiment (m)	**Abteil** (n)	['aptaɪʌ]
couchette (f)	**Liegeplatz** (m)	['li:gɛplˌats]
couchette (f) d'en haut	**oberer Liegeplatz** (m)	['ɔ:bɛrə 'li:gɛplˌats]
couchette (f) d'en bas	**unterer Liegeplatz** (m)	['untərə 'li:gɛplˌats]
linge (m)	**Bettwäsche** (f)	['bɛtvɛʃɛ]
ticket (m)	**Fahrkarte** (f)	['fa:rkartɛ]
horaire (m)	**Zugfahrplan** (m)	[tsug 'fa:rplaːn]
tableau (m)	**Anzeigetafel** (f)	[an'tsaɪgɛ 'tafɛʌ]
partir (vi)	**abfahren** (vi)	['apfa:rɛn]
départ (m)	**Abfahrt** (f)	['apfa:rt]
arriver (vi)	**ankommen** (vi)	['aŋkɔmɛn]
arrivée (f)	**Ankunft** (f)	['aŋkunft]
être en retard	**sich verspäten**	[zih fɛrʃpɛ:tɛn]
arriver en train	**mit dem Zug kommen**	[mit dɛm 'tsuk 'kɔmɛn]
prendre le train	**in den Zug einsteigen**	[in dɛn 'tsuk 'aɪnʃtaɪgɛn]
descendre du train	**aus dem Zug aussteigen**	[aus dɛm tsuk 'ausʃtaɪgɛn]
accident (m) de chemin de fer	**Zugunglück** (n)	['tsu:gunlyk]
dérailler (vi)	**entgleisen** (vi)	[ɛntg'ʌaɪzɛn]
locomotive (f) à vapeur	**Dampflok** (f)	['dampflɔk]
chauffeur (m)	**Heizer** (m)	['haɪtsə]
chauffe (f)	**Feuerung** (f)	['fɔerʊn]
charbon (m)	**Kohle** (f)	['kɔ:le]

171. Le bateau

bateau (m)	Schiff (n)	[ʃif]
navire (m)	Fahrzeug (n)	['faːrtsɔɪk]
bateau (m) à vapeur	Dampfer (m)	['dampfə]
paquebot (m)	Motorschiff (n)	['mɔːtɔrʃif]
bateau (m) de croisière	Fahrgastschiff (n)	['faːrgastʃif]
croiseur (m)	Kreuzer (m)	['krɔɪtsə]
yacht (m)	Jacht (f)	[jaht]
remorqueur (m)	Schlepper (m)	['ʃlɛppə]
péniche (f)	Lastkahn (m)	['lastkaːn]
bac (m)	Fähre (f)	['fɛrɛ]
voilier (m)	Segelschiff (n)	['zɛgɛʎ'ʃif]
brigantin (m)	Brigantine (f)	[brigan'tiːnɛ]
brise-glace (m)	Eisbrecher (m)	['aɪsb'rɛhə]
sous-marin (m)	U-Boot (n)	['u 'boːt]
barque (f)	Boot (n)	['boːt]
canot (m)	Boot (n)	['boːt]
canot (m) de sauvetage	Rettungsboot (n)	['rɛttʊnsboːt]
canot (m) à moteur	Motorboot (n)	['mɔːtɔrboːt]
capitaine (m)	Kapitän (m)	[kapi'tɛn]
matelot (m)	Matrose (m)	[mat'roːzɛ]
marin (m)	Seemann (m)	['zeːɛman]
équipage (m)	Besatzung (f)	[bɛ'zatsun]
maître (m) d'équipage	Bootsmann (m)	['boːtsman]
mousse (m)	Schiffsjunge (m)	['ʃifsʰʲjuŋɛ]
cuisinier (m) du bord	Schiffskoch (m)	['ʃifskɔh]
médecin (m) de bord	Schiffsarzt (m)	['ʃifsʰaːrtst]
pont (m)	Deck (n)	[dɛk]
mât (m)	Mast (m)	[mast]
voile (f)	Segel (n)	['zɛgɛʎ]
cale (f)	Schiffsraum (m)	['ʃifs'raum]
proue (f)	Bug (m)	[bʊk]
poupe (f)	Heck (n)	[hɛk]
rame (f)	Ruder (n)	['ruːdə]
hélice (f)	Schraube (f)	['ʃraubɛ]
cabine (f)	Kajüte (f)	[ka'juːtɛ]
carré (m) des officiers	Messe (f)	['mɛssə]
salle (f) des machines	Maschinenraum (m)	[ma'ʃiːnɛn'raum]
passerelle (f)	Kapitänssteg (m)	[kapi'tɛnsʃtɛk]
cabine (f) de T.S.F.	Funkraum (m)	['funkraum]
onde (f)	Radiowelle (f)	['ra:dio'vɛle]
journal (m) de bord	Schiffstagebuch (n)	['ʃifs'ta:gɛbʊh]
longue-vue (f)	Fernrohr (n)	['fɛrnrɔːr]
cloche (f)	Glocke (f)	['glɔkkɛ]

pavillon (m)	**Fahne** (f)	['faːnɛ]
amarre (f)	**Seil** (n)	[zaɪʎ]
nœud (m) marin	**Knoten** (m)	['knɔːtɛn]

rampe (f)	**Geländer** (n)	[gɛ'lɛndə]
passerelle (f)	**Treppe** (f)	['trɛppɛ]

ancre (f)	**Anker** (m)	['aŋkə]
lever l'ancre	**den Anker lichten**	[dɛn 'aŋkə 'liĥtɛn]
jeter l'ancre	**Anker werfen**	['aŋkə 'vɛrfɛn]
chaîne (f) d'ancrage	**Ankerkette** (f)	['aŋkɛr'kettɛ]

port (m)	**Hafen** (m)	['haːfɛn]
embarcadère (m)	**Anlegestelle** (f)	['anleːgɛʃtɛle]
se mettre a quai	**anlegen** (vi)	['anleːgɛn]
démarrer (partir)	**abstoßen** (vt)	['apʃtosɛn]

voyage (m)	**Reise** (f)	['raɪzɛ]
croisière (f)	**Kreuzfahrt** (f)	['krɔɪʦfaːrt]
cap (m)	**Kurs** (m)	[kʊrs]
itinéraire (m)	**Reiseroute** (f)	['raɪzɛrʊtɛ]

partie (f) navigable	**Fahrwasser** (n)	['farvassə]
bas-fond (m)	**Sandbank** (f)	['zantbaŋk]
échouer sur un bas-fond	**stranden** (vi)	['ʃtrandɛn]

tempête (f)	**Sturm** (m)	[ʃtʊrm]
signal (m)	**Signal** (n)	[zig'naːʎ]
sombrer (navire)	**untergehen** (vi)	['untɛrgeːɛn]
Un homme à la mer!	**Mann über Bord!**	[man 'jubə bɔrt]
SOS (m)	**SOS**	['ɛs ɔ 'ɛs]
bouée (f) de sauvetage	**Rettungsring** (m)	['rɛttʊns'rin]

172. L'aéroport

aéroport (m)	**Flughafen** (m)	['flykhaːfɛn]
avion (m)	**Flugzeug** (n)	['flyktsɔɪk]
compagnie (f) aérienne	**Fluggesellschaft** (f)	['flykgɛzɛʎʃaft]
contrôleur (m) aérien	**Fluglotse** (m)	['fly:klɔːʦɛ]

départ (m)	**Abflug** (m)	['apflyk]
arrivée (f)	**Ankunft** (f)	['aŋkunft]
arriver (vi)	**mit dem Flugzeug ankommen**	[mit dɛm 'flyktsɔɪk aŋkɔmɛn]

temps (m) de départ	**Abflugszeit** (f)	['apflyksʦaɪt]
temps (m) d'arrivée	**Ankunftszeit** (f)	['aŋkunftsaɪt]

être retardé	**sich verspäten**	[ziĥ fɛrʃpɛːtɛn]
retard (m) de l'avion	**Abflugverspätung** (f)	['abfluːgfɛrʃpɛːtʊn]

tableau (m) d'informations	**Anzeigetafel** (f)	[an'tsaɪgɛ 'tafɛʎ]
information (f)	**Information** (f)	[informa'tsʲon]
annoncer (vt)	**anzeigen** (vt)	['antsaɪgɛn]

vol (m)	Flug (m)	[flyk]
douane (f)	Zollamt (n)	['tsɔʎ'amt]
douanier (m)	Zollbeamte (m)	['tsɔʎbɛ'amtɛ]

déclaration (f) de douane	Zollerklärung (f)	[tsɔllek'lerʊn]
remplir la déclaration	die Zollerklärung ausfüllen	[di 'tsɔʎ'ɛrk'lerʊn 'ausfylen]
contrôle (m) de passeport	Paßkontrolle (f)	['paskɔnt'rɔlle]

bagage (m)	Gepäck (n)	[gɛ'pɛk]
bagage (m) à main	Handgepäck (n)	['hantgɛ'pɛk]
objets (m pl) trouvés	Fundbüro (n)	['fʊndby:rɔ:]
chariot (m)	Kofferkuli (m)	[kɔfɛ'ku:li]

atterrissage (m)	Landung (f)	['landʊn]
piste (f) d'atterrissage	Landebahn (f)	['landɛba:n]
atterrir (vi)	landen (vi)	['landɛn]
escalier (m) d'avion	Gangway (f)	['gɛnvɛ:ɪ]

enregistrement (m)	Check-in (n)	[ʧɛk 'in]
comptoir (m) d'enregistrement	Check-in-Schalter (m)	[ʧɛkin'ʃaʎtɛ]
s'enregistrer (vp)	sich registrieren laßen	[ziħ rɛgist'ri:rɛn 'lasɛn]
carte (f) d'embarquement	Bordkarte (f)	['bɔrtkartɛ]
porte (f) d'embarquement	Ausgang (m)	['aus'gan]

transit (m)	Transit (m)	[tran'zi:t]
attendre (vt)	warten (vi)	['vartɛn]
salle (f) d'attente	Wartesaal (m)	['vartɛza:ʎ]
raccompagner (à l'aéroport, etc.)	begleiten (vt)	[bɛg'ʎaitɛn]
dire au revoir	sich verabschieden	[ziħ fɛrʰ'apʃi:dɛn]

173. Le vélo. La moto

vélo (m)	Fahrrad (n)	['fa:rra:t]
scooter (m)	Motorroller (m)	['mɔ:tɔr'rɔlə]
moto (f)	Motorrad (n)	['mɔ:tɔrra:t]

faire du vélo	Rad fahren	[ra:t 'fa:rɛn]
guidon (m)	Lenkstange (f)	['leŋkʃ'taŋɛ]
pédale (f)	Pedal (n)	[pɛ'da:ʎ]
frein (m)	Bremsen (f pl)	['brɛmzɛn]
selle (f)	Sattel (m)	['zattɛʎ]

pompe (f)	Pumpe (f)	['pʊmpɛ]
porte-bagages (m)	Gepäckträger (m)	[gɛ'pɛkt'rɛgə]
phare (m)	Scheinwerfer (m)	['ʃainvɛrfə]
casque (m)	Helm (m)	[hɛʎm]

roue (f)	Rad (n)	[ra:t]
pare-boue (m)	Schutzblech (n)	['ʃʊttsblɛħ]
jante (f)	Felge (f)	['fɛʎgɛ]
rayon (m)	Speiche (f)	['ʃpaihe]

La voiture

174. Les différents types de voiture

automobile (f)	**Auto** (n)	['auto]
voiture (f) de sport	**Sportwagen** (m)	['ʃpɔrtvaːgɛn]
limousine (f)	**Limousine** (f)	[limʊ'ziːnɛ]
tout-terrain (m)	**Geländewagen** (m)	[gɛ'lɛndɛ'vaːgɛn]
cabriolet (m)	**Kabriolett** (n)	[kabriɔ'let]
minibus (m)	**Kleinbus** (m)	['kʎaɪnbʊs]
ambulance (f)	**Krankenwagen** (m)	['kraŋkɛnvaːgen]
chasse-neige (m)	**Schneepflug** (m)	['ʃneːɛpflyk]
camion (m)	**Lastkraftwagen** (m)	['lastkraft'vaːgɛn]
camion-citerne (m)	**Tankwagen** (m)	['taŋkvaːgɛn]
fourgon (m)	**Kastenwagen** (m)	['kastɛnvaːgɛn]
tracteur (m) routier	**Schlepper** (m)	['ʃlɛppə]
remorque (f)	**Anhänger** (m)	['anhɛŋə]
confortable	**komfortabel**	[kɔmfɔr'taːbɛʎ]
d'occasion	**gebraucht**	[gɛb'rauht]

175. La voiture. La carrosserie

capot (m)	**Motorhaube** (f)	['mɔːtɔr'haubɛ]
aile (f)	**Kotflügel** (m)	['kɔtf'lyːgɛʎ]
toit (m)	**Dach** (n)	[dah]
pare-brise (m)	**Windschutzscheibe** (f)	['wintʃʊts'ʃaɪbɛ]
rétroviseur (m)	**Rückspiegel** (m)	['rykʃ'piːgɛʎ]
lave-glace (m)	**Scheibenwaschanlage** (f)	['ʃaɪbɛn'vaʃʰan'laːgɛ]
essuie-glace (m)	**Scheibenwischer** (m)	['ʃaɪbɛn'wiʃə]
fenêtre (f) latéral	**Seitenscheibe** (f)	['zaɪtɛnʃaɪbɛ]
lève-glace (m)	**Fensterheber** (m)	['fɛnstɛrhebə]
antenne (f)	**Antenne** (f)	[an'tɛŋɛ]
toit (m) ouvrant	**Schiebedach** (n)	['ʃiːbɛdah]
pare-chocs (m)	**Stoßstange** (f)	['ʃtɔsʃtaŋɛ]
coffre (m)	**Kofferraum** (m)	['kɔffɛr'raum]
galerie (f) de toit	**Dachgepäckträger** (m)	[dahgɛ'pɛkt'regə]
portière (f)	**Wagenschlag** (m)	['vagɛnʃlaːk]
poignée (f)	**Türgriff** (m)	[tyrgrif]
serrure (f)	**Türschloß** (n)	[tyrʃ'lɔs]
plaque (f) d'immatriculation	**Kennzeichen** (n)	['kentsaɪhen]
silencieux (m)	**Auspufftopf** (m)	['auspʊf'topf]

réservoir (m) d'essence	**Benzintank** (m)	[bɛn'tsintaŋk]
pot (m) d'échappement	**Auspuffrohr** (n)	['auspʊf'rɔːr]
accélérateur (m)	**Gas** (n)	[gaːs]
pédale (f)	**Pedal** (n)	[pɛ'daːʎ]
pédale (f) d'accélérateur	**Gaspedal** (n)	['gaspe:'daːl]
frein (m)	**Bremse** (f)	['brɛmzɛ]
pédale (f) de frein	**Bremspedal** (n)	['brɛmspɛdaːʎ]
freiner (vi)	**bremsen** (vi)	['brɛmzɛn]
frein (m) à main	**Handbremse** (f)	['hantb'rɛmzɛ]
embrayage (m)	**Kupplung** (f)	['kʊplun]
pédale (f) d'embrayage	**Kupplungspedal** (n)	['kʊpluŋkspɛ'daːʎ]
disque (m) d'embrayage	**Kupplungsscheibe** (f)	['kʊpplyŋs'ʃaibe]
amortisseur (m)	**Stoßdämpfer** (m)	['ʃtɔsdɛmpfə]
roue (f)	**Rad** (n)	[raːt]
roue (f) de rechange	**Reserverad** (n)	[rɛ'zɛrvɛraːt]
enjoliveur (m)	**Radkappe** (f)	['raːd 'kappɛ]
roues (f pl) motrices	**Triebräder** (n pl)	['triːprɛdə]
traction (f) avant	**mit Vorderantrieb**	[mit 'fɔrdɛrʰ'antˈriːp]
traction f arrière	**mit Hinterradantrieb**	[mit 'hintɛr'ratgɛt'riːb]
traction (f) intégrale	**mit Allradantrieb**	[mit 'aʎradʰ'antrip]
boîte (f) de vitesses	**Getriebe** (n)	[gɛt'riːbɛ]
automatique	**automatisch**	[aʊto'maːtiʃ]
mécanique	**mechanisch**	[mɛ'kaːniʃ]
levier (m) de vitesse	**Schalthebel** (m)	['ʃaʎt'heːbɛʎ]
phare (m)	**Scheinwerfer** (m)	['ʃainvɛrfə]
feux (m pl)	**Scheinwerfer** (m pl)	['ʃainvɛrfə]
feux (m pl) de croisement	**Abblendlicht** (n)	['apblent'liht]
feux (m pl) de route	**Fernlicht** (n)	['fɛrnliht]
feux (m pl) stop	**Stopplicht** (n)	['ʃtɔpliht]
feux (m pl) de position	**Standlicht** (n)	['ʃtandliht]
feux (m pl) de détresse	**Warnblinker** (m)	['varnb'liŋkə]
feux (m pl) de brouillard	**Nebelscheinwerfer** (m pl)	['nɛːbɛʎ'ʃain'vɛrfə]
clignotant (m)	**Blinker** (m)	['bliŋkə]
feux (m pl) de recul	**Rückfahrscheinwerfer** (m)	[rykfar ʃain'vɛrfɛ]

176. La voiture. L'habitacle

salon (m)	**Wageninnere** (n)	['vagɛninɛrɛ]
en cuir	**ledern**	['leːdɛrn]
en velours	**velour-**	[vɛ'lyːr]
garniture (f)	**Überzug** (m)	['juːbɛrtsuk]
appareil (m)	**Instrument** (n)	[instrʊ'ment]
tableau (m) de bord	**Armaturenbrett** (n)	[arma'tuːrɛn brɛt]
indicateur (m) de vitesse	**Tachometer** (m)	[tahɔ'meːtə]

aiguille (f)	Nadel (f)	['na:dɛʎ]
compteur (m) de kilomètres	Kilometerzähler (m)	[kilɔ'me:tɛr'tsɛlə]
indicateur (m)	Anzeigelampe (f)	['antsaige 'lampɛ]
niveau (m)	Pegel (m)	['pɛ.gɛʎ]
voyelle (f)	Kontrollleuchte (f)	[kɔnt'rɔʎ 'lɔihtɛ]

volant (m)	Steuerrad (n)	['ʃtɔjerra:t]
klaxon (m)	Hupe (f)	['hʊ:pɛ]
bouton (m)	Knopf (m)	[knɔpf]
interrupteur (m)	Umschalter (m)	['umʃaʎtə]

siège (m)	Sitz (m)	[zits]
dossier (m)	Lehne (f)	['le:nɛ]
appui-tête (m)	Kopfpolster (n)	['kɔpf'poʎstə]
ceinture (f) de sécurité	Sicherheitsgurt (m)	['ziherhaits'gʊrt]
mettre la ceinture	sich anschnallen	[ziɦ 'anʃnalɛn]
réglage (m)	Einstellung (f)	['ainʃtɛlun]

| coussin (m) gonflable | Luftkissen (n) | [lyft'kissɛn] |
| climatiseur (m) | Klimaanlage (f) | ['klimaanla:gɛ] |

radio (f)	Radio (n)	['ra:diɔ]
lecteur (m) de CD	CD-Spieler (m)	['tsɛ 'dɛ 'ʃpi:lə]
allumer	einschalten (vt)	['ainʃaʎtɛn]
antenne (f)	Antenne (f)	[an'tɛnɛ]
boîte (f) à gants	Handschuhfach (n)	['hantʃʊ:'fah]
cendrier (m)	Aschenbecher (m)	['aʃɛn'bɛhə]

177. La voiture. Le moteur

engin (m)	Triebwerk (n)	['tribvɛ:rk]
moteur (m)	Motor (m)	['mɔ:tor]
diesel	Diesel-	['di:zɛʎ]
à essence	Benzin-	[bɛn'tsi:n]

capacité (f) du moteur	Hubraum (m)	['hʊpraum]
puissance (f)	Leistung (f)	['ʎaistʊn]
cheval-vapeur (m)	Pferdestärke (f)	['pfɛrdɛʃtɛrkɛ]
piston (m)	Kolben (m)	['koʎbɛn]
cylindre (m)	Zylinder (m)	[tsy'lində]
soupape (f)	Ventil (n)	[vɛn'ti:ʎ]

injecteur (m)	Injektor (m)	[in'jɛktɔ:]
générateur (m)	Generator (m)	[gɛnɛ'ra:tor]
carburateur (m)	Vergaser (m)	[fɛr'ga:zə]
huile (f) moteur	Motoröl (n)	['mɔ:torʰø:ʎ]

radiateur (m)	Kühler (m)	['ky:lə]
liquide (m) de refroidissement	Kühlflüssigkeit (f)	['kyʎf'lyssiɦkait]
ventilateur (m)	Ventilator (m)	[vɛnti'ʎator]

batterie (f)	Akkumulator (m)	[akkʊmʊ'ʎator]
starter (m)	Anlasser (m)	['anlassə]
allumage (m)	Zündung (f)	['tsyndʊn]

bougie (f)	**Zündkerze** (f)	['tsynt'kɛrtsɛ]
borne (f)	**Klemme** (f)	['klemɛ]
borne (f) positive	**Plus** (n)	[plys]
borne (f) négative	**Minus** (n)	['miːnʊs]
fusible (m)	**Sicherung** (f)	['ziherʊn]
filtre (m) à air	**Luftfilter** (m)	['lyft'fiʎtə]
filtre (m) à huile	**Ölfilter** (m)	[øːʎ'fiʎtə]
filtre (m) à essence	**Treibstofffilter** (m)	['traɪpʃtɔfiʎtə]

178. La voiture. La réparation

accident (m) de voiture	**Unfall** (m)	['unfaʎ]
accident (m) de route	**Verkehrsunfall** (m)	[fɛr'keːrsʰ'unfaʎ]
percuter contre …	**fahren gegen** …	['faːrɛn 'gɛgːn]
s'écraser (vp)	**verunglücken** (vi)	[fe'rʊːn 'glykɛn]
dégât (m)	**Schaden** (m)	['ʃaːdɛn]
intact	**heil**	['haɪʎ]
panne (f)	**Panne** (f)	['panə]
tomber en panne	**kaputtgehen** (vi)	[ka'pʊt'geːn]
corde (f) de remorquage	**Abschleppseil** (n)	['apʃlep'zaɪʎ]
crevaison (f)	**Reifenpanne** (f)	['raɪfɛn'panɛ]
crever (pneu)	**platt sein**	['pʎat zaɪn]
gonfler (vt)	**pumpen** (vt)	['pʊmpɛn]
pression (f)	**Druck** (m)	[drʊk]
vérifier (vt)	**prüfen** (vt)	['pryːfɛn]
réparation (f)	**Reparatur** (f)	[rɛpara'tʊːr]
atelier (m) de réparation	**Reparaturwerkstatt** (f)	[rɛpara'tʊːr'vɛrkʃtat]
pièce (f) détachée	**Ersatzteil** (n)	[ɛr'zatstaɪʎ]
pièce (f)	**Einzelteil** (n)	['aɪntsɛʎtaɪʎ]
boulon (m)	**Bolzen** (m)	['bɔʎtsɛn]
vis (f)	**Schraube** (f)	['ʃraubɛ]
écrou (m)	**Mutter** (f)	['mʊttə]
rondelle (f)	**Scheibe** (f)	['ʃaɪbɛ]
palier (m)	**Lager** (n)	['laːgə]
tuyau (m)	**Röhre** (f)	['røːrɛ]
joint (m)	**Dichtung** (f)	['diħtʊn]
fil (m)	**Draht** (m)	[draːt]
cric (m)	**Wagenheber** (m)	['vagɛnheːbə]
clé (f) de serrage	**Schraubenschlüssel** (m)	['ʃraubɛnʃlyssɛʎ]
marteau (m)	**Hammer** (m)	['hamə]
pompe (f)	**Pumpe** (f)	['pʊmpɛ]
tournevis (m)	**Schraubenzieher** (m)	['ʃraubɛntsiːə]
extincteur (m)	**Feuerlöscher** (m)	['fojerløʃə]
triangle (m) de signalisation	**Warndreieck** (n)	['varnd'raɪʰ'ɛk]
caler (vi)	**abwürgen** (vi)	[aːp'wøːgn]
calage (m)	**Abwürgen** (n)	[aːb'wøːdn]

être en panne	kaputt sein	[ka'pʊt zaɪn]
surchauffer (vi)	überhitzt werden	[ju:bɛ'hiːtst vɛːdn]
se boucher (vp)	verstopft sein	[fɛrʃ'tɔpf zaɪn]
geler (vi)	einfrieren (vi)	['aɪnfˈriːrɛn]
crever (tuyau, etc.)	zerplatzen (vi)	[tsɛrp'latsɛn]

pression (f)	Druck (m)	[drʊk]
niveau (m)	Pegel (m)	['pɛːgɛʎ]
faible	schlaff	[ʃʎaf]

fosse (f)	Delle (f)	['dɛle]
bruit (m)	Klopfen (n)	['klɔpfɛn]
fissure (f)	Riß (m)	[ris]
égratignure (f)	Kratzer (m)	['krattsə]

179. La voiture. La route

route (f)	Weg (m)	[vɛk]
grande route (f)	Schnellstraße (f)	[ʃnɛʎʃ'trasɛ]
autoroute (f)	Autobahn (f)	['autoba:n]
direction (f)	Richtung (f)	['rihtʊn]
distance (f)	Entfernung (f)	[ɛnt'fɛrnʊn]

pont (m)	Brücke (f)	['brykkɛ]
parking (m)	Parkplatz (m)	['paːrkplats]
place (f)	Platz (m)	[plats]
échangeur (m)	Autobahnkreuz (n)	['autoba:ŋk'rɔɪts]
tunnel (m)	Tunnel (m)	['tʊnɛʎ]

station-service (f)	Tankstelle (f)	['taŋkʃtɛle]
parking (m)	Parkplatz (m)	['paːrkplats]
le poste d'essence	Zapfsäule (f)	['tsapfzɔɪlə]
atelier (m) de réparation	Reparaturwerkstatt (f)	[rɛpara'tuːr'vɛrkʃtat]
se ravitailler	tanken (vt)	['taŋkɛn]
carburant (m)	Treibstoff (m)	['traɪpʃtɔf]
jerrycan (m)	Kanister (m)	[ka'nistə]

asphalte (m)	Asphalt (m)	[as'faʎt]
marquage (m)	Markierung (f)	[mar'kiːrʊn]
bordure (f)	Bordstein (m)	['bɔrtʃ'taɪn]
barrière (f) de sécurité	Leitplanke (f)	['ʎaɪtpʎaŋkɛ]
fossé (m)	Graben (m)	['gra:bɛn]
bas-côté (m)	Straßenrand (m)	['ʃtrasɛnrant]
poteau (m)	Straßenlaterne (f)	['ʃtrasɛnlatɛrnɛ]

conduire (une voiture)	lenken (vt)	['lɛŋkɛn]
tourner (volant)	steuern (vt)	['ʃtɔjern]
tourner (~ à gauche)	abbiegen (vi)	['apbiːgɛn]
faire un demi-tour	umkehren (vi)	['umkeːrɛn]
marche (f) arrière	Rückwärtsgang (m)	[rykvarts'gan]

klaxonner (vi)	hupen (vi)	[hʊːpn]
klaxon (m)	Hupe (f)	['hʊːpɛ]
s'embourber (vp)	stecken (vi)	['ʃtɛkɛn]

déraper (vi)	durchdrehen (vi)	[dørhd're:ɛn]
couper (le moteur)	stoppen (vt)	['ʃtɔppɛn]
vitesse (f)	Geschwindigkeit (f)	[gɛʃ'windiĥkaıt]
dépasser la vitesse	Geschwindigkeit überschreiten	[gɛʃ'windiĥkaıt 'ju:bɛrʃraıtɛn]
mettre à l'amende	bestrafen (vt)	[bɛʃt'ra:fɛn]
feux (m pl)	Ampel (f)	['ampɛʎ]
permis (m) de conduire	Führerschein (m)	['fy:rɛrʃaın]
passage (m) à niveau	Bahnübergang (m)	['ba:ny:begaŋ]
carrefour (m)	Straßenkreuzung (f)	['ʃtrasɛŋkrɔıtsun]
passage (m) clouté	Fußgängerüberweg (m)	['fusgɛŋɛrʰ'jubɛrvɛk]
virage (m)	Kurve (f)	['kʊrvɛ]
zone (f) piétonne	Fußgängerzone (f)	['fusgɛŋɛr'tsɔ:nɛ]

180. Les panneaux de signalisation

code (m) de la route	Verkehrsregeln (f pl)	[fɛr'ke:rs're:gɛʎn]
signe (m)	Verkehrszeichen (n)	[fø'ke:əs 'tsaıhen]
dépassement (m)	Überholmanöver (n)	['jubɛrhɔʎmanø:və]
virage (m)	Kurve (f)	['kʊrvɛ]
demi-tour (m)	Wende (f)	['we:ndɛ]
sens (m) giratoire	Kreisverkehr (m)	['kraısfɛrke:r]
sens interdit	Einfahrt verboten	['aınfart fɛr'bo:tɛn]
circulation interdite	Verkehr verboten	[fɛr'ke:r fɛr'bo:tɛn]
interdiction de dépasser	Überholverbot	['jubɛrhɔʎfɛr'bot]
stationnement interdit	Parken verboten	['parkɛn fɛr'bo:tɛn]
arrêt interdit	Halteverbot	['haʎtɛfɛ'bot]
virage dangereux	gefährliche Kurve (f)	[gɛ'fɛ:rliĥ 'kʊrvɛ]
descente dangereuse	Gefälle (n)	[gɛ'fɛlɛ]
sens unique	Einbahnstraße (f)	['aınbanʃt'rasɛ]
passage clouté	Fußgänger	['fu:sgɛnə]
chaussée glissante	Schleudergefahr	[ʃløıdəgə'fa:]
cédez le passage	Vorfahrt gewähren!	[fɔ:'fa:rt gɛ've:rɛn]

LES GENS. LES ÉVÉNEMENTS

Les grands événements de la vie

181. Les fêtes et les événements

fête (f)	Fest (n)	[fɛst]
fête (f) nationale	Nationalfeiertag (m)	[naˈtsioˈnaʎˈfajertag]
jour (m) férié	Feiertag (m)	[ˈfajertaːk]
célébrer (vt)	feiern (vt)	[ˈfajern]
événement (m) (~ du jour)	Ereignis (n)	[ɛrʰˈaɪgnis]
événement (m) (soirée, etc.)	Veranstaltung (f)	[fɛrʰˈanʃtaʎtʊn]
banquet (m)	Bankett (n)	[baˈŋkɛt]
réception (f)	Empfang (m)	[ɛmpˈfan]
festin (m)	Festmahl (n)	[ˈfɛstmaːʎ]
anniversaire (m)	Jahrestag (m)	[ˈjarɛstaːk]
jubilé (m)	Jubiläumsfeier (f)	[jubiˈleːumsˈfaɪə]
fêter, célébrer	feiern (vt)	[ˈfajern]
Nouvel An (m)	Neujahr (n)	[ˈnɔjar]
Bonne année!	Frohes Neues Jahr!	[ˈfrɔɛs ˈnɔjɛs ˈjar]
arbre (m) de Noël	Tannenbaum (m)	[ˈtanɛnbaum]
Noël (m)	Weihnachten (n)	[ˈvaɪnahtɛn]
Joyeux Noël!	Frohe Weihnachten!	[ˈfrɔɛ ˈvaɪnahtɛn]
sapin (m) de Noël	Tannenbaum (m)	[ˈtanɛnbaum]
feux (m pl) d'artifice	Feuerwerk (n)	[ˈfɔjervɛrk]
mariage (m)	Hochzeit (f)	[ˈhɔhˈtsaɪt]
fiancé (m)	Bräutigam (m)	[ˈbrɔɪtigam]
fiancée (f)	Braut (f)	[ˈbraut]
inviter (vt)	einladen (vt)	[ˈaɪnladɛn]
lettre (f) d'invitation	Einladung (f)	[ˈaɪnlaːdʊn]
invité (m)	Gast (m)	[gast]
visiter (vt)	besuchen (vt)	[bɛˈzuːhɛn]
accueillir les invités	Gäste empfangen	[ˈgɛstɛ ɛmpˈfanɛn]
cadeau (m)	Geschenk (n)	[gɛˈʃɛŋk]
offrir (un cadeau)	schenken (vt)	[ˈʃɛŋkɛn]
recevoir des cadeaux	Geschenke bekommen	[gɛˈʃɛŋkɛ bɛˈkɔmɛn]
bouquet (m)	Blumenstrauß (m)	[ˈbluːmɛnʃtraus]
félicitations (f pl)	Glückwunsch (m)	[ˈglykvʊnʃ]
féliciter (vt)	gratulieren (vi)	[gratʊˈliːrɛn]
carte (f) de veux	Glückwunschkarte (f)	[glˈjukvʊnʃˈkartɛ]

envoyer une carte	eine Karte abschicken	['aɪnɛ 'kartɛ 'apʃikkɛn]
recevoir une carte	eine Karte erhalten	['aɪnɛ 'kartɛ ɛr'haʌtɛn]
toast (m)	Trinkspruch (m)	['trɪŋkʃprʊh]
offrir (un verre, etc.)	bewirten (vt)	[bɛ'wɪrtɛn]
champagne (m)	Champagner (m)	[ʃam'paɲə]
s'amuser (vp)	sich amüsieren	[ziħ amy'ziːrɛn]
joie (f), gaieté f	Fröhlichkeit (f)	['frøːliħkaɪt]
joie (f)	Freude (f)	['frɔɪdə]
danse (f)	Tanz (m)	[tants]
danser (vi, vt)	tanzen (vi, vt)	['tantsɛn]
valse (f)	Walzer (m)	['vaʌtsə]
tango (m)	Tango (m)	['taŋɔ]

182. L'enterrement. Le deuil

cimetière (m)	Friedhof (m)	['frithɔf]
tombe (f)	Grab (n)	[graːp]
pierre (f) tombale	Grabstein (m)	['graːpʃtaɪn]
grille (f)	Zaun (m)	['tsaun]
chapelle (f)	Kapelle (f)	[ka'pɛle]
mort (f)	Tod (m)	[tɔt]
mourir (vi)	sterben (vi)	['ʃtɛrbɛn]
défunt (m), décédé (m)	Verstorbene (m)	[fɛrʃ'tɔrbɛnɛ]
deuil (m)	Trauer (f)	['trauə]
enterrer (vt)	begraben (vt)	[bɛg'raːbɛn]
bureau (m) de pompes funèbres	Bestattungsanstalt (f)	[bɛʃ'tattʊnsʰ'anʃtaʌt]
enterrement (m)	Begräbnis (n)	[bɛg'rɛbnis]
couronne (f)	Kranz (m)	[krants]
cercueil (m)	Sarg (m)	[zark]
corbillard (m)	Katafalk (m)	[kata'faʌk]
linceul (m)	Totenhemd (n)	['totenhɛmt]
cortège (m)	Prozession (f)	[protsɛ'sɔn]
cortège (m) funèbre	Trauerzug (m)	['trauɛrtsuk]
urne (f)	Urne (f)	['urnɛ]
crématoire (m)	Krematorium (n)	[krɛma'tɔːrium]
nécrologue (m)	Nachruf (m)	['naːhrʊːf]
pleurer (vi)	weinen (vi)	['vaɪnɛn]
sangloter (vi)	schluchzen (vi)	['ʃluhtsɛn]

183. La guerre. Les soldats

section (f)	Zug (m)	[tsuk]
compagnie (f)	Kompanie (f)	[kɔmpa'niː]

régiment (m)	**Regiment** (n)	[rɛgi'mɛnt]
armée (f)	**Armee** (f)	[ar'me:]
division (f)	**Division** (f)	[diwi'zʲɔn]
détachement (m)	**Abteilung** (f)	['aptaɪlun]
armée (f)	**Heer** (n)	['hɛ:ə]
soldat (m)	**Soldat** (m)	[zɔʎ'da:t]
officier (m)	**Offizier** (m)	[ɔfi'tsi:ə]
soldat (m)	**Soldat** (m)	[zɔʎ'da:t]
sergent (m)	**Sergeant** (m)	[ser'ʒant]
lieutenant (m)	**Leutnant** (m)	['lɔɪtnant]
capitaine (m)	**Hauptmann** (m)	['hauptman]
commandant (m)	**Major** (m)	[ma'jɔr]
colonel (m)	**Oberst** (m)	['ɔ:bɛrst]
général (m)	**General** (m)	[gɛnɛ'ra:ʎ]
marin (m)	**Matrose** (m)	[mat'rɔ:zɛ]
capitaine (m)	**Kapitän** (m)	[kapi'tɛn]
maître (m) d'équipage	**Bootsmann** (m)	['bɔ:tsman]
artilleur (m)	**Artillerist** (m)	[artile'rist]
parachutiste (m)	**Fallschirmjäger** (m)	['faʎʃirm'jegə]
pilote (m)	**Pilot** (m)	[pi'lɔ:t]
navigateur (m)	**Steuermann** (m)	['ʃtɔjerman]
mécanicien (m)	**Mechaniker** (m)	[mɛ'ka:nikə]
démineur (m)	**Pionier** (m)	[piɔ'ni:ə]
parachutiste (m)	**Fallschirmspringer** (m)	['faʎʃirmʃp'riŋə]
éclaireur (m)	**Aufklärer** (m)	['aufk'lerə]
tireur (m) d'élite	**Scharfschütze** (m)	['ʃarf'ʃytsɛ]
patrouille (f)	**Patrouille** (f)	[pat'ruʎɛ]
patrouiller (vi)	**patrouillieren** (vi)	[patrʊ'li:rɛn]
sentinelle (f)	**Wache** (f)	['vahə]
guerrier (m)	**Krieger** (m)	['kri:gə]
héros (m)	**Held** (m)	[hɛʎd]
héroïne (f)	**Heldin** (f)	['hɛʎdin]
patriote (m)	**Patriot** (m)	[patri'ɔ:t]
traître (m)	**Verräter** (m)	[fɛr'rɛtə]
trahir (vt)	**verraten** (vt)	[fɛr'ra:tɛn]
traître (m) (transfuge)	**Hochverräter** (m)	[hɔhfɛr'rɛtɛ]
déserteur (m)	**Deserteur** (m)	[dɛzɛr'tø:r]
déserter (vt)	**desertieren** (vi)	[dɛzɛr'ti:rɛn]
mercenaire (m)	**Söldner** (m)	['zøʎdnə]
recrue (f)	**Rekrut** (m)	[rek'rʊ:t]
volontaire (m)	**Freiwillige** (m)	['fraɪwiligɛ]
mort (m)	**Ermordete** (m)	[ɛr'mɔrdɛtə]
blessé (m)	**Verwundete** (m)	[fɛr'vʊndɛtɛ]
captif (m)	**Gefangene** (m)	[gɛ'faŋɛnɛ]

184. La guerre. Partie 1

guerre (f)	**Krieg** (m)	[kriːk]
faire la guerre	**Krieg führen**	[kriːk ˈfyːrɛn]
guerre (f) civile	**Bürgerkrieg** (m)	[ˈbyrgɛrkrik]
perfidement	**heimtückisch**	[ˈhaɪmtykiʃ]
déclaration (f) de guerre	**Kriegserklärung** (f)	[ˈkriksʰɛrklerʊn]
déclarer (la guerre)	**erklären** (vt)	[ɛrkˈlerɛn]
agression (f)	**Aggression** (f)	[agrɛˈsʲɔn]
attaquer (vt)	**einfallen** (vt)	[ˈaːɪnfaːlen]
envahir (vt)	**eindringen** (vt)	[aːɪndˈriːnɛn]
agresseur (m)	**Eindringling** (m)	[aɪndˈrinlin]
conquérant (m)	**Eroberer** (m)	[ɛrʰˈɔːbɛrə]
défense (f)	**Verteidigung** (f)	[fɛrˈtaɪdigʊn]
défendre (vt)	**verteidigen** (vt)	[fɛrˈtaɪdigɛn]
se défendre (vp)	**sich verteidigen**	[ziɦ fɛrˈtaɪdigɛn]
ennemi (m)	**Feind** (m)	[faɪnt]
adversaire (m)	**Gegner** (m)	[ˈgɛgnə]
d'ennemi	**Feind-**	[faɪnt]
stratégie (f)	**Strategie** (f)	[ʃtratɛˈgiː]
tactique (f)	**Taktik** (f)	[ˈtaktik]
ordre (m)	**Befehl** (m)	[bɛˈfeːʎ]
commande (f)	**Anordnung** (f)	[bɛˈfeːʎ]
ordonner (vt)	**befehlen** (vt)	[bɛˈfeːlen]
mission (f)	**Auftrag** (m)	[ˈauftraːk]
secret	**geheim**	[gɛˈhaɪm]
bataille (f)	**Schlacht** (f)	[ʃʎaht]
combat (m)	**Kampf** (m)	[kampf]
attaque (f)	**Angriff** (m)	[ˈaŋrif]
assaut (m)	**Sturm** (m)	[ʃtʊrm]
prendre d'assaut	**stürmen** (vt)	[ˈʃtyrmɛn]
siège (m)	**Belagerung** (f)	[bɛˈlagɛrʊn]
offensive (f)	**Angriff** (m)	[ˈaŋrif]
passer à l'offensive	**angreifen** (vt)	[ˈaŋraɪfɛn]
retraite (f)	**Rückzug** (m)	[ˈryktsuk]
faire retraite	**sich zurückziehen**	[ziɦ tsyˈryktsiːɛn]
encerclement (m)	**Einkesselung** (f)	[aɪˈŋkɛselyn]
encercler (vt)	**einkesseln** (vt)	[aɪˈŋkɛːsɛʎn]
bombardement (m)	**Bombenangriff** (m)	[ˈbɔmbɛnʰˈaŋrif]
lancer une bombe	**eine Bombe abwerfen**	[ˈaɪnɛ ˈbɔmbɛ ˈapvɛrfɛn]
bombarder (vt)	**bombardieren** (vt)	[bɔmbarˈdiːrɛn]
explosion (f)	**Explosion** (f)	[ɛksploˈzʲɔn]
coup (m) de feu	**Schuß** (m)	[ʃʊs]

tirer un coup de feu	**schießen** (vt)	['ʃi:sɛn]
fusillade (f)	**Schießerei** (f)	[ʃi:sɛ'raɪ]
viser (vi)	**zielen** (vi)	['tsi:len]
pointer sur ...	**zielen** (vt)	['tsi:len]
atteindre (cible)	**treffen** (vt)	['trɛffɛn]
faire sombrer	**versenken** (vt)	[fɛr'zɛŋkɛn]
trou (m)	**Leck** (n)	[lek]
sombrer (navire)	**versinken** (vi)	[fɛr'ziŋkɛn]
front (m)	**Front** (f)	[frɔnt]
arrière (m)	**Hinterland** (n)	['hintɛrlant]
évacuation (f)	**Evakuierung** (f)	[ɛvaku'i:rʊn]
évacuer (vt)	**evakuieren** (vt)	[ɛvaku'i:rɛn]
barbelés (m pl)	**Stacheldraht** (m)	['ʃtaheʌdra:t]
barrage (m)	**Sperre** (f)	['ʃpɛrɛ]
tour (f) de guet	**Wachtturm** (m)	['vahttʊrm]
hôpital (m)	**Lazarett** (n)	[laza'rɛt]
blesser (vt)	**verwunden** (vt)	[fɛr'vʊndɛn]
blessure (f)	**Wunde** (f)	['vʊndɛ]
blessé (m)	**Verwundete** (m)	[fɛr'vʊndɛtɛ]
être blessé	**verletzt sein**	[fɛ:'le:tst zaɪn]
grave (blessure)	**schwer**	[ʃwe:ə]

185. La guerre. Partie 2

captivité (f)	**Gefangenschaft** (f)	[gɛ'faŋɛnʃaft]
captiver (vt)	**gefangen nehmen** (vt)	[gɛ'faŋɛn 'nɛ:mɛn]
être prisonnier	**in Gefangenschaft sein**	[in gɛ'faŋɛnʃaft zaɪn]
être fait prisonnier	**in Gefangenschaft geraten**	[in gɛ'faŋɛnʃaft gɛ'ratɛn]
camp (m) de concentration	**Konzentrationslager** (n)	[kɔntsɛntra'tsɔns'la:gə]
captif (m)	**Gefangene** (m)	[gɛ'faŋɛnɛ]
s'enfuir (vp)	**fliehen** (vi)	['fli:ɛn]
trahir (vt)	**verraten** (vt)	[fɛr'ra:tɛn]
traître (m)	**Verräter** (m)	[fɛr'rɛtə]
trahison (f)	**Verrat** (m)	[fɛr'ra:t]
fusiller (vt)	**erschießen** (vt)	[ɛr'ʃi:sɛn]
fusillade (f), exécution (f)	**Erschießung** (f)	[ɛr'ʃi:sʊn]
uniforme (f)	**Uniform** (f)	[uni'fɔrm]
épaulette (f)	**Schulterstück** (n)	['ʃuʌtɛrʃtyk]
masque (m) à gaz	**Gasmaske** (f)	['ga:s'maskɛ]
émetteur (m) radio	**Funkgerät** (n)	['fuŋkgɛ'rɛt]
chiffre (m)	**Chiffre** (f)	['ʃifrɛ]
conspiration (f)	**Konspiration** (f)	[kɔnspira'tsɔn]
mot (m) de passe	**Kennwort** (n)	['kenvɔrt]
mine (f)	**Mine** (f)	['mi:nɛ]

miner (vt)	**Minen legen**	['mi:nɛn 'le:gɛn]
champ (m) de mines	**Minenfeld** (n)	['mi:nɛn'fɛʌt]
alerte (f) aérienne	**Luftalarm** (m)	['lyftʰa'ʌarm]
signal (m) d'alarme	**Alarm** (m)	[a'ʌarm]
signal (m)	**Signal** (n)	[zig'na:ʌ]
fusée signal (f)	**Signalrakete** (f)	[zig'na:ʌra'ke:tɛ]
état-major (m)	**Stab** (m)	[ʃtap]
reconnaissance (f)	**Erkundung** (f)	['ɛrkʊndˌun]
situation (f)	**Lage** (f)	['la:gɛ]
rapport (m)	**Bericht** (m)	[bɛ'riħt]
embuscade (f)	**Hinterhalt** (m)	['hintɛrhaʌt]
renfort (m)	**Verstärkung** (f)	[fɛrʃ'tɛrkʊn]
cible (f)	**Zielscheibe** (f)	['tsi:ʌʃaıbɛ]
polygone (m)	**Schießplatz** (m)	['ʃi:splats]
manœuvres (f pl)	**Manöver** (n)	[ma'nø:və]
panique (f)	**Panik** (f)	['pa:nik]
dévastation (f)	**Verfall** (m)	[fɛr'faʌ]
ruines (f pl)	**Trümmer** (pl)	['trymə]
détruire (vt)	**zerstören** (vt)	['tsɛrʃtø:rɛn]
survivre (vi)	**überleben** (vi)	['ju:bɛr'le:bɛn]
désarmer (vt)	**entwaffnen** (vt)	[ɛnt'vafnɛn]
manier (vt)	**handhaben** (vt)	[na:nt'ha:bn]
Garde-à-vous! Fixe!	**Stillgestanden!**	['ʃtiʌgɛʃtandɛn]
Repos!	**Rühren!**	['ry:rɛn]
exploit (m)	**Heldentat** (f)	['hɛʌdɛntat]
serment (m)	**Eid** (m), **Schwur** (m)	[aıt], [ʃvʊ:r]
jurer (de faire qch)	**schwören** (vi, vt)	['ʃwø:rɛn]
décoration (f)	**Lohn** (m)	[lɔ:n]
décorer (de la medal)	**auszeichnen** (vt)	['aus'tsaıħnɛn]
médaille (f)	**Medaille** (f)	[me'daʌje]
ordre (m)	**Orden** (m)	['ɔrdɛn]
victoire (f)	**Sieg** (m)	[zi:k]
défaite (f)	**Niederlage** (f)	['ni:dɛrla:gɛ]
armistice (m)	**Waffenstillstand** (m)	['vaffɛnʃtiʌʃtand]
drapeau (m)	**Fahne** (f)	['fa:nɛ]
gloire (f)	**Ruhm** (m)	[rʊ:m]
défilé (m)	**Parade** (f)	[pa'ra:dɛ]
marcher (vi)	**marschieren** (vi)	[mar'ʃi:rɛn]

186. Les armes

arme (f)	**Waffe** (f)	['vaffɛ]
armes (f pl) à feu	**Schußwaffe** (f)	['ʃusvaffɛ]
armes (f pl) blanches	**blanke Waffe** (f)	['blaŋkɛ 'vaffɛ]

l'arme chimique	chemischen Waffen (f)	[ˈʃɛːmiʃɛn ˈvafɛn]
nucléaire	Kern-, Atom-	[kern], [aˈtɔm]
l'arme nucléaire	Kernwaffe (f)	[ˈkernvaffɛ]

| bombe (f) | Bombe (f) | [ˈbɔmbɛ] |
| bombe (f) atomique | Atombombe (f) | [aˈtɔːmˈbɔmbɛ] |

pistolet (m)	Pistole (f)	[pisˈtɔːle]
fusil (m)	Gewehr (n)	[gɛˈvɛr]
mitraillette (f)	Maschinenpistole (f)	[maˈʃiːnɛnpisˈtɔːle]
mitrailleuse (f)	Maschinengewehr (n)	[maˈʃiːnɛŋɛˈvɛr]

bouche (f)	Mündung (f)	[ˈmyndʊn]
canon (m)	Lauf (m)	[ˈlauf]
calibre (m)	Kaliber (n)	[kaˈliːbə]

gâchette (f)	Abzug (m)	[ˈapʦug]
mire (f)	Visier (n)	[ˈwiːziə]
magasin (m)	Magazin (n)	[magaˈʦiːn]
crosse (f)	Kolben (m)	[ˈkɔʎbɛn]

| grenade (f) | Granate (f) | [graˈnaːtɛ] |
| explosif (m) | Sprengstoff (m) | [ˈʃprɛnʃtɔf] |

balle (f)	Kugel (f)	[ˈkʊːgɛʎ]
cartouche (f)	Patrone (f)	[patˈrɔːnɛ]
charge (f)	Ladung (f)	[ˈladʊn]
munitions (f pl)	Munition (f)	[mʊniˈʦɪon]

bombardier (m)	Bomber (m)	[ˈbɔmbə]
avion (m) de chasse	Kampfflugzeug (n)	[ˈkampfˈlyktsɔɪk]
hélicoptère (m)	Hubschrauber (m)	[ˈhʊrʃraubə]

pièce (f) de D.C.A.	Flugabwehrkanone (f)	[ˈflykabvɛrkanɔːnɛ]
char (m)	Panzer (m)	[ˈpanʦə]
canon (m)	Panzerkanone (f)	[ˈpanʦɛrkaːˈnɔnɛ]

| artillerie (f) | Artillerie (f) | [artileˈriː] |
| pointer (vt) | zielen (vt) | [ˈʦiːlen] |

obus (m)	Geschoß (n)	[gɛˈʃɔs]
obus (m) de mortier	Wurfgranate (f)	[vʊːrf graˈnaːtɛ]
mortier (m)	Granatwerfer (m)	[graˈnaːtˈvɛrfə]
éclat (m)	Splitter (m)	[ˈʃplitə]

sous-marin (m)	U-Boot (n)	[ˈu ˈbɔːt]
torpille (f)	Torpedo (m)	[tɔrˈpɛdo]
fusée (f)	Rakete (f)	[raˈkeːtɛ]

charger (arme)	laden (vt)	[ˈlaːdɛn]
tirer (vi, vt)	schießen (vi)	[ˈʃiːsɛn]
viser (vi)	zielen (vi)	[ˈʦiːlen]
baïonnette (f)	Bajonett (n)	[bajoˈnɛt]

| épée (f) | Degen (m) | [ˈdɛgɛn] |
| sabre (m) | Säbel (m) | [ˈzɛbɛʎ] |

lance (f)	**Speer** (m)	[ˈʃpeːə]
arc (m)	**Bogen** (m)	[ˈboːɡɛn]
flèche (f)	**Pfeil** (m)	[pfaɪʎ]
mousquet (m)	**Muskete** (f)	[mʊsˈkɛːtɛ]
arbalète (f)	**Armbrust** (f)	[ˈarmbˈrʊst]

187. Les hommes préhistoriques

primitif	**ursprünglich**	[ˈurʃprynliħ]
préhistorique	**prähistorisch**	[ˈprɛhistɔːriʃ]
ancien	**alt**	[aʎt]

Âge (m) de pierre	**Steinzeit** (f)	[ˈʃtaɪntsaɪt]
Âge (m) de bronze	**Bronzezeit** (f)	[ˈbrɔntsɛtsaɪt]
période (f) glaciaire	**Eiszeit** (f)	[ˈaɪstsaɪt]

tribu (f)	**Stamm** (m)	[ʃtam]
cannibale (m)	**Kannibale** (m)	[kaniˈbale]
chasseur (m)	**Jäger** (m)	[ˈeːɡə]

| chasser (vi, vt) | **jagen** (vi) | [ˈjaɡɛn] |
| mammouth (m) | **Mammut** (n) | [maˈmʊt] |

| caverne (f) | **Höhle** (f) | [ˈhøːle] |
| feu (m) | **Feuer** (n) | [ˈfɔɪə] |

| feu (m) de camp | **Lagerfeuer** (n) | [ˈlaːɡɛrˈfɔɪə] |
| dessin (m) rupestre | **Höhlenmalerei** (f) | [høːlɛnmaːlɛˈraɪ] |

outil (m)	**Werkzeug** (n)	[ˈvɛrktsɔɪk]
lance (f)	**Speer** (m)	[ˈʃpeːə]
hache (f) en pierre	**Steinbeil** (n)	[ˈʃtaɪnʰbaɪʎ]

| faire la guerre | **Krieg führen** | [kriːk ˈfyːrɛn] |
| domestiquer (vt) | **domestizieren** (vt) | [dɔmɛstiˈtsiːrɛn] |

idole (f)	**Idol** (n)	[iˈdɔːʎ]
adorer, vénérer (vt)	**anbeten** (vt)	[ˈaːnbɛtn]
superstition (f)	**Aberglaube** (m)	[ˈaːbɛrglaubɛ]

| évolution (f) | **Evolution** (f) | [ɛvɔlyˈtsʲɔn] |
| développement (m) | **Entwicklung** (f) | [ɛntˈwiklun] |

| disparition (f) | **Verschwinden** (n) | [fɛrʃwindɛn] |
| s'adapter (vp) | **sich anpassen** | [ziħ anˈpassɛn] |

archéologie (f)	**Archäologie** (f)	[arhɛɔlɔˈgiː]
archéologue (m)	**Archäologe** (m)	[arhɛɔˈloːɡɛ]
archéologique	**archäologisch**	[arhɛɔˈloːɡiʃ]

fouilles (pl, lieu)	**Ausgrabungsstätte** (f pl)	[ˌausgˈraːbʊŋs ˈʃtɛtɛ]
fouilles (f pl)	**Ausgrabungen** (f pl)	[ˌausgˈraːbʊnɛn]
trouvaille (f)	**Fund** (m)	[fʊnd]
fragment (m)	**Fragment** (n)	[fragˈmɛnt]

188. Le Moyen Âge

peuple (m)	**Volk** (n)	[fɔʌk]
peuples (m pl)	**Völker** (n pl)	['føʌkə]
tribu (f)	**Stamm** (m)	[ʃtam]
tribus (f pl)	**Stämme** (m pl)	['ʃtɛme]
Barbares (m pl)	**Barbaren** (pl)	[bar'ba:rɛn]
Gaulois (m pl)	**Gallier** (pl)	['galiə]
Goths (m pl)	**Goten** (pl)	['gotɛn]
Slaves (m pl)	**Slawen** (pl)	['slavɛn]
Vikings (m pl)	**Wikinger** (pl)	['wikiŋə]
Romains (m pl)	**Römer** (pl)	['rø:mə]
romain	**römisch**	['rømiʃ]
byzantins (m pl)	**Byzantiner** (m pl)	[byʦan'tinə]
Byzance (f)	**Byzanz** (n)	[bi'zanʦ]
byzantin	**byzantinisch**	[byzan'tiniʃ]
empereur (m)	**Kaiser** (m)	['kaɪzə]
chef (m)	**Häuptling** (m)	['hɔɪptlin]
puissant	**mächtig**	['mɛħtiħ]
roi (m)	**König** (m)	['kø:niħ]
gouverneur (m)	**Herrscher** (m)	['fy:rə]
chevalier (m)	**Ritter** (m)	['rittə]
de chevalerie	**Ritter-**	['rittɛr]
féodal (m)	**Feudalherr** (m)	['fɔɪdaʌher]
féodal	**feudal, Feudal-**	[fɔɪ'daʌ]
vassal (m)	**Vasall** (m)	[fa'saʌ]
duc (m)	**Herzog** (m)	['hɛrʦɔg]
comte (m)	**Graf** (m)	[graf]
baron (m)	**Baron** (m)	[ba'rɔn]
évêque (m)	**Bischof** (m)	['biʃɔf]
armure (f)	**Rüstung** (f)	['rystʊn]
bouclier (m)	**Schild** (m)	[ʃiʌt]
épée (f), glaive (m)	**Schwert** (n)	[ʃwe:rt]
visière (f)	**Visier** (n)	['wi:ziə]
cotte (f) de mailles	**Panzerhemd** (n)	['panʦɛrhemd]
croisade (f)	**Kreuzzug** (m)	['krɔɪʦuk]
croisé (m)	**Kreuzritter** (m)	['krɔɪʦritə]
territoire (m)	**Territorium** (n)	[tɛri'tɔrium]
attaquer (vt)	**einfallen** (vt)	['a:ɪnfa:len]
conquérir (vt)	**erkämpfen** (vt)	[ɛr'kɛmpfen]
occuper (envahir)	**besetzen** (vt)	[bɛ'zɛ:ʦn]
siège (m)	**Belagerung** (f)	[bɛ'lagɛrʊn]
assiégé	**belagert**	[bɛ'lagɛrt]
assiéger (vt)	**belagern** (vt)	[bɛ'lagɛrn]
inquisition (f)	**Inquisition** (f)	[iŋkwizi'ʦʲɔn]

inquisiteur (m)	**Inquisitor** (m)	[iŋkwizi'tɔr]
torture (f)	**Folter** (f)	['fɔʌtə]
cruel	**grausam**	['grauzam]
hérétique (m)	**Ketzer** (m)	['kɛʦə]
hérésie (f)	**Ketzerei** (f)	[kɛʦɛ'raɪ]
navigation (f) en mer	**Seefahrt** (f)	['ze:faːrt]
pirate (m)	**Seeräuber** (m)	['zeːɛ'rɔɪbə]
piraterie (f)	**Seeräuberei** (f)	['zeːɛ'rɔɪbɛraɪ]
abordage (m)	**Enterung** (f)	['ɛnterʊŋ]
butin (m)	**Beute** (f)	['bɔɪtɛ]
trésor (m)	**Schätze** (m pl)	['ʃɛʦɛ]
découverte (f)	**Entdeckung** (f)	[ɛnt'dɛkkʊn]
découvrir (vt)	**entdecken** (vt)	[ɛnt'dɛkɛn]
expédition (f)	**Expedition** (f)	[ɛkspɛdi'ʦʲɔn]
mousquetaire (m)	**Musketier** (m)	['mʊskɛtiə]
cardinal (m)	**Kardinal** (m)	[kardi'naːʌ]
héraldique (f)	**Heraldik** (f)	[hɛ'raʌdik]
héraldique	**heraldisch**	[hɛ'raʌdiʃ]

189. Les dirigeants. Les responsables. Les autorités

roi (m)	**König** (m)	['køːniĥ]
reine (f)	**Königin** (f)	['køːnigin]
royal	**königlich**	['køːnigliĥ]
royaume (m)	**Königreich** (n)	[køːniĥ'raɪĥ]
prince (m)	**Prinz** (m)	[prinʦ]
princesse (f)	**Prinzessin** (f)	[prin'ʦɛssin]
président (m)	**Präsident** (m)	[prɛzi'dɛnt]
vice-président (m)	**Vizepräsident** (m)	['witsɛprɛzi'dɛnt]
sénateur (m)	**Senator** (m)	[zɛ'naːtɔr]
monarque (m)	**Monarch** (m)	[mɔ'narĥ]
gouverneur (m)	**Führer** (m)	['fyːrə]
dictateur (m)	**Diktator** (m)	[dik'taːtɔr]
tyran (m)	**Tyrann** (m)	[ty'ran]
magnat (m)	**Magnat** (m)	[mag'naːt]
directeur (m)	**Direktor** (m)	[di'rɛktɔr]
chef (m)	**Chef** (m)	[ʃɛf]
gérant (m)	**Leiter** (m)	['ʌaɪtə]
chef (m), patron (m)	**Boß** (m)	[bɔs]
patron (m)	**Wirt** (m)	[wirt]
chef (m)	**Leiter** (m)	['ʌaɪtə]
autorités (f pl)	**Behörden** (f pl)	[bɛ'hørdɛn]
supérieurs (m pl)	**Vorgesetzte** (m pl)	['foːrgɛ'zɛʦtɛ]
gouverneur (m)	**Gouverneur** (m)	[gʊːvɛr'nøːr]
consul (m)	**Konsul** (m)	['kɔnzuʌ]

diplomate (m)	**Diplomat** (m)	[diplɔ'maːt]
maire (m)	**Bürgermeister** (m)	['byrgɛrmaɪstə]
shérif (m)	**Sheriff** (m)	[ʃɛ'rif]

empereur (m)	**Kaiser** (m)	['kaɪzə]
tsar (m)	**Zar** (m)	[ʦaːr]
pharaon (m)	**Pharao** (m)	[fa:'raɔ]
khan (m)	**Khan** (m)	[kan]

190. L'itinéraire. La direction. Le chemin

route (f)	**Straße** (f)	['ʃtrasɛ]
voie (f)	**Weg** (m)	[vɛk]

autoroute (f)	**Autobahn** (f)	['autɔbaːn]
grande route (f)	**Schnellstraße** (f)	[ʃnɛʎʃt'rasɛ]
route (f) nationale	**Bundesstraße** (f)	['bʊndɛʃt'rascɛ]

route (f) principale	**Hauptstraße** (f)	['hauptʃt'rasɛ]
route (f) de campagne	**Feldweg** (m)	['fɛʎtvɛk]

chemin (m, sentier)	**Pfad** (m)	[pfat]
sentier (m)	**Fußweg** (m)	['fʊːsvɛk]

Où?	**Wo?**	[voː]
Où? (~ vas-tu?)	**Wohin?**	[vɔ:'hin]
D'où?	**Woher?**	[vɔ:'heːr]

direction (f)	**Richtung** (f)	['rihtʊn]
indiquer (vt)	**zeigen** (vt)	['ʦaɪgɛn]

à gauche	**nach links**	[na:h 'liŋks]
à droite	**nach rechts**	[na:h 'rɛhts]
tout droit	**geradeaus**	[gɛ'ra:dɛaʊs]
en arrière	**zurück**	[ʦu'ryk]

virage (m, de la route)	**Kurve** (f)	['kʊrvɛ]
tourner (~ à gauche)	**abbiegen** (vi)	['apbi:gɛn]
faire un demi-tour	**umkehren** (vi)	['umke:rɛn]

se dessiner (vp)	**sichtbar sein**	['zihtbar zaɪn]
apparaître (vi)	**erscheinen** (vi)	[ɛr'ʃaɪnɛn]

halte (f)	**Aufenthalt** (m)	['aufɛnthaʎt]
se reposer (vp)	**sich erholen**	[zih ɛr'hoːlen]
repos (m)	**Erholung** (f)	[ɛr'hoːlun]

perdre son chemin	**sich verirren**	[zih fɛrʰ'irɛn]
mener (vt)	**führen (in ..., nach ...)**	['fyːrɛn in], [nah]
arriver à ...	**ankommen in ...**	[a:'ŋkɔ:mɛn in]
partie (f)	**Strecke** (f)	['ʃtrɛkkɛ]

asphalte (m)	**Asphalt** (m)	[as'faʎt]
bordure (f)	**Bordstein** (m)	['bɔrtʃ'taɪn]

fossé (m)	**Graben** (m)	['graːbɛn]
bouche (f) d'égout	**Gully** (m)	['guli]
bas-côté (m)	**Straßenrand** (m)	['ʃtrasɛnrant]
nid-de-poule (m)	**Schlagloch** (n)	['ʃʎagløh]
aller (à pied)	**gehen** (vi)	['geːɛn]
dépasser (vt)	**überholen** (vt)	[juːbɛr'hɔːlen]
pas (m)	**Schritt** (m)	[ʃrit]
à pied	**zu Fuß**	[ʦu 'fʊs]
barrer (vt)	**blockieren** (vt)	[blø'kiːrɛn]
barrière (f)	**Schlagbaum** (m)	['ʃlaːkbaum]
impasse (f)	**Sackgasse** (f)	['zakgassɛ]

191. Les crimes. Les criminels. Partie 1

bandit (m)	**Bandit** (m)	[ban'diːt]
crime (f)	**Verbrechen** (n)	[fɛrb'rɛhen]
criminel (m)	**Verbrecher** (m)	[fɛrb'rɛhə]
voleur (m)	**Dieb** (m)	[diːp]
voler (vt)	**stehlen** (vt)	['ʃteːlen]
vol (m) (activité)	**Diebstahl** (m)	['diːpʃtaːʎ]
vol (m) (~ à la tire)	**Stehlen** (n)	['diːpʃtaːʎ]
kidnapper (vt)	**kidnappen** (vt)	['kitnɛpɛn]
kidnapping (m)	**Kidnapping** (n)	['kitnɛpin]
kidnappeur (m)	**Kidnapper** (m)	['kitnɛpə]
rançon (f)	**Lösegeld** (n)	[løːzɛ'gɛʎt]
exiger une rançon	**Lösegeld verlangen**	[løːzɛ'gɛʎt fɛr'laŋɛn]
cambrioler (vt)	**rauben** (vt)	['raubɛn]
cambriolage (m)	**Raub** (m)	['raup]
cambrioleur (m)	**Räuber** (m)	['rɔɪbə]
extorquer (vt)	**erpressen** (vt)	[ɛrp'rɛssɛn]
extorqueur (m)	**Erpresser** (m)	[ɛrp'rɛssə]
extorsion (f)	**Erpressung** (f)	[ɛrp'rɛssʊn]
tuer (vt)	**töten** (vt)	['tøːtɛn]
meurtre (m)	**Mord** (m)	[mɔrt]
meurtrier (m)	**Mörder** (m)	['mørdə]
coup (m) de feu	**Schuß** (m)	[ʃʊs]
tirer un coup de feu	**schießen** (vt)	['ʃiːsɛn]
abattre (arme à feu)	**erschießen** (vt)	[ɛr'ʃiːsɛn]
tirer (vi, vt)	**schießen** (vi)	['ʃiːsɛn]
des coups de feu	**Schießerei** (f)	[ʃiːsɛ'raɪ]
incident (m)	**Vorfall** (m)	['fɔːrfaʎ]
bagarre (f)	**Schlägerei** (f)	[ʃlɛgɛ'raɪ]
victime (f)	**Opfer** (n)	['ɔpfə]

endommager (vt)	beschädigen (vt)	[bɛˈʃɛːdɪgɛn]
dommage (m)	Schaden (m)	[ˈʃaːdɛn]
cadavre (m)	Leiche (f)	[ˈʎaɪhɛ]
grave	eohwcr	[ʃweːə]

attaquer (vt)	angreifen (vt)	[ˈaŋraɪfɛn]
battre (frapper)	schlagen (vt)	[ˈʃlaːgɛn]
passer à tabac	verprügeln (vt)	[fɛrpˈrygɛʎn]
prendre (voler)	wegnehmen (vt)	[ˈvɛknɛɪmɛn]
poignarder (vt)	erstechen (vt)	[ɛrʃˈtɛhen]
mutiler (vt)	verstümmeln (vt)	[ˈferʃtymeʎn]
blesser (vt)	verwunden (vt)	[fɛrˈvʊndɛn]

chantage (m)	Erpressung (f)	[ɛrpˈrɛssʊn]
faire chanter	erpressen (vt)	[ɛrpˈrɛssɛn]
maître (m) chanteur	Erpresser (m)	[ɛrpˈrɛssə]

racket (m)	Erpressung (f)	[ɛrpˈrɛssʊn]
racketteur (m)	Erpresser (m)	[ɛrpˈrɛssə]
gangster (m)	Gangster (m)	[ˈgɛŋstə]
mafia (f)	Mafia (f)	[ˈmaːfia]

pickpocket (m)	Taschendieb (m)	[ˈtaʃɛnˈdiːp]
cambrioleur (m)	Einbrecher (m)	[ˈaɪnbrɛhə]
contrebande (f)	Schmuggel (m)	[ˈʃmʊːgɛʎ]
contrebandier (m)	Schmuggler (m)	[ˈʃmʊːglə]

contrefaçon (f)	Fälschung (f)	[ˈfɛʎʃʊn]
falsifier (vt)	fälschen (vt)	[ˈfɛʎʃɛn]
faux	gefälscht	[geˈfɛʎʃt]

192. Les crimes. Les criminels. Partie 2

viol (m)	Vergewaltigung (f)	[fɛrgɛˈvaʎtigʊn]
violer (vt)	vergewaltigen (vt)	[fɛrgɛˈvaʎtigɛn]
violeur (m)	Gewalttäter (m)	[gɛˈvaʎtˈtɛtə]
maniaque (m)	Besessene (m)	[beˈzɛsɛnɛ]

prostituée (f)	Prostituierte (f)	[prɔstɪtʊˈiːrtɛ]
prostitution (f)	Prostitution (f)	[prɔstɪtʊtsiˈɔn]
souteneur (m)	Zuhälter (m)	[ˈtsuhɛʎtə]

| drogué (m) | Drogenabhängige (m) | [ˈdrɔːgɛnʰaphɛŋigɛ] |
| trafiquant (m) de drogue | Drogenhändler (m) | [ˈdrɔgenhɛndlə] |

faire exploser	sprengen (vt)	[ˈʃprɛŋɛn]
explosion (f)	Explosion (f)	[ɛksplɔˈzʲɔn]
mettre feu	in Brand stecken	[in brant ˈʃtɛkkɛn]
incendiaire (m)	Brandstifter (m)	[ˈbrantʃtiːftə]

terrorisme (m)	Terrorismus (m)	[tɛrɔˈrismʊs]
terroriste (m)	Terrorist (m)	[tɛrɔˈrist]
otage (m)	Geisel (m, f)	[ˈgaɪzɛʎ]
tromper (vt)	betrügen (vt)	[bɛtˈryːgen]

| tromperie (f) | Betrug (m) | [bɛt'rʊ:k] |
| escroc (m) | Betrüger (m) | [bɛt'ry:gə] |

soudoyer (vt)	bestechen (vt)	[bɛʃ'tɛhen]
corruption (f)	Bestechlichkeit (f)	[bɛʃ'tɛhlikaɪt]
pot-de-vin (m)	Bestechungsgeld (n)	[bɛʃtɛ'hyns gɛʌt]

poison (m)	Gift (n)	[gift]
empoisonner (vt)	vergiften (vt)	[fɛr'giftɛn]
s'empoisonner (vp)	sich vergiften	[ziɦ fɛr'giftɛn]

| suicide (m) | Selbstmord (m) | ['zɛʌpstmɔrt] |
| suicidé (m) | Selbstmörder (m), -in (f) | ['zɛʌpstmørdə] / [in] |

menacer (vt)	drohen (vi)	['drɔ:ɛn]
menace (f)	Drohung (f)	['drɔun]
attenter (vt)	versuchen (vt)	[fɛr'zu:hɛn]
attentat (m)	Attentat (n)	['attɛntat]

| voler (un auto) | stehlen (vt) | ['ʃte:len] |
| détourner (vt) | entführen (vt) | [ɛnt'fy:rɛn] |

| vengeance (f) | Rache (f) | ['rahɛ] |
| se venger (vp) | sich rächen | [ziɦ 'rɛhen] |

torturer (vt)	foltern (vt)	['tɔ:ʌtɛn]
torture (f)	Folter (f)	['fɔʌtə]
tourmenter (vt)	quälen (vt)	['kvɛlen]

pirate (m)	Seeräuber (m)	['ze:ɛ'rɔıbə]
voyou (m)	Rowdy (m)	['rɔudi]
armé	bewaffnet	[bɛ'vafnɛt]
violence (f)	Gewalt (f)	[gɛ'vaʌt]

| espionnage (m) | Spionage (f) | [ʃpiɔ'na:ʒɛ] |
| espionner (vt) | spionieren (vi) | [ʃpiɔ'ni:rɛn] |

193. La police. La justice. Partie 1

| justice (f) | Justiz (f) | [jus'ti:ts] |
| tribunal (m) | Gericht (n) | [gɛ'riɦt] |

juge (m)	Richter (m)	['riɦtə]
jury (m)	Geschworenen (pl)	[gɛʃ'vɔ:rɛnɛ]
cour (f) d'assises	Geschworenengericht (n)	[gɛʃ'vɔ:rɛnɛŋɛ'riɦt]
juger (vt)	richten (vt)	['riɦtɛn]

avocat (m)	Rechtsanwalt (m)	['rɛɦtsanvaʌt]
accusé (m)	Angeklagte (m)	['aŋkla:ktɛ]
banc (m) des accusés	Anklagebank (f)	['aŋkla:gɛ'baŋk]

inculpation (f)	Anklage (f)	['aŋkla:gɛ]
inculpé (m)	Angeklagte (m)	['aŋkla:ktɛ]
condamnation (f)	Urteil (n)	['urtaıʌ]

condamner (vt)	verurteilen (vt)	[fɛrʰˈuːrtaɪlen]
coupable (m)	Schuldige (m)	[ˈʃʊʎdigɛ]
punir (vt)	bestrafen (vt)	[bɛʃtˈraːfɛn]
punition (f)	Strafe (f)	[ˈʃtraːfɛ]

amende (f)	Geldstrafe (f)	[ˈgɛʎtʃtˈraːfɛ]
détention (f) à vie	lebenslange Haft (f)	[ˈleːbɛnsˈlaŋɛ haft]
peine (f) de mort	Todesstrafe (f)	[ˈtoːdɛsʃtˈraːfɛ]
chaise (f) électrique	elektrischer Stuhl (m)	[ɛˈlektriʃə ʃtuːʎ]
potence (f)	Galgen (m)	[ˈgaʎgɛn]

| exécuter (vt) | hinrichten (vt) | [ˈhinriɦtɛn] |
| exécution (f) | Hinrichtung (f) | [ˈhinriɦtʊn] |

| prison (f) | Gefängnis (n) | [gɛˈfɛŋis] |
| cellule (f) | Zelle (f) | [ˈtsɛle] |

escorte (f)	Eskorte (f)	[ɛsˈkortɛ]
gardien (m) de prison	Aufseher (m)	[ˈaufzeːə]
prisonnier (m)	Gefangene (m)	[gɛˈfaŋɛnɛ]

| menottes (f pl) | Handschellen (pl) | [ˈhantˈʃɛlen] |
| mettre les menottes | Handschellen anlegen | [ˈhantˈʃɛlen ˈanleːgen] |

évasion (f)	Ausbruch (m)	[ˈausbrʊh]
s'évader (vp)	ausbrechen (vi)	[ausbˈrɛhen]
disparaître (vi)	verschwinden (vi)	[fɛrʃˈwindɛn]
libérer (vt)	aus ... entlassen	[aus ɛntˈlassɛn]
amnistie (f)	Amnestie (f)	[amnɛsˈtiː]

police (f)	Polizei (f)	[poliˈtsaɪ]
policier (m)	Polizist (m)	[poliˈtsist]
commissariat (m) de police	Polizeiwache (f)	[poliˈtsaɪˈvahɛ]
matraque (f)	Gummiknüppel (m)	[ˈgymikˈnyːpɛʎ]
haut parleur (m)	Sprachrohr (n)	[ˈʃprahrɔːr]

voiture (f) de patrouille	Polizeiwagen (m)	[poliˈtsaɪˈvaːgen]
sirène (f)	Sirene (f)	[ziˈrɛnɛ]
enclencher la sirène	die Sirene einschalten	[di ziˈrɛnɛ ˈaɪnʃˌaʎtɛn]
hurlement (m) de la sirène	Sirenengeheul (n)	[ziˈrɛːnɛŋɛˈhɔɪʎ]

lieu (m) du crime	Tatort (m)	[ˈtaːtʰɔrt]
témoin (m)	Zeuge (m)	[ˈtsɔɪgɛ]
liberté (f)	Freiheit (f)	[ˈfraɪhaɪt]
complice (m)	Komplize (m)	[kɔmpˈliːtsɛ]
s'enfuir (vp)	verschwinden (vi)	[fɛrʃˈwindɛn]
trace (f)	Spur (f)	[ʃpʊːr]

194. La police. La justice. Partie 2

recherche (f)	Suche (f)	[ˈzuːhɛ]
rechercher (vt)	suchen (vt)	[ˈzuːhɛn]
suspicion (f)	Verdacht (m)	[fɛrˈdaht]
suspect	verdächtig	[fɛrˈdɛhtiɦ]

arrêter (dans la rue)	**anhalten** (vt)	['haʌtɛn]
détenir (vt)	**verhaften** (vt)	[fɛr'haftɛn]
affaire (f)	**Fall** (m)	[fal]
enquête (f)	**Untersuchung** (f)	[untɛr'zuhʊn]
détective (m)	**Detektiv** (m)	[dɛtɛk'ti:f]
juge (m) d'instruction	**Untersuchungsrichter** (m)	[untɛr'zu:hʊns'riɦtə]
hypothèse (f)	**Version** (f)	[vɛr'zʲon]
motif (m)	**Motiv** (n)	[mo'ti:f]
interrogatoire (m)	**Verhör** (n)	[fɛr'hø:r]
interroger (vt)	**verhören** (vt)	[fɛr'hø:rɛn]
interroger (les voisins, etc.)	**vernehmen** (vt)	[fe:'nemɛn]
interrogatoire (m)	**Verhör** (n)	[fɛr'hø:r]
inspection (f)	**Prüfung** (f)	['pry:fʊn]
rafle (f)	**Razzia** (f)	['ratsia]
perquisition (f)	**Durchsuchung** (f)	[dʊ:rɦ'zu:hʊn]
poursuite (f)	**Verfolgung** (f)	[fɛr'foʌgʊn]
poursuivre (vt)	**verfolgen** (vt)	[fɛr'foʌgɛn]
dépister (vt)	**verfolgen** (vt)	[fɛr'foʌgɛn]
arrestation (f)	**Verhaftung** (f)	[fɛr'haftʊn]
arrêter (police)	**verhaften** (vt)	[fɛr'haftɛn]
prendre (criminel)	**ertappen** (vt)	[ɛr'tappɛn]
capture (f)	**Festnahme** (f)	['fɛstna:mɛ]
document (m)	**Dokument** (n)	[dokʊ'mɛnt]
preuve (f)	**Beweis** (m)	[bɛ'vaɪs]
prouver (vt)	**beweisen** (vt)	[bɛ'vaɪzɛn]
empreinte (f) de pied	**Fußspur** (f)	['fʊsʃpʊ:r]
empreintes (f pl) digitales	**Fingerabdrücke** (m pl)	['fiŋɛrʰ'apd'rykɛ]
preuve (f)	**Beweisstück** (n)	[bɛ'vaɪsʃtyk]
alibi (m)	**Alibi** (n)	['a:libi]
innocent	**unschuldig**	['unʃʊʌdiɦ]
injustice (f)	**Ungerechtigkeit** (f)	['uŋɛrɛɦtiɦkaɪt]
injuste	**ungerecht**	['uŋɛrɛɦt]
criminel	**Kriminal-**	[krimi'na:ʌ]
confisquer (vt)	**beschlagnahmen** (vt)	[bɛʃ'la:kna:mɛn]
drogue (f)	**Droge** (f)	['dro:gɛ]
arme (f)	**Waffe** (f)	['vaffɛ]
désarmer (vt)	**entwaffnen** (vt)	[ɛnt'vafnɛn]
ordonner (vt)	**befehlen** (vt)	[bɛ'fe:len]
disparaître (vi)	**verschwinden** (vi)	[fɛrʃ'windɛn]
loi (f)	**Gesetz** (n)	[gɛ'zɛts]
légal	**gesetzlich**	[gɛ'zɛtsliɦ]
illégal	**illegal**	[ile'ga:ʌ]
responsabilité (f)	**Verantwortlichkeit** (f)	[fɛrʰ'antvɔrtliɦkaɪt]
responsable	**verantwortlich**	[fɛrʰ'antvɔrtliɦ]

LA NATURE

La Terre. Partie 1

195. L'espace cosmique

cosmos (m)	**Kosmos** (m)	['kɔsmɔs]
cosmique	**kosmisch, Raum-**	['kɔsmiʃ], ['raum]
l'espace cosmique	**Weltraum** (m)	['vɛʌtraum]
monde (m)	**All** (n)	[aʌ]
galaxie (f)	**Galaxie** (f)	[galak'si]
étoile (f)	**Stern** (m)	[ʃtɛrn]
constellation (f)	**Gestirn** (n)	[gɛʃ'tirn]
planète (f)	**Planet** (m)	[pla'ne:t]
satellite (m)	**Satellit** (m)	[zatɛ'li:t]
météorite (m)	**Meteorit** (m)	[mɛtɛɔ'ri:t]
comète (f)	**Komet** (m)	[kɔ'mɛt]
astéroïde (m)	**Asteroid** (m)	[astɛ'rɔ:it]
orbite (f)	**Umlaufbahn** (f)	[um'ʌaufba:n]
tourner	**sich drehen**	[ziɦ 'dre:ɛn]
atmosphère (f)	**Atmosphäre** (f)	[atmɔs'fɛrɛ]
Soleil (m)	**Sonne** (f)	['zɔnɛ]
système (m) solaire	**Sonnensystem** (n)	['zɔnɛnsystɛ:m]
l'éclipse de soleil	**Sonnenfinsternis** (f)	['zɔnɛnfinstɛrnis]
Terre (f)	**Erde** (f)	['e:rdɛ]
Lune (f)	**Mond** (m)	[mɔnt]
Mars (m)	**Mars** (m)	[mars]
Vénus (f)	**Venus** (f)	['we:nʊs]
Jupiter (m)	**Jupiter** (m)	['ju:pitə]
Saturne (m)	**Saturn** (m)	['zatʊrn]
Mercure (m)	**Merkur** (m)	[mɛr'kʊ:r]
Uranus (m)	**Uran** (m)	[u'ra:n]
Neptune (m)	**Neptun** (m)	[nɛp'tʊn]
Pluton (m)	**Pluto** (m)	['plutɔ]
la Voie Lactée	**Milchstraße** (f)	['miʌɦʃt'rasɛ]
la Grande Ours	**Der Große Bär**	[də 'grɔ:sɛ bɛ:r]
étoile (f) Polaire	**Polarstern** (m)	[pɔ'larʃtɛrn]
martien (m)	**Marsbewohner** (m)	['marsbɛ'vo:nə]
extraterrestre (m)	**Außerirdische** (m)	['ausɛrʰ'irdiʃɛ]
alien (m)	**Außerirdische** (m)	['ausɛrʰ'irdiʃɛ]

soucoupe (f) volante	**fliegende Untertasse** (f)	['fli:gɛndɛ 'untɛrtassɛ]
vaisseau (m) spatial	**Raumschiff** (n)	['raumʃif]
station (f) orbitale	**Raumstation** (f)	['raumʃta'tsʲon]
lancement (m)	**Start** (m)	[ʃtart]
moteur (m)	**Motor** (m)	['mɔ:tɔr]
tuyère (f)	**Düse** (f)	['dy:zɛ]
carburant (m)	**Treibstoff** (m)	['traɪpʃtɔf]
cabine (f)	**Kabine** (f)	[ka'bi:nɛ]
antenne (f)	**Antenne** (f)	[an'tɛŋɛ]
hublot (m)	**Bullauge** (n)	['bʊ'ʎaugɛ]
batterie (f) solaire	**Sonnenbatterie** (f)	['zɔnɛnbattɛ'ri:]
scaphandre (m)	**Raumanzug** (m)	['raumʰan'tsuk]
apesanteur (f)	**Schwerelosigkeit** (f)	['ʃwe:rɛlɔziɦkaɪt]
oxygène (m)	**Sauerstoff** (m)	['zauɛrʃtɔf]
arrimage (m)	**Ankopplung** (f)	[a'ŋkɔplyn]
s'arrimer à ...	**koppeln** (vi)	['kɔppeʎn]
observatoire (m)	**Observatorium** (n)	[ɔbzerva'tɔ:rium]
télescope (m)	**Teleskop** (n)	[tɛles'kɔp]
observer (vt)	**beobachten** (vt)	[bɛ'ɔbahtɛn]
explorer (un cosmos)	**erforschen** (vt)	[ɛr'fɔrʃen]

196. La Terre

Terre (f)	**Erde** (f)	['e:rdɛ]
globe (m) terrestre	**Erdkugel** (f)	['e:rtkʊ:geʎ]
planète (f)	**Planet** (m)	[pla'ne:t]
atmosphère (f)	**Atmosphäre** (f)	[atmɔs'fɛrɛ]
géographie (f)	**Geographie** (f)	[gɛogra'fi:]
nature (f)	**Natur** (f)	[na'tʊ:r]
globe (m) de table	**Globus** (m)	['glɔ:bʊs]
carte (f)	**Landkarte** (f)	['lantkartɛ]
atlas (m)	**Atlas** (m)	['atlas]
Europe (f)	**Europa** (n)	[ɔɪ'rɔpa]
Asie (f)	**Asien** (n)	['a:ziɛn]
Afrique (f)	**Afrika** (n)	['a:frika]
Australie (f)	**Australien** (n)	[aʊst'ra:liɛn]
Amérique (f)	**Amerika** (n)	[a'mɛrika]
Amérique (f) du Nord	**Nordamerika** (n)	['nɔrtʰa'mɛrika]
Amérique (f) du Sud	**Südamerika** (n)	['zytʰa'mɛrika]
l'Antarctique (m)	**Antarktis** (f)	[an'tarktis]
Arctique (f)	**Arktis** (f)	['arktis]

97 Les quatre parties du monde

nord (m)	**Norden** (m)	['nɔrdɛn]
vers le nord	**nach Norden**	[na:h 'nɔrdɛn]
au nord	**im Norden**	[im 'nɔrdɛn]
du nord	**nördlich**	['nørdlih]
sud (m)	**Süden** (m)	['zy:dɛn]
vers le sud	**nach Süden**	[na:h 'zy:dɛn]
au sud	**im Süden**	[im 'zy:dɛn]
du sud	**südlich**	['zy:dlih]
occident (m)	**Westen** (m)	['vɛstɛn]
vers l'occident	**nach Westen**	[na:h 'vɛstɛn]
à l'occident	**im Westen**	[im 'vɛstɛn]
occidental	**westlich, West-**	['vɛstlih], [vɛst]
orient (m)	**Osten** (m)	['ɔstɛn]
vers l'orient	**nach Osten**	[na:h 'ɔstɛn]
à l'orient	**im Osten**	[im 'ɔstɛn]
oriental	**östlich**	[østlih]

98 Les océans et les mers

mer (f)	**Meer** (n), **See** (f)	['me:ə], ['ze:]
océan (m)	**Ozean** (m)	['ɔ:tsean]
golfe (m)	**Bucht** (f)	[bʊht]
détroit (m)	**Meerenge** (f)	['me:rʰ'ɛŋɛ]
continent (m)	**Kontinent** (m)	[kɔnti'nɛnt]
île (f)	**Insel** (f)	['inzɛʎ]
presqu'île (f)	**Halbinsel** (f)	['haʎpʰ'inzɛʎ]
archipel (m)	**Archipel** (m)	[arhi'pe:ʎ]
baie (f)	**Bucht** (f)	[bʊht]
port (m)	**Hafen** (m)	['ha:fɛn]
lagune (f)	**Lagune** (f)	[la'gu:nɛ]
cap (m)	**Kap** (n)	[kap]
atoll (m)	**Atoll** (n)	[a'tɔʎ]
récif (m)	**Riff** (n)	[rif]
corail (m)	**Koralle** (f)	[kɔ'ralɛ]
récif (m) de corail	**Korallenriff** (n)	[kɔ'ralɛn'rif]
profond	**tief**	[ti:f]
profondeur (f)	**Tiefe** (f)	['ti:fɛ]
abîme (m)	**Abgrund** (m)	['apgrʊnt]
fosse (f) océanique	**Graben** (m)	['gra:bɛn]
courant (m)	**Strom** (m)	[ʃtrɔ:m]
baigner (mer)	**umspülen** (vt)	['umʃpy:len]
côte (f)	**Ufer** (n)	['ufə]
littoral (m)	**Küste** (f)	['kystɛ]

marée (f) haute	**Flut** (f)	[fluːt]
marée (f) basse	**Ebbe** (f)	[ˈɛbɛ]
banc (m) de sable	**Sandbank** (f)	[ˈzantbaŋk]
fond (m)	**Boden** (m)	[ˈbɔːdɛn]
vague (f)	**Welle** (f)	[ˈvɛle]
crête (f) de l'onde	**Wellenkamm** (m)	[ˈvɛleŋkam]
mousse (f)	**Schaum** (m)	[ˈʃaum]
ouragan (m)	**Orkan** (m)	[ɔrˈkaːn]
tsunami (m)	**Tsunami** (m)	[ʦuˈnaːmi]
calme (m)	**Windstille** (f)	[ˈvintʃˈtille]
calme	**ruhig**	[ˈruih]
pôle (m)	**Pol** (m)	[pɔːʎ]
polaire	**Polar-**	[pɔˈʎar]
latitude (f)	**Breite** (f)	[ˈbraitɛ]
longitude (f)	**Länge** (f)	[ˈlɛŋɛ]
parallèle (f)	**Parallele** (f)	[paraˈleːle]
équateur (m)	**Äquator** (m)	[ɛkˈvaːtɔr]
ciel (m)	**Himmel** (m)	[ˈhimɛʎ]
horizon (m)	**Horizont** (m)	[horiˈʦɔnt]
air (m)	**Luft** (f)	[lyft]
phare (m)	**Leuchtturm** (m)	[løiht'turm]
plonger (vi)	**tauchen** (vi)	[ˈtauhɛn]
sombrer (navire)	**versinken** (vi)	[fɛrˈzinkɛn]
trésor (m)	**Schätze** (m pl)	[ˈʃɛtsɛ]

199. Les noms des mers et des océans

océan (m) Atlantique	**Atlantischer Ozean** (m)	[atˈlantiʃə ˈɔːʦɛan]
océan (m) Indien	**Indischer Ozean** (m)	[ˈindiʃə ˈɔːʦɛan]
océan (m) Pacifique	**Pazifischer Ozean** (m)	[paˈʦiːfiʃə ɔʦeˈan]
océan (m) Glacial	**Arktischer Ozean** (m)	[ˈarktiʃə ɔːˈʦɛan]
mer (f) Noire	**Schwarzes Meer** (n)	[ˈʃvarʦɛs ˈmeːə]
mer (f) Rouge	**Rotes Meer** (n)	[ˈrɔːtɛs ˈmeːə]
mer (f) Jaune	**Gelbes Meer** (n)	[ˈgɛʎbɛs ˈmeːə]
mer (f) Blanche	**Weißes Meer** (n)	[ˈvaisɛs ˈmeːə]
mer (f) Caspienne	**Kaspisches Meer** (n)	[ˈkaspiʃɛs ˈmeːə]
mer (f) Morte	**Totes Meer** (n)	[ˈtɔːtɛs ˈmeːə]
mer (f) Méditerranée	**Mittelmeer** (n)	[ˈmittɛʎˈmeːə]
mer (f) Égée	**Ägäisches Meer** (n)	[ɛˈgɛiʃɛs ˈmeːə]
mer (f) Adriatique	**Adriatisches Meer** (n)	[adriˈatiʃɛs ˈmeːə]
mer (f) d'Oman	**Arabisches Meer** (n)	[aˈraːbiʃɛs ˈmeːə]
mer (f) du Japon	**Japanisches Meer** (n)	[jaˈpaːniʃɛs ˈmeːə]
mer (f) de Béring	**Beringmeer** (n)	[ˈbɛriŋˈmeːə]
mer (f) de Chine Méridionale	**Südchinesisches Meer** (n)	[zydhiˈnɛːziʃɛs ˈmeːə]

| mer (f) de Corail | Korallenmeer (n) | [kɔ'rallen'meːə] |
| mer (f) Caraïbe | Karibisches Meer (n) | [ka'riːbiʃɛs mɛːə] |

| mer (f) de Barents | Barentssoo (f) | ['baːɛnls'zeː] |
| mer (f) de Kara | Karasee (f) | ['kara'zeː] |

mer (f) du Nord	Nordsee (f)	['nɔrtzeː]
mer (f) Baltique	Ostsee (f)	['ɔstzeː]
mer (f) de Norvège	Nordmeer (n)	['nɔrd'meːə]

200. Les montagnes

montagne (f)	Berg (m)	[bɛrk]
chaîne (f) de montagnes	Gebirgskette (f)	[gɛ'birks'kettɛ]
crête (f)	Bergrücken (m)	['bɛrkrykkɛn]

sommet (m)	Gipfel (m)	['gipfɛʎ]
pic (m)	Spitze (f)	['ʃpitsɛ]
pied (m)	Bergfuß (m)	['bɛrk'fus]
pente (f)	Abhang (m)	['aphan]

volcan (m)	Vulkan (m)	[vuʎ'kaːn]
volcan (m) actif	tätiger Vulkan (m)	['tɛtigə vuʎ'kaːn]
volcan (m) éteint	schlafender Vulkan (m)	['ʃlaːfɛndə vul'kaːn]

éruption (f)	Ausbruch (m)	['ausbruh]
cratère (m)	Krater (m)	['kraːtə]
magma (m)	Magma (n)	['magma]
lave (f)	Lava (f)	['laːva]
incandescent	glühend	['glyːɛnt]

canyon (m)	Cañon (m)	[ka'njɔn]
défilé (m)	Schlucht (f)	[ʃluht]
crevasse (f)	Spalte (f)	['ʃpaʎtɛ]

col (m)	Gebirgspaß (m)	[gɛ'birgpas]
plateau (m)	Plateau (n)	[pla'tɔː]
rocher (m)	Fels (m)	['fɛʎs]
colline (f)	Hügel (m)	['hyːgɛʎ]

| glacier (m) | Gletscher (m) | ['glɛtʃə] |
| chute (f) d'eau | Wasserfall (m) | ['vassɛrfaʎ] |

| geyser (m) | Geiser (m) | ['gaɪzə] |
| lac (m) | See (m) | ['zeː] |

plaine (f)	Ebene (f)	['eːbɛnɛ]
paysage (m)	Landschaft (f)	['lantʃaft]
écho (m)	Echo (n)	['ɛhɔ]

alpiniste (m)	Bergsteiger (m)	['bɛrkʃ'taɪgə]
varappeur (m)	Kletterer (m)	['klɛtɛrə]
conquérir	bezwingen (vt)	[bɛts'wiŋɛn]
ascension (f)	Aufstieg (m)	['aufʃtiːk]

201 Les noms des chaînes de montagne

Alpes (f pl)	Alpen (pl)	['aʎpɛn]
Mont Blanc (m)	Montblanc (m)	[mɔnb'lan]
Pyrénées (f pl)	Pyrenäen (pl)	[pyrɛ'nɛ:n]
Carpates (f pl)	Karpaten (pl)	[kar'patɛn]
Monts Oural (m pl)	Uralgebirge (n)	[u'ra:lgeˈbirgɛ]
Caucase (m)	Kaukasus (m)	[kau'kasʊs]
Elbrous (m)	Elbrus (m)	[ɛʎb'rʊs]
Altaï (m)	Altai (m)	[al'taɪ]
Tian Chan (m)	Tian Shan (m)	[tʰan ʃan]
Pamir (m)	Pamir (m)	[pa'mir]
Himalaya (m)	Himalaja (m)	[hima'laja]
Everest (m)	Everest (m)	[ɛvɛ'rɛst]
Andes (f pl)	Anden (pl)	['andɛn]
Cordillère (f)	Kordilleren (pl)	[kɔrdi'lerɛn]
Kilimandjaro (m)	Kilimandscharo (m)	[kilimand'ʃarɔ]

202 Les fleuves

rivière (f), fleuve (m)	Fluß (m)	[flus]
source (f)	Quelle (f)	['kvɛle]
lit (m)	Flußbett (n)	[flus'bɛt]
bassin (m)	Stromgebiet (n)	['ʃtrɔmgɛbi:t]
se jeter dans …	einmünden in …	['aɪnmyndɛn in]
affluent (m)	Nebenfluß (m)	['nɛbɛnflus]
rive (f)	Ufer (n)	['ufə]
courant (m)	Strom (m)	[ʃtrɔ:m]
en aval	stromabwärts	['ʃtrɔ:mʰapvɛrts]
en amont	stromaufwärts	['ʃtrɔ:mʰaufvɛrts]
inondation (f)	Überschwemmung (f)	['ju:bɛrʃvɛmʊn]
les grandes crues	Hochwasser (n)	['hɔhvassə]
déborder (vt)	aus den Ufern treten	[aʊs dɛn 'ufɛrn 'trɛtɛn]
inonder (vt)	überfluten (vt)	[jubɛrf'ly:tɛn]
bas-fond (m)	Sandbank (f)	['zantbaŋk]
rapide (m)	Stromschnelle (f)	['ʃtrɔmʃnɛle]
barrage (m)	Damm (m)	[dam]
canal (m)	Kanal (m)	[ka'na:ʎ]
retenue (f) d'eau	Stausee (m)	['ʃtauze:]
écluse (f)	Schleuse (f)	['ʃløɪze]
réservoir (m) d'eau	Gewässer (n)	[gɛ'vɛsə]
marais (m)	Sumpf (m)	[zumpf]
fondrière (f)	Moor (n)	['mɔ:ɔ]
tourbillon (m)	Strudel (m)	['ʃtrʊ:dɛʎ]

ruisseau (m)	**Bach** (m)	[bah]
potable	**Trink-**	[triŋk]
doux	**Süß-**	['zy:s]
glace (f)	**Eis** (n)	[aɪs]
être gelé	**zufrieren** (vi)	['ʦufˈri:rɛn]

203. Les noms des fleuves

Seine (f)	**Seine** (f)	['zɛ:nɛ]
Loire (f)	**Loire** (f)	[lɔˈa:r]
Tamise (f)	**Themse** (f)	['tɛmzɛ]
Rhin (m)	**Rhein** (m)	[raɪn]
Danube (m)	**Donau** (f)	['dɔnau]
Volga (f)	**Wolga** (f)	['vɔʎga]
Don (m)	**Don** (m)	[dɔn]
Lena (f)	**Lena** (f)	['lɛna]
Huang he (m)	**Gelber Fluß** (m)	['gɛʎbə flys]
Yangzi Jiang (m)	**Jangtse** (m)	[jaŋˈʦɛ]
Mékong (m)	**Mekong** (m)	[meˈkɔŋ]
Gange (m)	**Ganges** (m)	['gaŋɛs]
Nil (m)	**Nil** (m)	[nil]
Congo (m)	**Kongo** (m)	['kɔŋɔ]
Zambèze (m)	**Sambesi** (m)	[zamˈbezi]
Limpopo (m)	**Limpopo** (m)	[limpɔˈpɔ]

204. La forêt

forêt (f)	**Wald** (m)	[vaʎt]
forestier	**Wald-**	[vaʎt]
fourré (m)	**Dickicht** (n)	['dikiħt]
bosquet (m)	**Gehölz** (n)	[gɛˈhøʎʦ]
clairière (f)	**Lichtung** (f)	['liħtʊn]
broussailles (f pl)	**Dickicht** (n)	['dikiħt]
maquis (m)	**Gebüsch** (n)	[gɛˈbyʃ]
chemin (m, sentier)	**Pfad** (m)	[pfat]
sentier (m)	**Fußweg** (m)	['fu:svɛk]
ravin (m)	**Schlucht** (f)	[ʃluht]
arbre (m)	**Baum** (m)	['baum]
feuille (f)	**Blatt** (n)	[blat]
feuillage (m)	**Laub** (n)	['laup]
chute (f) de feuilles	**Laubfall** (m)	['laupˈfaʎ]
tomber (feuilles)	**fallen** (vi)	['fa:len]

sommet (m)	**Wipfel** (m)	['wipfɛʎ]
rameau (m)	**Zweig** (m)	[tsvaɪk]
branche (f)	**Ast** (m)	[ast]
bourgeon (m)	**Knospe** (f)	['knɔspɛ]
aiguille (f)	**Nadel** (f)	['na:dɛʎ]
pomme (f) de pin	**Zapfen** (m)	['tsapfɛn]
creux (m)	**Höhlung** (f)	['hø:lun]
nid (m)	**Nest** (n)	[nɛst]
trou (m)	**Höhle** (f)	['hø:le]
tronc (m)	**Stamm** (m)	[ʃtam]
racine (f)	**Wurzel** (f)	['vʊrtsɛʎ]
écorce (f)	**Rinde** (f)	['rindɛ]
mousse (f)	**Moos** (n)	['mɔ:s]
déraciner (vt)	**roden** (vt)	['rɔ:dɛn]
abattre, couper	**fällen** (vt)	['fɛlen]
déboiser (vt)	**abholzen** (vt)	['aphɔʎtsɛn]
souche (f)	**Baumstumpf** (m)	['baumʃtʊmpf]
feu (m) de bois	**Lagerfeuer** (n)	['la:gɛr'fɔɪə]
incendie (f)	**Waldbrand** (m)	[brant]
éteindre (feu)	**löschen** (vt)	['løʃɛn]
garde (m) forestier	**Förster** (m)	['førstə]
protection (f)	**Schutz** (m)	[ʃʊts]
protéger (vt)	**beschützen** (vt)	[bɛ'ʃytsɛn]
braconnier (m)	**Wilddieb** (m)	['wiʎt'dip]
piège (m) à dents	**Falle** (f)	['fale]
cueillir (vt) (champignons)	**sammeln** (vt)	['zamɛʎn]
cueillir (vt) (baies)	**pflücken** (vt)	[pflykn]
s'égarer (vp)	**sich verirren**	[ziɦ fɛrʰ'irɛn]

205. Les ressources naturelles

ressources (f pl) naturelles	**Naturressourcen** (f pl)	[na'tu:rɛs‚u:rsɛn]
minéraux (m pl)	**Bodenschätze** (m pl)	['bo:dɛn'ʃɛtsɛ]
gisement (m)	**Vorkommen** (n)	['fɔ:rkɔmɛn]
champ (m) (~ pétrolifère)	**Feld** (n)	[fɛʎt]
extraire (vt)	**gewinnen** (vt)	[gɛ'winɛn]
extraction (f)	**Gewinnung** (f)	[gɛ'winʊn]
minerai (m)	**Erz** (n)	[ɛrts]
mine (f, lieu)	**Bergwerk** (n)	['bɛrkvɛrk]
puits (m) de mine	**Schacht** (m)	[ʃaht]
mineur (m)	**Bergarbeiter** (m)	['bɛrkʰ'arbaɪtə]
gaz (m)	**Erdgas** (n)	['e:rtga:s]
gazoduc (m)	**Gasleitung** (f)	['ga:s'ʎaɪtʊn]
pétrole (m)	**Erdöl** (n)	['e:rtʰø:ʎ]
pipeline (m)	**Erdölleitung** (f)	['ertʰø:ʎ'ʎaɪtʊn]

tour (f) de forage	**Erdölturm** (m)	['e:rtʰø:ʎtʊrm]
derrick (m)	**Bohrturm** (m)	['bɔ:rtʊrm]
pétrolier (m)	**Tanker** (m)	['taŋkə]
sable (m)	**Sand** (m)	[zant]
calcaire (m)	**Kalkstein** (m)	['kaʎkʃtaɪn]
gravier (m)	**Kies** (m)	[ki:s]
tourbe (f)	**Torf** (m)	[tɔrf]
argile (f)	**Ton** (m)	[tɔn]
charbon (m)	**Kohle** (f)	['kɔ:le]
fer (m)	**Eisen** (n)	['aɪzɛn]
or (m)	**Gold** (n)	[gɔʎt]
argent (m)	**Silber** (n)	['ziʎbə]
nickel (m)	**Nickel** (n)	['nikkɛʎ]
cuivre (m)	**Kupfer** (n)	['kʊpfə]
zinc (m)	**Zink** (n)	[ʦiŋk]
manganèse (m)	**Mangan** (n)	[ma'ŋan]
mercure (m)	**Quecksilber** (n)	['kvɛkziʎbə]
plomb (m)	**Blei** (n)	[bʎaɪ]
minéral (m)	**Mineral** (n)	[minɛ'ra:ʎ]
cristal (m)	**Kristall** (m)	[kris'ta:ʎ]
marbre (m)	**Marmor** (m)	['marmɔr]
uranium (m)	**Uran** (n)	[u'ra:n]
diamant (m)	**Diamant** (m)	[dia'mant]

La Terre. Partie 2

206. Le temps

temps (m)	**Wetter** (n)	['vɛttə]
météo (f)	**Wetterbericht** (m)	['vɛttɛrbɛ'riɦt]
température (f)	**Temperatur** (f)	[tɛmpɛra'tuːr]
thermomètre (m)	**Thermometer** (n)	[tɛrmɔ'meːtə]
baromètre (m)	**Barometer** (n)	[barɔ'meːtə]
humide	**feucht**	[fɔɪɦt]
humidité (f)	**Feuchtigkeit** (f)	['fɔɪɦtiɦkaɪt]
chaleur (f)	**Hitze** (f)	['hitsɛ]
très chaud	**glutheiß**	['glythaɪs]
il fait très chaud	**ist heiß**	[ist haɪs]
il fait chaud	**ist warm**	[ist varm]
chaud	**warm**	[varm]
il fait froid	**ist kalt**	[ist kaʎt]
froid	**kalt**	[kaʎt]
soleil (m)	**Sonne** (f)	['zɔnɛ]
briller (soleil)	**scheinen** (vi)	['ʃaɪnɛn]
ensoleillé	**sonnig**	['zɔniɦ]
se lever (vp)	**aufgehen** (vi)	['aufgeːɛn]
se coucher (vp)	**untergehen** (vi)	['untɛrgeːɛn]
nuage (m)	**Wolke** (f)	['vɔʎkɛ]
nuageux	**bewölkt**	[bɛ'wøʎkt]
nuée (f)	**Regenwolke** (f)	['regɛn'vɔʎkɛ]
sombre	**bewölkt**	[bɛ'wøʎkt]
pluie (f)	**Regen** (m)	['regɛn]
il pleut	**es regnet**	[ɛs 'regnɛt]
pluvieux	**regnerisch**	['regnɛriʃ]
bruiner (v imp)	**nieseln** (vi)	['niːzɛʎn]
pluie (f) torrentielle	**strömender Regen** (m)	['ʃtrømɛndə 'regɛn]
averse (f)	**Regenschauer** (m)	['regɛn'ʃauə]
forte	**stark**	[ʃtark]
flaque (f)	**Pfütze** (f)	['pfytsɛ]
se faire mouiller	**naß werden** (vi)	[nas 'weːrdɛn]
brouillard (m)	**Nebel** (m)	['nɛbɛʎ]
brumeux	**nebelig**	['nɛbliɦ]
neige (f)	**Schnee** (m)	['ʃneː]
il neige	**es schneit**	[ɛs 'ʃnaɪt]

207. Les intempéries. Les catastrophes naturelles

orage (m)	**Gewitter** (n)	[gɛ'wɪttə]
éclair (m)	**Blitz** (m)	[blɪts]
éclater (foudre)	**blitzen** (vi)	['blɪtsɛn]
tonnerre (m)	**Donner** (m)	['dɔnə]
gronder (tonnerre)	**donnern** (vi)	['dɔnɛrn]
le tonnerre gronde	**Es donnert**	[ɛs 'dɔnɛrt]
grêle (f)	**Hagel** (m)	['ha:gɛʎ]
il grêle	**es hagelt**	[ɛs 'ha:gɛʎt]
inonder (vt)	**überfluten** (vt)	[jubɛrf'ly:tɛn]
inondation (f)	**Überschwemmung** (f)	['ju:bɛrʃvɛmʊn]
tremblement (m) de terre	**Erdbeben** (n)	['e:rtbe:bɛn]
secousse (f)	**Erschütterung** (f)	[ɛr'ʃyttɛrʊn]
épicentre (m)	**Epizentrum** (n)	[ɛpi'tsɛntrʊm]
éruption (f)	**Ausbruch** (m)	['ausbrʊh]
lave (f)	**Lava** (f)	['la:va]
tornade (f)	**Tornado** (m)	[tɔr'na:do]
typhon (m)	**Taifun** (m)	[taɪ'fu:n]
ouragan (m)	**Orkan** (m)	[ɔr'ka:n]
tempête (f)	**Sturm** (m)	[ʃtʊrm]
tsunami (m)	**Tsunami** (m)	[tsu'na:mi]
cyclone (m)	**Zyklon** (m)	[tsyk'lo:n]
intempéries (f pl)	**Unwetter** (n)	['unvɛttə]
incendie (f)	**Brand** (m)	[brant]
catastrophe (f)	**Katastrophe** (f)	[katast'ro:fɛ]
météorite (m)	**Meteorit** (m)	[mɛtɛɔ'ri:t]
avalanche (f)	**Lawine** (f)	[la'wi:nɛ]
éboulement (m)	**Schneelawine** (f)	['ʃne:lawi:nɛ]
blizzard (m)	**Schneegestöber** (n)	['ʃne:gɛʃtø:bə]
tempête (f) de neige	**Schneesturm** (m)	['ʃne:ʃtʊrm]

208. Les bruits. Les sons

silence (m)	**Stille** (f)	['ʃtile]
son (m)	**Laut** (m)	['laut]
bruit (m)	**Lärm** (m)	[lɛrm]
faire du bruit	**lärmen** (vi)	['lɛrmɛn]
bruyant	**lärmend**	['lɛrmɛnt]
fort (adv)	**laut**	['laut]
fort (adj)	**laut**	['laut]
incessant (bruit)	**ständig**	['ʃtɛndiɦ]
cri (m)	**Schrei** (m)	[ʃraɪ]

crier (vi, vt)	**schreien** (vi, vt)	['ʃrajen]
chuchotement (m)	**Flüstern** (n)	['flystɛrn]
chuchoter (vi, vt)	**flüstern** (vt)	['flystɛrn]
aboiement (m)	**Gebell** (n)	[gɛ'bɛʎ]
aboyer (vi)	**bellen** (vi)	['bɛlen]
gémissement (m)	**Stöhnen** (n)	['ʃtø:nɛn]
gémir (vi)	**stöhnen** (vi)	['ʃtø:nɛn]
toux (f)	**Husten** (m)	['hʊstɛn]
tousser (vi)	**husten** (vi)	['hʊstɛn]
sifflement (m)	**Pfiff** (m)	[pfif]
siffler (vi)	**pfeifen** (vi)	['pfaɪfɛn]
coups (m pl) à la porte	**Klopfen** (n)	['klɔpfɛn]
frapper (~ à la porte)	**klopfen** (vi)	['klɔpfɛn]
craquer (vi)	**krachen** (vi)	['krahɛn]
craquement (m)	**Krachen** (n)	['krahɛn]
sirène (f)	**Sirene** (f)	[zi'rɛnɛ]
sifflement (m)	**Pfeife** (f)	['pfaɪfɛ]
siffler (train, etc.)	**heulen** (vi)	['hɔɪlen]
klaxon (m)	**Hupe** (f)	['hʊ:pɛ]
klaxonner (vi)	**hupen** (vi)	[hʊ:pn]

209. L'hiver

hiver (m)	**Winter** (m)	['wintə]
d'hiver	**Winter-**	['wintɛr]
en hiver	**im Winter**	[im 'wintə]
neige (f)	**Schnee** (m)	['ʃne:]
il neige	**es schneit**	[ɛs 'ʃnait]
chute (f) de neige	**Schneefall** (m)	['ʃne:faʎ]
congère (f)	**Schneewehe** (f)	['ʃne:we:]
flocon (m) de neige	**Schneeflocke** (f)	['ʃne:fløkkɛ]
boule (f) de neige	**Schneeball** (m)	['ʃne:baʎ]
bonhomme (m) de neige	**Schneemann** (m)	['ʃne:man]
glaçon (m)	**Eiszapfen** (m)	['aistsapfɛn]
décembre (m)	**Dezember** (m)	[dɛ'tsɛmbə]
janvier (m)	**Januar** (m)	['janʊar]
février (m)	**Februar** (m)	['fɛbrʊar]
Nouvel An (m)	**Neujahr** (n)	['nɔjar]
sapin (m) de Noël	**Tannenbaum** (m)	['tanɛnbaum]
Noël (m)	**Weihnachten** (n)	['vainahtɛn]
gel (m)	**Frost** (m)	[frost]
de gel	**frostig, Frost-**	['frostiɦ], [frost]
au-dessous de zéro	**unter Null**	['untə 'nʊʎ]
premières gelées (f pl)	**Morgenfrost** (m)	['mɔrgɛnf'rɔst]

givre (m)	**Reif** (m)	['raɪf]
froid (m)	**Kälte** (f)	['kɛʎtɛ]
il fait froid	**Es ist kalt**	['ɛs ist kaʎt]
manteau (m) de fourrure	**Pelzmantel** (m)	['pɛʎtsmantɛʎ]
moufles (f pl)	**Fausthandschuhe** (m pl)	['faust'hantʃuːɛ]
tomber malade	**erkranken** (vi)	[ɛrk'raŋkɛn]
refroidissement (m)	**Erkältung** (f)	[ɛr'kɛʎtʊn]
prendre froid	**sich erkälten**	[ziɦ ɛr'kɛʎtɛn]
glace (f)	**Eis** (n)	[aɪs]
verglas (m)	**Glatteis** (n)	['glatʰaɪs]
être gelé	**zufrieren** (vi)	['tsufʰriːrɛn]
bloc (m) de glace	**Eisscholle** (f)	['aɪsʃɔle]
skis (m pl)	**Ski** (pl)	[ʃiː]
skieur (m)	**Schiläufer** (m)	['ʃiːløɪfə]
faire du ski	**Ski laufen**	['ʃiː 'laufɛn]
patiner (vi)	**Schlittschuh laufen**	['ʃlitʃuː 'laufɛn]

La faune

210. Les mammifères. Les prédateurs

prédateur (m)	**Raubtier** (n)	['raupti:ə]
tigre (m)	**Tiger** (m)	['ti:gə]
lion (m)	**Löwe** (m)	['lø:vɛ]
loup (m)	**Wolf** (m)	[vɔʎf]
renard (m)	**Fuchs** (m)	[fʊks]
jaguar (m)	**Jaguar** (m)	['jagʊar]
léopard (m)	**Leopard** (m)	[leɔ'part]
guépard (m)	**Gepard** (m)	[ge'part]
panthère (f)	**Panther** (m)	['pantə]
puma (m)	**Puma** (m)	['pʊ:ma]
léopard (m) de neiges	**Schneeleopard** (m)	['ʃnɛ:leɔpart]
lynx (m)	**Luchs** (m)	[lyks]
coyote (m)	**Kojote** (m)	[kɔ'jo:tɛ]
chacal (m)	**Schakal** (m)	[ʃa'ka:ʎ]
hyène (f)	**Hyäne** (f)	[hy'ɛnɛ]

211. Les animaux sauvages

animal (m)	**Tier** (n)	[ti:ə]
bête (f)	**Bestie** (f)	['bɛstie]
écureuil (m)	**Eichhörnchen** (n)	['aɪhørnhen]
hérisson (m)	**Igel** (m)	['i:gɛʎ]
lièvre (m)	**Hase** (m)	['ha:zɛ]
lapin (m)	**Kaninchen** (n)	[ka'ninhen]
blaireau (m)	**Dachs** (m)	[daks]
raton (m)	**Waschbär** (m)	['vaʃbɛr]
hamster (m)	**Hamster** (m)	['hamstə]
marmotte (f)	**Murmeltier** (n)	['mʊrmɛʎ'ti:ə]
taupe (f)	**Maulwurf** (m)	['mauʎvʊrf]
souris (f)	**Maus** (f)	['maus]
rat (m)	**Ratte** (f)	['ra:tɛ]
chauve-souris (f)	**Fledermaus** (f)	['fle:dɛrmaus]
hermine (f)	**Hermelin** (n)	[hɛrmɛ'li:n]
zibeline (f)	**Zobel** (m)	['ʦɔ:bɛʎ]
martre (f)	**Marder** (m)	['mardə]
belette (f)	**Wiesel** (n)	['wi:zɛʎ]
vison (m)	**Nerz** (m)	[nɛrʦ]

castor (m)	Biber (m)	['bi:bə]
loutre (f)	Fischotter (m)	[fi'ʃɔttə]
cheval (m)	Pferd (n)	[pfe:rt]
élan (m)	Elch (m)	[ɛʎh]
cerf (m)	Hirsch (m)	[hirʃ]
chameau (m)	Kamel (n)	[ka'mɛʎ]
bison (m)	Bison (m)	[bi'zɔ:n]
aurochs (m)	Wisent (m)	['wizɛnt]
buffle (m)	Büffel (m)	['byffɛʎ]
zèbre (m)	Zebra (n)	['tsɛbra]
antilope (f)	Antilope (f)	[anti'lo:pɛ]
chevreuil (m)	Reh (n)	['rɛe]
biche (f)	Damhirsch (m)	['damhirʃ]
chamois (m)	Gemse (f)	['gɛmzɛ]
sanglier (m)	Wildschwein (n)	['wiʎtʃvaɪn]
baleine (f)	Wal (m)	[vaʎ]
phoque (m)	Seehund (m)	['ze:hʊnt]
morse (m)	Walroß (n)	['vaʎrɔs]
otarie (f)	Bärenrobbe (f)	['bɛrɛn'rɔ:bɛ]
dauphin (m)	Delphin (m)	[dɛʎ'fin]
ours (m)	Bär (m)	[bɛr]
ours (m) blanc	Eisbär (m)	['aɪsbɛr]
panda (m)	Panda (m)	['panda]
singe (m)	Affe (m)	['affɛ]
chimpanzé (m)	Schimpanse (m)	[ʃimpan'zɛ]
orang-outang (m)	Orang-Utan (m)	[ɔ:'raŋ 'u:tan]
gorille (m)	Gorilla (m)	[go'rila]
macaque (m)	Makak (m)	[ma'kak]
gibbon (m)	Gibbon (m)	[gi'bɔ:n]
éléphant (m)	Elefant (m)	[ɛle'fant]
rhinocéros (m)	Nashorn (n)	['na:shɔrn]
girafe (f)	Giraffe (f)	[ʒi'raffɛ]
hippopotame (m)	Flußpferd (n)	['fluspfe:rt]
kangourou (m)	Känguru (n)	[kɛŋu'rʊ:]
koala (m)	Koala (m)	[kɔ'ala]
mangouste (f)	Manguste (f)	[ma'ŋustɛ]
chinchilla (m)	Chinchilla (f)	[tʃin'tʃinʎja]
sconse (m)	Skunk (m)	[skʊŋk]
porc-épic (m)	Stachelschwein (n)	['ʃtaheʎʃvaɪn]

212. Les animaux domestiques

chat (m) (femelle)	Katze (f)	['katsɛ]
chat (m) (mâle)	Kater (m)	['katə]
chien (m)	Hund (m)	[hʊnt]

cheval (m)	Pferd (n)	[pfe:rt]
étalon (m)	Hengst (m)	['hɛŋkst]
jument (f)	Stute (f)	['ʃtʊ:tɛ]

vache (f)	Kuh (f)	[kʊ:]
taureau (m)	Stier (m)	[ʃti:ə]
bœuf (m)	Ochse (m)	['ɔksɛ]

brebis (f)	Schaf (n)	[ʃaf]
mouton (m)	Hammel (m)	['hamɛʎ]
chèvre (f)	Ziege (f)	['tsige]
bouc (m)	Ziegenbock (m)	['tsigɛnbɔk]

| âne (m) | Esel (m) | ['ɛzɛʎ] |
| mulet (m) | Maultier (n) | ['mauʎti:ə] |

cochon (m)	Schwein (n)	[ʃvaɪn]
pourceau (m)	Ferkel (n)	['fɛrkɛʎ]
lapin (m)	Kaninchen (n)	[ka'ninhen]

| poule (f) | Huhn (n) | [hʊ:n] |
| coq (m) | Hahn (m) | [ha:n] |

canard (m)	Ente (f)	['ɛntɛ]
canard (m, mâle)	Enterich (m)	['ɛntɛriĥ]
oie (f)	Gans (f)	[gans]

| dindon (m) | Puter (m) | ['pʊ:tə] |
| dinde (f) | Pute (f) | ['pʊ:tɛ] |

animaux (m pl) domestiques	Haustiere (n pl)	['hausti:rɛ]
apprivoisé	zahm	[tsam]
apprivoiser (vt)	zähmen (vt)	['tsɛ:mɛn]
élever (vt)	züchten (vt)	['tsyĥtɛn]

ferme (f)	Farm (f)	[farm]
volaille (f)	Geflügel (n)	[gɛf'ly:gɛʎ]
bétail (m)	Vieh (n)	[fi:]
troupeau (m)	Herde (f)	['he:rdɛ]

écurie (f)	Pferdestall (m)	['pfe:rdɛʃtaʎ]
porcherie (f)	Schweinestall (m)	['ʃvaɪnɛʃtaʎ]
vacherie (f)	Kuhstall (m)	['kʊ:ʃtaʎ]
cabane (f) à lapins	Kaninchenstall (m)	[ka'ninhenʃtaʎ]
poulailler (m)	Hühnerstall (m)	['hy:nɛrʃtaʎ]

213. Le chien. Les races

chien (m)	Hund (m)	[hʊnt]
berger (m)	Schäferhund (m)	['ʃɛfɛrhʊnt]
caniche (f)	Pudel (m)	['pʊ:dɛʎ]
teckel (m)	Dachshund (m)	['dakshʊnd]
bouledogue (m)	Bulldogge (f)	[buʎ'dɔ:gɛ]
Boxer (m)	Boxer (m)	['bɔksə]

mastiff (m)	Mastiff (m)	[mas'tif]
rottweiler (m)	Rottweiler (m)	['rɔtvaɪlə]
doberman (m)	Dobermann (m)	['dɔːbɛrman]

basset (m)	Basset (m)	[basːɛ]
bobtail (m)	Bobtail (m)	['bɔptɛɪl]
dalmatien (m)	Dalmatiner (m)	[dalma'tiːnə]
cocker (m)	Cocker Spaniel (m)	['kɔkkəʃpɛniɛʎ]

| terre-neuve (m) | Neufundländer (m) | ['nɔɪfʊntlendə] |
| saint-bernard (m) | Bernhardiner (m) | [bernhar'diːnə] |

husky (m)	Eskimohund (m)	['ɛskimɔhʊnt]
chow-chow (m)	Chow-Chow (m)	['ʧau 'ʧau]
Spitz (m)	Spitz (m)	[ʃpits]
carlin (m)	Mops (m)	[mɔps]

214. Les cris des animaux

aboiement (m)	Gebell (n)	[gɛ'bɛʎ]
aboyer (vi)	bellen (vi)	['bɛlen]
miauler (vi)	miauen (vi)	[mi'jauɛn]
ronronner (vi)	schnurren (vi)	['ʃnʊrɛn]

meugler (vi)	muhen (vi)	['mʊːɛn]
beugler (taureau)	brüllen (vi, vt)	['brylen]
rugir (chien)	brüllen (vi)	['brylen]

hurlement (m)	Heulen (n)	['hɔɪlen]
hurler (loup)	heulen (vi)	['hɔɪlen]
geindre (vi)	winseln (vi)	['winzɛʎn]

bêler (vi)	meckern (vi)	['mɛːkɛːn]
grogner (cochon)	grunzen (vi)	['grʊntsɛn]
glapir (cochon)	kreischen (vi)	['kraɪʃɛn]

coasser (vi)	quaken (vi)	['kvaːkɛn]
bourdonner (vi)	summen (vi)	['zumɛn]
striduler (vi)	zirpen (vi)	['tsirpɛn]

215. Les jeunes animaux

bébé animal (m)	Tierkind (n)	['tʲekint]
chaton (m)	Kätzchen (n)	['kɛtʃhen]
souriceau (m)	Mausjunge (n)	['mau'syŋe]
chiot (m)	junger Hund (m)	['jʊnɛ hʊnd]

levraut (m)	Häschen (n)	['hɛshen]
lapereau (m)	Kaninchenjunge (n)	[ka'ninhenhʲ'juŋɛ]
louveteau (m)	Wolfsjunge (n)	['vɔʎfshʲ'juŋɛ]
renardeau (m)	Fuchsjunge (n)	['fʊk'syŋɛ]
ourson (m)	Bärenjunge (n)	['bɛrɛnhʲ'juŋɛ]

lionceau (m)	**Löwenjunge** (n)	[løwe'nyŋe]
bébé (m) tigre	**junger Tiger** (m)	['junɛ 'tigə]
éléphanteau (m)	**Elefantenjunge** (n)	[ɛle'fantɛnʰ'juŋɛ]
pourceau (m)	**Ferkel** (n)	['fɛrkɛʎ]
veau (m)	**Kalb** (n)	[kaʎp]
chevreau (m)	**Ziegenkitz** (n)	[tsi:ge'ŋkits]
agneau (m)	**Lamm** (n)	[lam]
faon (m)	**Hirschkalb** (n)	['hirʃkaʎp]
chamellon (m)	**Kamelfohlen** (n)	[ka'mɛʎ'folɛn]
serpenteau (m)	**junge Schlange** (f)	['junɛ 'ʃʎanɛ]
bébé (m) grenouille	**Fröschlein** (n)	['frøʃʎaın]
oisillon (m)	**junger Vogel** (m)	['juŋə 'fo:gɛʎ]
poussin (m)	**Küken** (n)	['kykɛn]
canardeau (m)	**Entlein** (n)	['entʎaın]

216. Les oiseaux

oiseau (m)	**Vogel** (m)	['fo:gɛʎ]
pigeon (m)	**Taube** (f)	['taubɛ]
moineau (m)	**Spatz** (m)	[ʃpats]
mésange (f)	**Meise** (f)	['maızɛ]
pie (f)	**Elster** (f)	['ɛʎstə]
corbeau (m)	**Rabe** (m)	['ra:bɛ]
corneille (f)	**Krähe** (f)	['krɛe]
choucas (m)	**Dohle** (f)	['do:le]
freux (m)	**Saatkrähe** (f)	['za:tk'rɛe]
canard (m)	**Ente** (f)	['entɛ]
oie (f)	**Gans** (f)	[gans]
faisan (m)	**Fasan** (m)	[fa'za:n]
aigle (m)	**Adler** (m)	['adlə]
épervier (m)	**Habicht** (m)	['ha:biħt]
faucon (m)	**Falke** (m)	['faʎkɛ]
vautour (m)	**Greif** (m)	['graıf]
condor (m)	**Kondor** (m)	['kɔndɔr]
cygne (m)	**Schwan** (m)	[ʃvan]
grue (f)	**Kranich** (m)	['kraniħ]
cigogne (f)	**Storch** (m)	[ʃtɔrħ]
perroquet (m)	**Papagei** (m)	[papa'gaı]
colibri (m)	**Kolibri** (m)	[kɔ'libri]
paon (m)	**Pfau** (m)	['pfau]
autruche (f)	**Strauß** (m)	['ʃtraus]
héron (m)	**Reiher** (m)	['raıə]
flamant (m)	**Flamingo** (m)	[fla'miŋɔ]
pélican (m)	**Pelikan** (m)	['pe:lika:n]
rossignol (m)	**Nachtigall** (f)	['nahtʰigaʎ]

hirondelle (f)	Schwalbe (f)	['ʃvaʎbɛ]
merle (m)	Wacholderdrossel (f)	[va'hoʎdɛd'rɔssɛʎ]
grive (f)	Drossel (f)	['drɔssɛʎ]
merle noir (m)	Amsel (f)	['amzɛʎ]
martinet (m)	Segler (m)	['zɛglə]
alouette (f)	Lerche (f)	['lɛrhe]
caille (f)	Wachtel (f)	['vahtɛʎ]
pivert (m)	Specht (m)	[ʃpɛht]
coucou (m)	Kuckuck (m)	[kʊ'kʊk]
chouette (f)	Eule (f)	['ɔɪle]
hibou (m)	Uhu (m)	['u:hʊ]
tétras (m)	Auerhahn (m)	['aʊɛrha:n]
tétras-lyre (m)	Birkhahn (m)	['bi:rkhan]
perdrix (f)	Rebhuhn (n)	['rɛphʊ:n]
étourneau (m)	Star (m)	[ʃta:r]
canari (m)	Kanarienvogel (m)	[ka'na:riɛnfɔgɛʎ]
gélinotte (f) des bois	Haselhuhn (n)	['ha:zɛʎhʊn]
pinson (m)	Buchfink (m)	['bʊhfiŋk]
bouvreuil (m)	Gimpel (m)	['gimpɛʎ]
mouette (f)	Möwe (f)	['mø:vɛ]
albatros (m)	Albatros (m)	['aʎbatrɔs]
pingouin (m)	Pinguin (m)	['piŋwi:n]

217. Les oiseaux. Le chant, les cris

chanter (vi, vt)	singen (vt)	['ziŋɛn]
crier (vi, vt)	schreien (vi)	['ʃrajen]
pousser des cocoricos	Kikeriki schreien	[kikeri'ki 'ʃrajɛn]
cocorico (m)	Kikeriki (n)	[kikeri'ki]
glousser (vi)	gackern (vi)	['gakkɛrn]
croasser (vi)	krächzen (vi)	['krɛhtsɛn]
cancaner (vi)	schnattern (vi)	['ʃnattɛrn]
piauler (vi)	piepsen (vi)	['pi:psɛn]
pépier (vi)	zwitschern (vi)	['tswitʃern]

218. Les poissons. Les animaux marins

brème (f)	Brachse (f)	['braksɛ]
carpe (f)	Karpfen (m)	['karpfɛn]
perche (f)	Barsch (m)	[barʃ]
silure (m)	Wels (m)	[vɛʎs]
brochet (m)	Hecht (m)	[hɛht]
saumon (m)	Lachs (m)	[laks]
esturgeon (m)	Stör (m)	['ʃtø:r]
hareng (m)	Hering (m)	['he:rin]
saumon (m)	atlantische Lachs (m)	[at'lantiʃɛ laks]

maquereau (m)	**Makrele** (f)	[mak'rɛle]
flet (m)	**Scholle** (f)	['ʃɔle]
sandre (f)	**Zander** (m)	['tsandə]
morue (f)	**Dorsch** (m)	[dɔrʃ]
thon (m)	**Tunfisch** (m)	['tʊn'fiʃ]
truite (f)	**Forelle** (f)	[fo'rɛ:le]
anguille (f)	**Aal** (m)	['a:ʎ]
torpille (f)	**Zitterrochen** (m)	['tsittɛr'rohen]
murène (f)	**Muräne** (f)	[mʊ'rɛnɛ]
piranha (m)	**Piranha** (m)	[pi'raɲja]
requin (m)	**Hai** (m)	[haɪ]
dauphin (m)	**Delphin** (m)	[dɛʎ'fin]
baleine (f)	**Wal** (m)	[vaʎ]
crabe (m)	**Krabbe** (f)	['krabɛ]
méduse (f)	**Meduse** (f)	[mɛ'dʊ:zɛ]
pieuvre (f), poulpe (m)	**Krake** (m)	['kra:kɛ]
étoile (f) de mer	**Seestern** (m)	['ze:ʃ'tɛrn]
oursin (m)	**Seeigel** (m)	['ze:'igɛʎ]
hippocampe (m)	**Seepferdchen** (n)	['ze:p'fe:rthɛn]
huître (f)	**Auster** (f)	['aʊstə]
crevette (f)	**Garnele** (f)	[gar'nɛle]
homard (m)	**Hummer** (m)	['hʊmə]
langoustine (f)	**Languste** (f)	[la'ŋustɛ]

219. Les amphibiens. Les reptiles

serpent (m)	**Schlange** (f)	['ʃlaŋɛ]
venimeux	**Gift-, giftig**	[gi:ft], ['giftiɧ]
vipère (f)	**Viper** (f)	['wi:pə]
cobra (m)	**Kobra** (f)	['kobra]
python (m)	**Python** (m)	[py'to:n]
boa (m)	**Boa** (f)	[bɔ:'a]
couleuvre (f)	**Ringelnatter** (f)	['riŋɛʎ'nattə]
serpent (m) à sonnettes	**Klapperschlange** (f)	['klappɛrʃlaŋɛ]
anaconda (m)	**Anakonda** (f)	[ana'konda]
lézard (m)	**Eidechse** (f)	['aɪdɛksɛ]
iguane (m)	**Leguan** (m)	[legʊ'an]
varan (m)	**Waran** (m)	[va'ra:n]
salamandre (f)	**Salamander** (m)	[zala'mandə]
caméléon (m)	**Chamäleon** (n)	[ka'mɛleɔn]
scorpion (m)	**Skorpion** (m)	['skɔrpiɔn]
tortue (f)	**Schildkröte** (f)	['ʃiʎtkrø:tɛ]
grenouille (f)	**Frosch** (m)	[frɔʃ]
crapaud (m)	**Kröte** (f)	['krø:tɛ]
crocodile (m)	**Krokodil** (n)	[krɔko'di:ʎ]

220. Les insectes

insecte (m)	Insekt (n)	[in'zɛkt]
papillon (m)	Schmetterling (m)	['ʃmɛttɛrlin]
fourmi (f)	Ameise (f)	[a'maizɛ]
mouche (f)	Fliege (f)	['fli:gɛ]
moustique (m)	Mücke (f)	['mykkɛ]
scarabée (m)	Käfer (m)	['kɛfə]
guêpe (f)	Wespe (f)	['vɛspɛ]
abeille (f)	Biene (f)	['bi:nɛ]
bourdon (m)	Hummel (f)	['hʊmɛʎ]
syrphe (m)	Bremse (f)	['brɛmzɛ]
araignée (f)	Spinne (f)	['ʃpinɛ]
toile (f) d'araignée	Spinnennetz (n)	['ʃpinɛŋɛts]
libellule (f)	Libelle (f)	[li'bɛle]
sauterelle (f)	Grashüpfer (m)	['gra:shypfə]
papillon (m)	Schmetterling (m)	['ʃmɛttɛrlin]
cafard (m)	Schabe (f)	['ʃa:bɛ]
tique (f)	Zecke (f)	['tsɛkke]
puce (f)	Floh (m)	[flo:]
moucheron (m)	Schnake (f)	['ʃna:kɛ]
criquet (m)	Heuschrecke (f)	['hɔiʃʻrɛkke]
escargot (m)	Schnecke (f)	['ʃnɛkkɛ]
grillon (m)	Heimchen (n)	['haimʻhen]
luciole (f)	Leuchtkäfer (m)	[løiht'kɛfə]
coccinelle (f)	Marienkäfer (m)	[ma'riɛ'ŋkɛfə]
hanneton (m)	Maikäfer (m)	['maiʻkɛfə]
sangsue (f)	Blutegel (m)	['blu:tʰɛgɛʎ]
chenille (f)	Raupe (f)	['raupɛ]
ver (m)	Wurm (m)	[vʊrm]
larve (f)	Larve (f)	['larvɛ]

221. Les parties du corps des animaux

bec (m)	Schnabel (m)	['ʃna:bɛʎ]
ailes (f pl)	Flügel (m pl)	['fly:gɛʎ]
patte (f)	Fuß (m)	[fʊ:s]
plumage (m)	Gefieder (n)	[gɛ'fi:də]
plume (f)	Feder (f)	['fe:də]
houppe (f)	Haube (f)	['haubɛ]
ouïes (f pl)	Kiemen (f pl)	['ki:mɛn]
œufs (m pl)	Laich (m)	[ʎaih]
larve (f)	Larve (f)	['larvɛ]
nageoire (f)	Flosse (f)	['flɔssɛ]
écaille (f)	Schuppe (f)	['ʃʊppɛ]
croc (m)	Stoßzahn (m)	['ʃtɔ:stsan]

patte (f)	**Pfote** (f)	['pfɔ:tɛ]
museau (m)	**Schnauze** (f)	['ʃnautsɛ]
gueule (f)	**Rachen** (m)	['rahen]
queue (f)	**Schwanz** (m)	[ʃvants]
moustaches (f pl)	**Barthaar** (n)	['bart'ha:r]
sabot (m)	**Huf** (m)	[hʊ:f]
corne (f)	**Horn** (n)	[hɔrn]
carapace (f)	**Panzer** (m)	['pantsə]
coquillage (m)	**Muschel** (f)	['mʊʃɛʎ]
coquille (f) d'œuf	**Schale** (f)	['ʃa:le]
poil (m)	**Fell** (n)	[fɛʎ]
peau (f)	**Haut** (f)	['haut]

222. Les mouvements des animaux

voler (vi)	**fliegen** (vi)	['fli:gɛn]
faire des cercles	**herumfliegen** (vi)	[hɛ'rʊmf'li:gɛn]
s'envoler (vp)	**wegfliegen** (vi)	['vɛkf'li:gɛn]
battre des ailes	**schlagen** (vi)	['ʃla:gɛn]
picorer (vt)	**picken** (vt)	['pikkɛn]
couver (vt)	**ausbrüten** (vt)	['ausbrytɛn]
éclore (vt)	**ausschlüpfen** (vi)	[a:usʃ'lypfɛn]
faire un nid	**bauen** (vt)	['bauɛn]
ramper (vi)	**kriechen** (vi)	['kri:hen]
piquer (insecte)	**stechen** (vt)	['ʃtɛhen]
mordre (animal)	**beißen** (vt)	['baisɛn]
flairer (vt)	**schnüffeln** (vt)	['ʃnʊfɛʎn]
aboyer (vi)	**bellen** (vi)	['bɛlen]
siffler (serpent)	**zischen** (vi)	['tsiʃɛn]
effrayer (vt)	**erschrecken** (vt)	[ɛrʃ'rɛkkɛn]
attaquer (vt)	**angreifen** (vt)	['aŋraifɛn]
ronger (vt)	**nagen** (vi)	['na:gɛn]
griffer (vt)	**kratzen** (vt)	['kratsɛn]
se cacher (vp)	**sich verstecken**	[ziɦ fɛrʃ'tɛkkɛn]
jouer (vt)	**spielen** (vi)	['ʃpi:len]
chasser (vi, vt)	**jagen** (vi)	['jagɛn]
être en hibernation	**Winterschlaf halten**	['wintɛʃlaf 'haʎtɛn]
disparaître (dinosaures)	**aussterben** (vi)	['ausʃtɛrbɛn]

223. Les habitats des animaux

habitat (m) naturel	**Lebensraum** (f)	['le:bns'raum]
migration (f)	**Wanderung** (f)	['vandɛrʊn]
montagne (f)	**Berg** (m)	[bɛrk]

récif (m)	**Riff** (n)	[rif]
rocher (m)	**Fels** (m)	['fɛʎs]
forêt (f)	**Wald** (m)	[vaʎt]
jungle (f)	**Dschungel** (m)	['dʒuŋɛʎ]
savane (f)	**Savanne** (f)	[za'vanɛ]
toundra (f)	**Tundra** (f)	['tundra]
steppe (f)	**Steppe** (f)	['ʃtɛppɛ]
désert (m)	**Wüste** (f)	['wystɛ]
oasis (f)	**Oase** (f)	[ɔ'a:zɛ]
mer (f)	**Meer** (n), **See** (f)	['me:ə], ['ze:]
lac (m)	**See** (m)	['ze:]
océan (m)	**Ozean** (m)	['ɔ:tsɛan]
marais (m)	**Sumpf** (m)	[zumpf]
d'eau douce	**Süßwasser-**	['zy:svasɛr]
étang (m)	**Teich** (m)	['taɪh]
rivière (f), fleuve (m)	**Fluß** (m)	[flus]
tanière (f)	**Höhle** (f), **Bau** (m)	['hølɛ], ['bau]
nid (m)	**Nest** (n)	[nɛst]
creux (m)	**Höhlung** (f)	['hø:lun]
trou (m)	**Loch** (n)	['løh]
fourmilière (f)	**Ameisenhaufen** (m)	[a'maɪzɛn'haufɛn]

224. Les soins aux animaux

zoo (m)	**Zoo** (m)	['tsɔ:]
réserve (f)	**Schutzgebiet** (n)	['ʃutsgɛ'bi:t]
pépinière (f)	**Zuchtverein** (m)	['tsuhtfɛ:'aɪn]
volière (f)	**Freigehege** (n)	['fraɪgɛhɛ:gɛ]
cage (f)	**Käfig** (m)	['kɛfih]
niche (f)	**Hundehütte** (f)	['hundɛ'hyttɛ]
pigeonnier (m)	**Taubenschlag** (m)	['taubɛnʃ'la:k]
aquarium (m)	**Aquarium** (n)	[ak'va:rium]
delphinarium (m)	**Delphinarium** (n)	[dɛʎfi'na:rium]
élever (vt)	**züchten** (vt)	['tsyhtɛn]
nichée (f), portée (f)	**Wurf** (m)	[vu:rf]
apprivoiser (vt)	**zähmen** (vt)	['tsɛ:mɛn]
aliments (pl) pour animaux	**Futter** (n)	['futtə]
nourrir (vt)	**füttern** (vt)	['fyttɛrn]
dresser (vt)	**dressieren** (vt)	[drɛs'si:rɛn]
magasin (m) d'animaux	**Zoohandlung** (f)	['tsɔ:'handlun]
muselière (f)	**Maulkorb** (m)	['mauʎkɔrp]
collier (m)	**Halsband** (n)	['haʎsbant]
nom (m)	**Rufname** (m)	['ru:fna:mɛ]
pedigree (m)	**Stammbaum** (m)	['ʃtambaum]

225. Les animaux. Divers

bande (f)	Rudel (n)	['ruːdɛʎ]
volée (f)	Vogelschwarm (m)	['fɔgɛʎʃvarm]
banc (m)	Schwarm (m)	[ʃvarm]
troupeau (m)	Pferdeherde (f)	['pfeːrdɛheːrdɛ]
mâle (m)	Männchen (n)	['mɛnhen]
femelle (f)	Weibchen (n)	['vaiphen]
affamé	hungrig	['hʊnriħ]
sauvage	wild	[wiʎt]
dangereux	gefährlich	[gɛ'fɛrliħ]

226. Les chevaux

cheval (m)	Pferd (n)	[pfeːrt]
race (f)	Rasse (f)	['rassɛ]
poulain (m)	Fohlen (n)	['foːlen]
jument (f)	Stute (f)	['ʃtʊːtɛ]
mustang (m)	Mustang (m)	['mʊstan]
poney (m)	Pony (n)	['pɔni]
cheval (m) de trait	schweres Zugpferd (n)	['ʃweːrɛs 'ʦugpfeːrt]
crin (m)	Mähne (f)	['mɛnɛ]
queue (f)	Schwanz (m)	[ʃvanʦ]
sabot (m)	Huf (m)	[hʊːf]
fer (m) à cheval	Hufeisen (n)	['hʊfʰ'aizɛn]
ferrer (vt)	beschlagen (vt)	[bɛʃ'laːgɛn]
maréchal-ferrant (m)	Schmied (m)	[ʃmiːt]
selle (f)	Sattel (m)	['zattɛʎ]
étrier (m)	Steigbügel (m)	['ʃtaɪkbyːgɛʎ]
bride (f)	Zaum (m)	['ʦaum]
rênes (f pl)	Zügel (m pl)	['ʦyːgɛʎ]
fouet (m)	Peitsche (f)	['paɪʧɛ]
cavalier (m)	Reiter (m)	['raɪtə]
débourrer (vt)	zureiten (vt)	[ʦu'raːiten]
seller (vt)	satteln (vt)	['zattɛʎn]
se mettre en selle	besteigen (vt)	[beʃ'taːign]
galop (m)	Galopp (m)	[ga'lɔp]
aller au galop	galoppieren (vi)	[galɔp'piːrɛn]
trot (m)	Trab (m)	[trap]
au trot	im Trab	[im trap]
cheval (m) de course	Rennpferd (n)	['rɛnp'feːrt]
courses (f pl) à chevaux	Rennen (n)	['rɛnɛn]
écurie (f)	Pferdestall (m)	['pfeːrdɛʃtaʎ]

nourrir (vt)	füttern (vt)	['fyttɛrn]
foin (m)	Heu (n)	[hɔɪ]
abreuver (vt)	tränken (vt)	['trɛŋkɛn]
nettoyer (vt)	strlegeln (vt)	['ʃtrl:gɛʎn]
entraver (vt)	koppeln (vt)	['kɔpɛʎn]
paître (vi)	weiden (vi)	['vaɪdɛn]
hennir (vi)	wiehern (vi)	['wi:hɛrn]
ruer (vi)	ausschlagen (vi)	['ausʃlagɛn]

La flore

227. Les arbres

arbre (m)	**Baum** (m)	['baum]
à feuilles caduques	**Laub-**	['laup]
conifère	**Nadel-**	['naːdɛʎ]
sempervirent	**immergrün**	['imɛrgryn]
pommier (m)	**Apfelbaum** (m)	['apfɛʎbaum]
poirier (m)	**Birnbaum** (m)	['birnbaum]
merisier (m)	**Süßkirschbaum** (m)	[syːs'kirʃbaum]
cerisier (m)	**Sauerkirschbaum** (m)	[zauɛ'kirʃbaum]
prunier (m)	**Pflaumenbaum** (m)	['pflaumɛnbaum]
bouleau (m)	**Birke** (f)	['birkɛ]
chêne (m)	**Eiche** (f)	['aihɛ]
tilleul (m)	**Linde** (f)	['lindɛ]
tremble (m)	**Espe** (f)	['ɛspɛ]
érable (m)	**Ahorn** (m)	['aːhɔrn]
sapin (m)	**Tanne** (f)	['tanɛ]
pin (m)	**Kiefer** (f)	['kiːfə]
mélèze (m)	**Lärche** (f)	['lɛrhe]
épicéa (m)	**Tanne** (f)	['tanɛ]
cèdre (m)	**Zeder** (f)	['ʦedə]
peuplier (m)	**Pappel** (f)	['pappɛʎ]
sorbier (m)	**Vogelbeerbaum** (m)	['foːgɛʎbeːrbaum]
saule (m)	**Weide** (f)	['vaidɛ]
aune (m)	**Erle** (f)	['ɛrle]
hêtre (m)	**Buche** (f)	['buhɛ]
orme (m)	**Ulme** (f)	['uʎmɛ]
frêne (m)	**Esche** (f)	['ɛʃɛ]
marronnier (m)	**Kastanie** (f)	[kas'taːnie]
magnolia (m)	**Magnolie** (f)	[mag'noːliɛ]
palmier (m)	**Palme** (f)	['paʎmɛ]
cyprès (m)	**Zypresse** (f)	[ʦyp'rɛssɛ]
palétuvier (m)	**Mangobaum** (m)	['maŋɔbaum]
baobab (m)	**Baobab** (m)	[baɔ'bap]
eucalyptus (m)	**Eukalyptus** (m)	[ɔika'lyptʊs]
séquoia (m)	**Sequoia** (f)	[sek'vɔja]

228. Les arbustes

buisson (m)	**Strauch** (m)	['ʃtrauh]
broussaille (f)	**Gebüsch** (n)	[gɛ'byʃ]

raisin (m)	**Weinstock** (m)	['vaɪnʃtɔk]
vigne (f)	**Weinberg** (m)	['vaɪnbɛrk]
framboise (f)	**Himbeerstrauch** (m)	['him'bɛːrʃt'rauh]
groseille (f) rouge	**rote Johannisbeere** (f)	['roːtɛ jo'hanis'beːrɛ]
groseille (f) verte	**Stachelbeerstrauch** (m)	['ʃtaheʌberʃtrauh]
acacia (m)	**Akazie** (f)	[a'kaːtsie]
berbéris (m)	**Berberitze** (f)	[bɛrbɛ'ritsɛ]
jasmin (m)	**Jasmin** (m)	[jas'miːn]
genévrier (m)	**Wacholder** (m)	[va'hoʌdə]
rosier (m)	**Rosenstrauch** (m)	['roːzɛnʃt'rauh]
églantier (m)	**Heckenrose** (f)	['hɛkkɛn'roːzɛ]

229. Les champignons

champignon (m)	**Pilz** (m)	[piʌts]
champignon (m) comestible	**eßbarer Pilz** (m)	['ɛsbarə piʌts]
champignon (m) vénéneux	**Giftpilz** (m)	['giftpiʌts]
chapeau (m)	**Hut** (m)	[hʊt]
pied (m)	**Strunk** (m)	[ʃtrʊŋk]
cèpe (m)	**Steinpilz** (m)	['ʃtaɪnpiʌts]
bolet (m) orangé	**Rotkappe** (f)	['rot'kappe]
bolet (m) bai	**Birkenpilz** (m)	['birkɛnpiʌts]
girolle (f)	**Pfefferling** (m)	['pfifɛrlin]
russule (f)	**Täubling** (m)	['tɔɪblin]
morille (f)	**Morchel** (f)	['mɔrhɛʌ]
amanite (f)	**Fliegenpilz** (m)	['fliːgɛnpiʌts]
oronge (f) verte	**Giftpilz** (m)	['giftpiʌts]

230. Les fruits. Les baies

fruit (m)	**Frucht** (f)	[frʊht]
fruits (m pl)	**Früchte** (f pl)	['fryhtɛ]
pomme (f)	**Apfel** (m)	['apfɛʌ]
poire (f)	**Birne** (f)	['birnɛ]
prune (f)	**Pflaume** (f)	['pflaumɛ]
fraise (f)	**Erdbeere** (f)	['eːrt'beːrɛ]
cerise (f)	**Sauerkirsche** (f)	['zauɛ 'kirʃɛ]
merise (f)	**Herzkirsche** (f)	[hɛrts 'kirʃɛ]
raisin (m)	**Weintrauben** (f pl)	['vaɪntraubɛn]
framboise (f)	**Himbeere** (f)	['himbeːrɛ]
cassis (m)	**schwarze Johannisbeere** (f)	['ʃvartsɛ jo'hanis'beːrɛ]
groseille (f) rouge	**rote Johannisbeere** (f)	['roːtɛ jo'hanis'beːrɛ]
groseille (f) verte	**Stachelbeere** (f)	['ʃtaheʌbeːrɛ]
airelle (f) des marais	**Moosbeere** (f)	['moːs'beːrɛ]

orange (f)	**Apfelsine** (f)	[apfɛʎ'zi:nɛ]
mandarine (f)	**Mandarine** (f)	[manda'ri:nɛ]
ananas (m)	**Ananas** (f)	['ananas]
banane (f)	**Banane** (f)	[ba'na:nɛ]
datte (f)	**Dattel** (f)	['dattɛʎ]
citron (m)	**Zitrone** (f)	[ʦit'rɔ:nɛ]
abricot (m)	**Aprikose** (f)	[apri'kɔ:zɛ]
pêche (f)	**Pfirsich** (m)	['pfirziĥ]
kiwi (m)	**Kiwi** (f)	['ki:wi]
pamplemousse (m)	**Grapefruit** (f)	['grɛipfrʊ:t]
baie (f)	**Beere** (f)	['be:rɛ]
baies (f pl)	**Beeren** (f pl)	['be:rɛn]
airelle (f) rouge	**Preiselbeere** (f)	['praɪzeʎbe:rɛ]
fraise (f) des bois	**Walderdbeere** (f)	[vaʎtʰ'ɛrtbe:rɛ]
myrtille (f)	**Heidelbeere** (f)	['haɪdeʎbe:rɛ]

231. Les fleurs. Les plantes

fleur (f)	**Blume** (f)	['blu:mɛ]
bouquet (m)	**Blumenstrauß** (m)	['blu:mɛnʃtraus]
rose (f)	**Rose** (f)	['rɔ:zɛ]
tulipe (f)	**Tulpe** (f)	['tuʎpɛ]
oeillet (m)	**Nelke** (f)	['nɛʎkɛ]
glaïeul (m)	**Gladiole** (f)	[gʎadi'ɔ:le]
bleuet (m)	**Kornblume** (f)	['kɔrnblu:mɛ]
campanule (f)	**Glockenblume** (f)	['glɔkkɛnblu:mɛ]
dent-de-lion (f)	**Löwenzahn** (m)	['lø:vɛnʦa:n]
marguerite (f)	**Kamille** (f)	[ka'mile]
aloès (m)	**Aloe** (f)	[a'lɔ:ɛ]
cactus (m)	**Kaktus** (m)	['kaktʊs]
ficus (m)	**Gummibaum** (m)	['gʊmibaum]
lis (m)	**Lilie** (f)	['li:lie]
géranium (m)	**Geranie** (f)	[gɛ'raniɛ]
jacinthe (f)	**Hyazinthe** (f)	[hya'ʦintɛ]
mimosa (m)	**Mimose** (f)	[mi'mɔ:zɛ]
jonquille (f)	**Narzisse** (f)	[nar'ʦissɛ]
capucine (f)	**Kapuzinerkresse** (f)	[kapu'ʦi:nɛrk'rɛssɛ]
orchidée (f)	**Orchidee** (f)	[ɔrhi'de:ɛ]
pivoine (f)	**Pfingstrose** (f)	['pfinstrɔ:zɛ]
violette (f)	**Veilchen** (n)	['faɪʎhɛn]
pensée (f)	**Stiefmütterchen** (n)	['ʃtifmyttɛrhen]
myosotis (m)	**Vergißmeinnicht** (n)	[fɛr'gis'maɪ'ɲiĥt]
pâquerette (f)	**Gänseblümchen** (n)	['gɛnzɛb'lymhen]
coquelicot (m)	**Mohn** (m)	[mɔ:n]
chanvre (m)	**Hanf** (m)	[hanf]

menthe (f)	**Minze** (f)	['mintsɛ]
muguet (m)	**Maiglöckchen** (n)	['maiglɔkhen]
perce-neige (f)	**Schneeglöckchen** (n)	['ʃne:glɔkhen]
ortie (f)	**Brennessel** (f)	['brɛnɛsɛʎ]
oseille (f)	**Sauerampfer** (m)	['zauɛrʰ'ampfə]
nénuphar (m)	**Seerose** (f)	['ze:rɔ:zɛ]
fougère (f)	**Farn** (m)	[farn]
lichen (m)	**Flechte** (f)	['fleɦtɛ]
serre (f)	**Gewächshaus** (n)	[gɛ'vɛkshaus]
gazon (m)	**Rasen** (m)	['ra:zɛn]
parterre (m)	**Beet** (n)	['be:t]
plante (f)	**Pflanze** (f)	['pflantsɛ]
herbe (f)	**Gras** (n)	[gra:s]
brin (m) d'herbe	**Grashalm** (m)	['gra:shaʎm]
feuille (f)	**Blatt** (n)	[blat]
pétale (f)	**Kelchblatt** (n)	['kɛʎɦblat]
tige (f)	**Stiel** (m)	[ʃti:ʎ]
tubercule (m)	**Knolle** (f)	['knɔle]
pousse (f)	**Jungpflanze** (f)	[juŋpf'lantsɛ]
épine (f)	**Dorn** (m)	[dɔrn]
fleurir (vi)	**blühen** (vi)	['blyɛn]
se faner (vp)	**welken** (vi)	['vɛʎkɛn]
odeur (f)	**Geruch** (m)	[gɛ'rʊh]
couper (vt)	**abschneiden** (vt)	['apʃnaidɛn]
cueillir	**pflücken** (vt)	[pflykn]

232. Les céréales

grains (m pl)	**Getreide** (n)	[gɛt'raidə]
céréales (f pl)	**Getreidepflanzen** (pl)	[gɛt'raidɛpf'lantsɛn]
épi (m)	**Ähre** (f)	['ɛrɛ]
blé (m)	**Weizen** (m)	['vaitsɛn]
seigle (m)	**Roggen** (m)	['rɔgɛn]
avoine (f)	**Hafer** (m)	['ha:fə]
millet (m)	**Hirse** (f)	['hirzɛ]
orge (f)	**Gerste** (f)	['gɛrstɛ]
maïs (m)	**Mais** (m)	['mais]
riz (m)	**Reis** (m)	[rais]
sarrasin (m)	**Buchweizen** (m)	['bʊhvaitsɛn]
pois (m)	**Erbse** (f)	['ɛrpsɛ]
haricot (m)	**Bohnen** (pl)	['bo:nɛn]
soja (m)	**Sojabohne** (f)	['zɔjabo:nɛ]
lentille (f)	**Linse** (f)	['linzɛ]
graines (f pl), fèves (f pl)	**Bohnen** (pl)	['bo:nɛn]

233. Les légumes

légumes (m pl)	**Gemüse** (n)	[gɛˈmyːzɛ]
verdure (f)	**Grüngemüse** (n)	[gryn gɛˈmyzɛ]
tomate (f)	**Tomate** (f)	[tɔˈmaːtɛ]
concombre (m)	**Gurke** (f)	[ˈgʊrkɛ]
carotte (f)	**Karotte** (f), **Möhre** (f)	[kaˈrɔtɛ], [ˈmøːrɛ]
pomme (f) de terre	**Kartoffel** (f)	[karˈtɔːfɛʎ]
oignon (m)	**Zwiebel** (f)	[ˈʦwiːbɛʎ]
ail (m)	**Knoblauch** (m)	[ˈknɔblauh]
chou (m)	**Kohl** (m)	[kɔːʎ]
chou-fleur (m)	**Blumenkohl** (m)	[ˈbluːmɛŋkɔːʎ]
chou (m) de Bruxelles	**Rosenkohl** (m)	[ˈrɔːzɛŋkɔːʎ]
brocoli (m)	**Brokkoli** (m pl)	[ˈbrɔkkɔli]
betterave (f)	**Zuckerrübe** (f)	[ˈʦukkɛrryːbɛ]
aubergine (f)	**Aubergine** (f)	[ɔbɛrˈʒiːnɛ]
courgette (f)	**Zucchini** (f)	[ʦuˈkini]
potiron (m)	**Kürbis** (m)	[ˈkyrbis]
navet (m)	**Rübe** (f)	[ˈryːbɛ]
persil (m)	**Petersilie** (f)	[pɛtɛrˈziːʎje]
fenouil (m)	**Dill** (m)	[diʎ]
salade (f)	**Salat** (m)	[zaˈlaːt]
céleri (m)	**Sellerie** (m)	[ˈzɛleri]
asperge (f)	**Spargel** (m)	[ˈʃpargɛʎ]
épinard (m)	**Spinat** (m)	[ʃpiˈnaːt]
pois (m)	**Erbse** (f)	[ˈɛrpsɛ]
fèves (f pl)	**Bohnen** (pl)	[ˈbɔːnɛn]
maïs (m)	**Mais** (m)	[ˈmaɪs]
haricot (m)	**Bohnen** (pl)	[ˈbɔːnɛn]
poivre (m)	**Pfeffer** (m)	[ˈpfɛffə]
radis (m)	**Radieschen** (n)	[raˈdishen]
artichaut (m)	**Artischocke** (f)	[artiˈʃɔkɛ]

LA GÉOGRAPHIE RÉGIONALE

Les pays du monde. Les nationalités

234. L'Europe de l'Ouest

Europe (f)	**Europa**	[ɔɪˈrɔpa]
Union (f) européenne	**Europäische Union** (f)	[ɔɪrɔˈpɛɪ̯ɛ uniˈɔn]
européen (m)	**Europäer** (m)	[ɔɪrɔˈpɛə]
européen	**europäisch**	[ɔɪrɔˈpɛɪ̯ʃ]
Autriche (f)	**Österreich**	[øːsterraɪh]
Autrichien (m)	**Österreicher** (m)	[øːsteraɪhə]
Autrichienne (f)	**Österreicherin** (f)	[øːsterraɪherin]
autrichien	**österreichisch**	[øːsterraɪhiʃ]
Grande-Bretagne (f)	**Großbritannien**	[grɔsbriˈtaniɛn]
Angleterre (f)	**England**	[ˈɛŋlant]
Anglais (m)	**Brite** (m)	[ˈbritɛ]
Anglaise (f)	**Britin** (f)	[ˈbritin]
anglais	**englisch**	[ˈɛŋliʃ]
Belgique (f)	**Belgien**	[ˈbeːʎgien]
Belge (m)	**Belgier** (m)	[ˈbeːʎgiə]
Belge (f)	**Belgierin** (f)	[ˈbeːʎgierin]
belge	**belgisch**	[ˈbeːʎgiʃ]
Allemagne (f)	**Deutschland**	[ˈdɔɪtʃlant]
Allemand (m)	**Deutsche** (m)	[ˈdɔɪtʃɛ]
Allemande (f)	**Deutsche** (f)	[ˈdɔɪtʃɛ]
allemand	**deutsch**	[ˈdɔɪtʃ]
Pays-Bas (m)	**Niederlande** (f)	[nidɛrˈlandɛ]
Hollande (f)	**Holland** (n)	[ˈholant]
Hollandais (m)	**Holländer** (m)	[ˈholendə]
Hollandaise (f)	**Holländerin** (f)	[ˈholendɛrin]
hollandais	**holländisch**	[ˈholendiʃ]
Grèce (f)	**Griechenland**	[ˈgriːhenlant]
Grec (m)	**Grieche** (m)	[ˈgriːhe]
Grecque (f)	**Griechin** (f)	[ˈgriːhin]
grec	**griechisch**	[ˈgriːhiʃ]
Danemark (m)	**Dänemark**	[ˈdɛnɛmark]
Danois (m)	**Däne** (m)	[ˈdɛnɛ]
Danoise (f)	**Dänin** (f)	[ˈdɛnin]
danois	**dänisch**	[ˈdɛniʃ]
Irlande (f)	**Irland**	[ˈirlant]
Irlandais (m)	**Ire** (m)	[ˈirɛ]

Irlandaise (f)	**Irin** (f)	['irin]
irlandais	**irisch**	['iriʃ]
Islande (f)	**Island**	['islant]
Islandais (m)	**Isländer** (m)	['islɛndə]
Islandaise (f)	**Isländerin** (f)	['islɛndɛrin]
islandais	**isländisch**	['islɛndiʃ]
Espagne (f)	**Spanien**	['ʃpa:niɛn]
Espagnol (m)	**Spanier** (m)	['ʃpa:niə]
Espagnole (f)	**Spanierin** (f)	['ʃpa:niɛrin]
espagnol	**spanisch**	['ʃpa:niʃ]
Italie (f)	**Italien**	[i'taliɛn]
Italien (m)	**Italiener** (m)	[ita'ʎje:nə]
Italienne (f)	**Italienerin** (f)	[ita'ʎje:nɛrin]
italien	**italienisch**	[ita'ʎje:niʃ]
Chypre (m)	**Zypern**	['tsy:pɛrn]
Chypriote (m)	**Zypriot** (m)	[tsypri'ɔ:t]
Chypriote (f)	**Zypriotin** (f)	[tsypri'ɔ:tin]
chypriote	**zyprisch**	['tsy:priʃ]
Malte (f)	**Malta**	['maʎta]
Maltais (m)	**Malteser** (m)	[maʎ'tezə]
Maltaise (f)	**Malteserin** (f)	[maʎ'tezɛrin]
maltais	**maltesisch**	[maʎ'tɛziʃ]
Norvège (f)	**Norwegen**	['nɔrwe:gɛn]
Norvégien (m)	**Norweger** (m)	['nɔrwe:gə]
Norvégienne (f)	**Norwegerin** (f)	['nɔrwe:gɛrin]
norvégien	**norwegisch**	['nɔrwe:giʃ]
Portugal (m)	**Portugal**	['portʊgaʎ]
Portugais (m)	**Portugiese** (m)	[portʊ'gi:zɛ]
Portugaise (f)	**Portugiesin** (f)	[portʊ'gi:zin]
portugais	**portugiesisch**	[portʊ'gi:ziʃ]
Finlande (f)	**Finnland**	['finlant]
Finlandais (m)	**Finne** (m)	['finɛ]
Finlandaise (f)	**Finnin** (f)	['finin]
finlandais	**finnisch**	['finiʃ]
France (f)	**Frankreich**	['fraŋkraɪh]
Français (m)	**Franzose** (m)	[fran'tsɔ:zɛ]
Française (f)	**Französin** (f)	[fran'tsø:zin]
français	**französisch**	[fran'tsø:ziʃ]
Suède (f)	**Schweden**	['ʃwe:dɛn]
Suédois (m)	**Schwede** (m)	['ʃwe:dɛ]
Suédoise (f)	**Schwedin** (f)	['ʃwe:din]
suédois	**schwedisch**	['ʃwe:diʃ]
Suisse (f)	**Schweiz** (f)	[ʃvaɪts]
Suisse (m)	**Schweizer** (m)	['ʃvaɪtsə]
Suissesse (f)	**Schweizerin** (f)	['ʃvaɪtsɛrin]

suisse	schweizerisch	[ˈʃvaɪtsɛriʃ]
Écosse (f)	Schottland	[ˈʃɔtlant]
Écossais (m)	Schotte (m)	[ˈʃɔtɛ]
Écossalse (f)	Schottin (t)	[ˈʃʊllɪ ɪ]
écossais	schottisch	[ˈʃɔttiʃ]

Vatican (m)	Vatikan (m)	[vatiˈkan]
Liechtenstein (m)	Liechtenstein	[ˈlihtɛnʃtaɪn]
Luxembourg (m)	Luxemburg	[ˈlyksɛmbʊrk]
Monaco (m)	Monaco	[mɔˈnakɔ]

235. L'Europe Centrale et l'Europe de l'Est

Albanie (f)	Albanien	[aʎˈbaːniɛn]
Albanais (m)	Albaner (m)	[aʎˈbaːnə]
Albanaise (f)	Albanerin (f)	[aʎˈbaːnɛrin]
albanais	albanisch	[aʎˈbaːniʃ]

Bulgarie (f)	Bulgarien	[bʊlˈgaːriɛn]
Bulgare (m)	Bulgare (m)	[bʊlˈgaːrɛ]
Bulgare (f)	Bulgarin (f)	[bʊlˈgaːrin]
bulgare	bulgarisch	[bʊlˈgaːriʃ]

Hongrie (f)	Ungarn	[ˈuŋarn]
Hongrois (m)	Ungar (m)	[ˈuŋar]
Hongroise (f)	Ungarin (f)	[ˈuŋarin]
hongrois	ungarisch	[ˈuŋariʃ]

Lettonie (f)	Lettland	[ˈletlant]
Letton (m)	Lette (m)	[ˈlettɛ]
Lettonne (f)	Lettin (f)	[ˈlettin]
letton	lettisch	[ˈlettiʃ]

Lituanie (f)	Litauen	[ˈlitauɛn]
Lituanien (m)	Litauer (m)	[ˈlitauə]
Lituanienne (f)	Litauerin (f)	[ˈlitauɛrin]
lituanien	litauisch	[ˈlitauiʃ]

Pologne (f)	Polen	[ˈpoːlen]
Polonais (m)	Pole (m)	[ˈpoːle]
Polonaise (f)	Polin (f)	[ˈpoːlin]
polonais	polnisch	[ˈpoʎniʃ]

Roumanie (f)	Rumänien	[rʊˈmɛniɛn]
Roumain (m)	Rumäne (m)	[rʊˈmɛnɛ]
Roumaine (f)	Rumänin (f)	[rʊˈmɛnin]
roumain	rumänisch	[rʊˈmɛniʃ]

Serbie (f)	Serbien	[ˈzɛrbiɛn]
Serbe (m)	Serbe (m)	[ˈzɛrbɛ]
Serbe (f)	Serbin (f)	[ˈzɛrbin]
serbe	serbisch	[ˈzɛrbiʃ]
Slovaquie (f)	Slowakei (f)	[slɔːvaˈkaɪ]
Slovaque (m)	Slowake (m)	[slɔːˈvaːkɛ]

| Slovaque (f) | **Slowakin** (f) | [slɔ:'va:kin] |
| slovaque | **slowakisch** | [slɔ:'va:kiʃ] |

Croatie (f)	**Kroatien**	[krɔ'a:tsien]
Croate (m)	**Kroate** (m)	[krɔ'a:tɛ]
Croate (f)	**Kroatin** (f)	[krɔ'a:tin]
croate	**kroatisch**	[krɔ'atiʃ]

République (f) Tchèque	**Tschechien**	['tʃehien]
Tchèque (m)	**Tscheche** (m)	['tʃehɛ]
Tchèque (f)	**Tschechin** (f)	['tʃehin]
tchèque	**tschechisch**	['tʃehiʃ]

Estonie (f)	**Estland**	['ɛstlant]
Estonien (m)	**Este** (m)	['ɛstɛ]
Estonienne (f)	**Estin** (f)	['ɛstin]
estonien	**estnisch**	['ɛstniʃ]

Bosnie (f)	**Bosnien und Herzegowina**	['bɔsniɛn hɛrtsɔgɔ'wina]
Macédoine (f)	**Makedonien**	[make'dɔniɛn]
Slovénie (f)	**Slowenien**	[slɔ'vɛniɛn]
Monténégro (m)	**Montenegro**	[mɔntɛ'nɛgrɔ]

236. Les pays de l'ex-U.R.S.S.

Azerbaïdjan (m)	**Aserbaidschan**	[azɛrbaɪ'dʒan]
Azerbaïdjanais (m)	**Aserbaidschaner** (m)	[azɛrbaɪ'dʒanə]
Azerbaïdjanaise (f)	**Aserbaidschanerin** (f)	[azɛrbaɪ'dʒanɛrin]
azerbaïdjanais	**aserbaidschanisch**	[azɛrbaɪ'dʒaniʃ]

Arménie (f)	**Armenien**	[ar'me:niɛn]
Arménien (m)	**Armenier** (m)	[ar'me:niə]
Arménienne (f)	**Armenierin** (f)	[ar'me:niɛrin]
arménien	**armenisch**	[ar'me:niʃ]

Biélorussie (f)	**Weißrußland**	['vaɪsrʊslant]
Biélorusse (m)	**Weißrusse** (m)	['vaɪsrʊsɛ]
Biélorusse (f)	**Weißrussin** (f)	['vaɪsrʊsin]
biélorusse	**weißrussisch**	['vaɪsrʊsiʃ]

Géorgie (f)	**Georgien**	[ge'ɔrgiɛn]
Géorgien (m)	**Georgier** (m)	[ge'ɔrgiə]
Géorgienne (f)	**Georgierin** (f)	[ge'ɔrgirin]
géorgien	**georgisch**	[ge'ɔrgiʃ]

Kazakhstan (m)	**Kasachstan**	[kazahs'tan]
Kazakh (m)	**Kasache** (m)	[ka'zahɛ]
Kazakhe (f)	**Kasachin** (f)	[ka'zahin]
kazakh	**kasachisch**	[ka'zahiʃ]

Kirghizistan (m)	**Kirgisien**	[kir'gi:ziɛn]
Kirghiz (m)	**Kirgise** (m)	[kir'gi:zɛ]
Kirghize (f)	**Kirgisin** (f)	[kir'gi:zin]
kirghiz	**kirgisisch**	[kir'gi:ziʃ]

Moldavie (f)	**Moldawien**	[mɔl'dawien]
Moldave (m)	**Moldauer** (m)	['mɔldauə]
Moldave (f)	**Moldauerin** (f)	['mɔldauɛrin]
moldave	**moldauisch**	['mɔldauıʃ]
Russie (f)	**Rußland**	['rʊslant]
Russe (m)	**Russe** (m)	['rʊssɛ]
Russe (f)	**Russin** (f)	['rʊssin]
russe	**russisch**	['rʊssiʃ]
Tadjikistan (m)	**Tadschikistan**	[tadʒikis'tan]
Tadjik (m)	**Tadschike** (m)	[ta'dʒi:kɛ]
Tadjik (f)	**Tadschikin** (f)	[ta'dʒi:kin]
tadjik	**tadschikisch**	[ta'dʒi:kiʃ]
Turkménistan (m)	**Turkmenistan**	[tʊrk'menistan]
Turkmène (m)	**Turkmene** (m)	[tʊrk'me:nɛ]
Turkmène (f)	**Turkmenin** (f)	[tʊrk'me:nin]
turkmène	**turkmenisch**	[tʊrk'me:niʃ]
Ouzbékistan (m)	**Usbekistan**	[usbekis'tan]
Ouzbek (m)	**Usbeke** (m)	[us'be:kɛ]
Ouzbek (f)	**Usbekin** (f)	[us'be:kin]
ouzbek	**usbekisch**	[us'be:kiʃ]
Ukraine (f)	**Ukraine** (f)	[ukra'i:nɛ]
Ukrainien (m)	**Ukrainer** (m)	[ukra'i:nə]
Ukrainienne (f)	**Ukrainerin** (f)	[ukra'i:nɛrin]
ukrainien	**ukrainisch**	[ukra'i:niʃ]

237. L'Asie

Asie (f)	**Asien**	['a:ziɛn]
asiatique	**asiatisch**	[azi'a:tiʃ]
Vietnam (m)	**Vietnam**	[vjet'nam]
Vietnamien (m)	**Vietnamese** (m)	[vjetna'mɛzɛ]
Vietnamienne (f)	**Vietnamesin** (f)	[vjetna'mɛzin]
vietnamien	**vietnamesisch**	[vjetna'mɛziʃ]
Inde (f)	**Indien**	['indiɛn]
Indien (m)	**Inder** (m)	['ində]
Indienne (f)	**Inderin** (f)	['indɛrin]
indien	**indisch**	['indiʃ]
Israël (m)	**Israel**	['izraɛʎ]
Israélien	**Israeli** (m)	[izra'ɛli]
Israélienne	**Israeli** (f)	[izra'ɛli]
israélien	**israelisch**	[izra'ɛliʃ]
juif (m)	**Jude** (m)	['ju:dɛ]
juive (f)	**Jüdin** (f)	['ju:din]
juif	**jüdisch**	['ju:diʃ]
Chine (f)	**China**	['hina]

Chinois (m)	**Chinese** (m)	[hi'nɛzɛ]
Chinoise (f)	**Chinesin** (f)	[hi'nɛzin]
chinois	**chinesisch**	[hi'nɛziʃ]
Coréen (m)	**Koreaner** (m)	[kɔrɛ'a:nə]
Coréenne (f)	**Koreanerin** (f)	[kɔrɛ'a:nɛrin]
coréen	**koreanisch**	[kɔrɛ'a:niʃ]
Liban (m)	**Libanon** (m)	['libanɔn]
Libanais (m)	**Libanese** (m)	[liba'nɛzɛ]
Libanaise (f)	**Libanesin** (f)	[liba'nɛzin]
libanais	**libanesisch**	[liba'nɛziʃ]
Mongolie (f)	**Mongolei** (f)	[mɔŋɔ'ʎaɪ]
Mongole (m)	**Mongole** (m)	[mɔ'ŋɔ:le]
Mongole (f)	**Mongolin** (f)	[mɔ'ŋɔ:lin]
mongole	**mongolisch**	[mɔ'ŋɔ:liʃ]
Malaisie (f)	**Malaysia**	[ma'lazia]
Malaisien (m)	**Malaie** (m)	[ma'laje]
Malaisienne (f)	**Malaiin** (f)	[ma'lajɪn]
malais	**malaiisch**	[ma'lajɪʃ]
Pakistan (m)	**Pakistan**	['pa:kista:n]
Pakistanais (m)	**Pakistaner** (m)	[pakis'ta:nə]
Pakistanaise (f)	**Pakistanerin** (f)	[pakis'ta:nɛrin]
pakistanais	**pakistanisch**	[pakis'ta:niʃ]
Arabie (f) Saoudite	**Saudi-Arabien**	['zaudi a'ra:biɛn]
Arabe (m)	**Araber** (m)	[a'ra:bə]
Arabe (f)	**Araberin** (f)	[a'ra:bɛrin]
arabe	**arabisch**	[a'ra:biʃ]
Thaïlande (f)	**Thailand**	['taɪlant]
Thaïlandais (m)	**Thailänder** (m)	['taɪlɛndə]
Thaïlandaise (f)	**Thailänderin** (f)	['taɪlɛndɛrin]
Thaïlandais	**thailändisch**	['taɪlɛndiʃ]
Taïwan (m)	**Taiwan**	['taɪvaɲ]
Taïwanais (m)	**Taiwaner** (m)	[taɪ'va:nə]
Taïwanaise (f)	**Taiwanerin** (f)	[taɪ'va:nɛrin]
taïwanais	**taiwanisch**	[taɪ'va:niʃ]
Turquie (f)	**Türkei** (f)	[tyr'kaɪ]
Turc (m)	**Türke** (m)	['tyrkɛ]
Turque (f)	**Türkin** (f)	['tyrkin]
turc	**türkisch**	['tyrkiʃ]
Japon (m)	**Japan**	['japan]
Japonais (m)	**Japaner** (m)	[ja'pa:nə]
Japonaise (f)	**Japanerin** (f)	[ja'pa:nɛrin]
japonais	**japanisch**	[ja'pa:niʃ]
Afghanistan (m)	**Afghanistan**	[afganis'tan]
Bangladesh (m)	**Bangladesch**	[baŋla'dɛʃ]
Indonésie (f)	**Indonesien**	[indo'nɛziɛn]

Jordanie (f)	Jordanien	[jɔr'daniɛn]
Iraq (m)	Irak (m)	[i'rak]
Iran (m)	Iran (m)	[i'ran]
Cambodge (m)	Kambodscha	[kam'bɔdʒa]
Koweït (m)	Kuwait	[ku'vait]

Laos (m)	Laos	[ʎa'ɔs]
Myanmar (m)	Myanmar	[mjan'mar]
Népal (m)	Nepal	[nɛ'paʎ]
Fédération (f) des Émirats Arabes Unis	Vereinigten Arabischen Emiraten (f)	[fɛrʰ'ainihtɛn a'rabiʃɛn ɛmi'ra:tɛn]

Syrie (f)	Syrien	['zyriɛn]
Palestine (f)	Palästina	[palɛs'tina]
Corée (f) du Sud	Südkorea	['zytkɔ'rɛa]
Corée (f) du Nord	Nordkorea	['nɔrtkɔ'rɛa]

238. L'Amérique du Nord

les États Unis	Vereinigten Staaten (f)	[fɛrʰ'ainih'tɛ 'ʃta:tɛn]
Américain (m)	Amerikaner (m)	[amɛri'ka:nə]
Américaine (f)	Amerikanerin (f)	[amɛri'ka:nɛrin]
américain	amerikanisch	[amɛri'ka:niʃ]

Canada (m)	Kanada	['kanada]
Canadien (m)	Kanadier (m)	[ka'na:diə]
Canadienne (f)	Kanadierin (f)	[ka'na:diɛrin]
canadien	kanadisch	[ka'na:diʃ]

Mexique (m)	Mexiko	['mɛksikɔ]
Mexicain (m)	Mexikaner (m)	[mɛksi'ka:nə]
Mexicaine (f)	Mexikanerin (f)	[mɛksi'ka:nɛrin]
mexicain	mexikanisch	[mɛksi'ka:niʃ]

239. L'Amérique Centrale et l'Amérique du Sud

Argentine (f)	Argentinien	[argɛn'ti:niɛn]
Argentin (m)	Argentinier (m)	[argɛn'ti:niə]
Argentine (f)	Argentinierin (f)	[argɛn'ti:niɛrin]
argentin	argentinisch	[argɛn'ti:niʃ]

Brésil (m)	Brasilien	[bra'zi:liɛn]
Brésilien (m)	Brasilianer (m)	[brazi'ʎjanə]
Brésilienne (f)	Brasilianerin (f)	[brazi'ʎjanɛrin]
brésilien	brasilianisch	[brazi'ʎjaniʃ]

Colombie (f)	Kolumbien	[kɔ'lymbiɛn]
Colombien (m)	Kolumbianer (m)	[kɔlymbi'a:nə]
Colombienne (f)	Kolumbianerin (f)	[kɔlymbi'a:nɛrin]
colombien	kolumbianisch	[kɔlymbi'a:niʃ]
Cuba (f)	Kuba	['ku:ba]
Cubain (m)	Kubaner (m)	[ku'ba:nə]

| Cubaine (f) | Kubanerin (f) | [kʊ'ba:nɛrin] |
| cubain | kubanisch | [kʊ'ba:niʃ] |

Chili (m)	Chile	['tʃi:le]
Chilien (m)	Chilene (m)	[tʃi'le:nɛ]
Chilienne (f)	Chilenin (f)	[tʃi'le:nin]
chilien	chilenisch	[tʃi'le:niʃ]

Bolivie (f)	Bolivien	[bɔ'liwien]
Venezuela (f)	Venezuela	[vɛnɛsʊ'ɛla]
Paraguay (m)	Paraguay	[paragʊ'aɪ]
Pérou (m)	Peru	[pɛ'rʊ]

Surinam (m)	Suriname	[zuri'name]
Uruguay (m)	Uruguay	[urʊg'vaɪ]
Équateur (m)	Ecuador	[ɛkʊa'dɔr]

Bahamas (f pl)	Bahamas (f)	[ba'hamas]
Haïti (m)	Haiti	[ha'iti]
République (f) Dominicaine	Dominikanische Republik (f)	[dɔmini'ka:niʃɛ rɛpʊb'li:k]
Panamá (m)	Panama	['panama]
Jamaïque (f)	Jamaika	[ja'maɪka]

240. L'Afrique

Égypte (f)	Ägypten	[ɛ'gyptɛn]
Égyptien (m)	Ägypter (m)	[ɛ'gyptə]
Égyptienne (f)	Ägypterin (f)	[ɛ'gyptɛrin]
égyptien	ägyptisch	[ɛ'gyptiʃ]

Maroc (m)	Marokko	[ma'rɔkkɔ]
Marocain (m)	Marokkaner (m)	[marɔk'ka:nə]
Marocaine (f)	Marokkanerin (f)	[marɔk'ka:nɛrin]
marocain	marokkanisch	[marɔk'ka:niʃ]

Tunisie (f)	Tunesien	[tʊ'nɛziɛn]
Tunisien (m)	Tunesier (m)	[tʊ'nɛziə]
Tunisienne (f)	Tunesierin (f)	[tʊ'nɛzirin]
tunisien	tunesisch	[tʊ'nɛziʃ]

Ghana (m)	Ghana	['gana]
Zanzibar (m)	Sansibar	[zanzi'bar]
Kenya (m)	Kenia	['ke:nia]
Libye (f)	Libyen	['libyɛn]
Madagascar (f)	Madagaskar	[madagas'kar]

Namibie (f)	Namibia	[na'mi:bia]
Sénégal (m)	Senegal (m)	[zɛnɛ'gaʎ]
Tanzanie (f)	Tansania	[tan'zania]
République (f) Sud-africaine	Republik Südafrika (f)	[rɛpʊb'li:k 'zytʰafrika]

Africain (m)	Afrikaner (m)	[afri'ka:nə]
Africaine (f)	Afrikanerin (f)	[afri'ka:nɛrin]
africain	afrikanisch	[afri'ka:niʃ]

241.   L'Australie et Océanie

Australie (f)	**Australien**	[əuɔt'rɑ:liɛn]
Australien (m)	**Australier** (m)	[aʊst'ra:liə]
Australienne (f)	**Australierin** (f)	[aʊst'ra:liɛrin]
australien	**australisch**	[aʊst'ra:liʃ]
Nouvelle Zélande (f)	**Neuseeland**	['nɔɪze:lant]
Néo-Zélandais (m)	**Neuseeländer** (m)	['nɔɪze:lɛndə]
Néo-Zélandaise (f)	**Neuseeländerin** (f)	['nɔɪze:lɛndɛrin]
néo-zélandais	**neuseeländisch**	['nɔɪze:lɛndiʃ]
Tasmanie (f)	**Tasmanien**	[tas'ma:niɛn]
Polynésie (f) Française	**Französisch-Polynesien**	[fran'ʦø:ziʃ poly'nɛziɛn]

242.   Les grandes villes

Amsterdam (f)	**Amsterdam**	[amstɛr'dam]
Ankara (m)	**Ankara**	['aŋkara]
Athènes (m)	**Athen**	[a'tɛn]
Bagdad (m)	**Bagdad**	['bagdat]
Bangkok (m)	**Bangkok**	[baŋ'kɔk]
Barcelone (f)	**Barcelona**	[barse'løna]
Berlin (m)	**Berlin**	[bɛr'lin]
Beyrouth (m)	**Beirut**	[bɛɪ'rʊt]
Bombay (m)	**Bombay**	[bɔm'bɛɪ]
Bonn (f)	**Bonn**	[bɔn]
Bordeaux (f)	**Bordeaux**	[bɔr'dɔ]
Bratislava (m)	**Bratislava**	[bra'tislava]
Bruxelles (m)	**Brüssel**	['bryssɛʎ]
Bucarest (m)	**Bukarest**	[bʊka'rest]
Budapest (m)	**Budapest**	[bʊda'pɛst]
Caire (m)	**Kairo**	['kaɪrɔ]
Calcutta (f)	**Kalkutta**	[kaʎ'kʊtta]
Chicago (f)	**Chicago**	[ʧi'kagɔ]
Copenhague (f)	**Kopenhagen**	[kɔpɛn'ha:gɛn]
Dar es-Salaam (f)	**Daressalam**	['darɛsza'ʎam]
Delhi (f)	**Delhi**	['dɛli]
Dubaï (f)	**Dubai**	[dʊ'baɪ]
Dublin (f)	**Dublin**	['dʊblin]
Düsseldorf (f)	**Düsseldorf**	['dyssɛʎdɔrf]
Florence (f)	**Florenz**	[flø'rɛnʦ]
Francfort (f)	**Frankfurt**	['fraŋkfʊrt]
Genève (f)	**Genf**	[gɛnf]
Hague (f)	**Den Haag**	[dɛn ha:k]
Hambourg (f)	**Hamburg**	['hambʊrk]
Hanoi (f)	**Hanoi**	[ha'nɔɪ]

Havane (f)	**Havanna**	[ha'vana]
Helsinki (f)	**Helsinki**	['hɛʎsiŋki]
Hiroshima (f)	**Hiroshima**	[hirɔ'ʃima]
Hong Kong (m)	**Hongkong**	['hɔ'ŋkɔŋ]
Istanbul (f)	**Istanbul**	['istanbuʎ]
Jérusalem (f)	**Jerusalem**	[e'ru:zalem]
Kiev (f)	**Kiew**	['kief]
Kuala Lumpur (f)	**Kuala Lumpur**	[ku'aʎa lym'pur]
Lisbonne (f)	**Lissabon**	['lissabɔn]
Londres (m)	**London**	['lɔ:ndɔn]
Los Angeles (f)	**Los Angeles**	['lɔsʰ'anʒɛles]
Lyon (f)	**Lyon**	[li'ɔn]
Madrid (f)	**Madrid**	[mad'rit]
Marseille (f)	**Marseille**	[mar'sɛʎ]
Mexico (f)	**Mexiko**	['mɛksikɔ]
Miami (f)	**Miami**	[ma'jami]
Montréal (f)	**Montreal**	[mɔnrɛ'aʎ]
Moscou (f)	**Moskau**	['mɔskau]
Munich (f)	**München**	['mynhen]
Nairobi (f)	**Nairobi**	[naı'rɔ:bi]
Naples (f)	**Neapel**	[nɛ'apɛʎ]
New York (f)	**New York**	['ɲjy 'jɔrk]
Nice (f)	**Nizza**	['niʦa]
Oslo (m)	**Oslo**	['ɔslɔ]
Ottawa (m)	**Ottawa**	[ɔt'tava]
Paris (m)	**Paris**	[pa'ris]
Pékin (m)	**Peking**	['pekin]
Prague (m)	**Prag**	[prak]
Rio de Janeiro (m)	**Rio de Janeiro**	[riɔ de ʒa'nɛirɔ]
Rome (f)	**Rom**	[rɔm]
Saint-Pétersbourg (m)	**Sankt Petersburg**	['zaŋkt 'pe:tɛrsburk]
Séoul (m)	**Seoul**	[sɛ'ul]
Shanghai (m)	**Schanghai**	[ʃaŋ'haı]
Sidney (m)	**Sydney**	['sidni]
Singapour (f)	**Singapur**	[ziŋa'pur]
Stockholm (m)	**Stockholm**	['ʃtɔkhɔʎm]
Taipei (m)	**Taipeh**	['taıpɛı]
Tokyo (m)	**Tokio**	['tɔkiɔ]
Toronto (m)	**Toronto**	[tɔ'rɔntɔ]
Varsovie (f)	**Warschau**	['varʃau]
Venise (f)	**Venedig**	[vɛ'nɛdiɦ]
Vienne (f)	**Wien**	[wi:n]
Washington (f)	**Washington**	['vaʃiŋtɔn]

243. La politique. Le gouvernement. Partie 1

politique (f)	**Politik** (f)	[pɔli'ti:k]
politique	**politisch**	[pɔ'li:tiʃ]

homme (m) politique	Politiker (m)	[pɔ'li:tikə]
état (m)	Staat (m)	[ʃta:t]
citoyen (m)	Bürger (m)	['byrgə]
cItoyenneté (f)	Staatsangehörigkeit (f)	['ʃta.lsʰaŋɛɦø.rifikaɪl]
armoiries (f pl) nationales	Staatswappen (n)	['ʃta:tsvappɛn]
hymne (m) national	Staatshymne (f)	['ʃta:tshymnɛ]
gouvernement (m)	Regierung (f)	[rɛ'gi:rʊn]
chef (m) d'état	Staatschef (m)	['ʃta:tsʃɛf]
parlement (m)	Parlament (n)	[parla'mɛnt]
parti (m)	Partei (f)	[par'taɪ]
capitalisme (m)	Kapitalismus (m)	[kapita'lismʊs]
capitaliste	kapitalistisch	[kapita'listiʃ]
socialisme (m)	Sozialismus (m)	[zɔtsia'lismʊs]
socialiste	sozialistisch	[zɔtsia'listiʃ]
communisme (m)	Kommunismus (m)	[kɔmʊ'nismʊs]
communiste	kommunistisch	[kɔmʊ'nistiʃ]
communiste (m)	Kommunist (m)	[kɔmʊ'nist]
démocratie (f)	Demokratie (f)	[dɛmɔkra'ti:]
démocrate (m)	Demokrat (m)	[dɛmɔk'rat]
démocratique	demokratisch	[dɛmɔk'ra:tiʃ]
parti (m) démocratique	demokratische Partei (f)	[dɛmɔk'ratiʃɛ par'taɪ]
libéral (m)	Liberale (m)	[libɛ'ra:le]
libéral	liberal	[libɛ'ra:ʎ]
conservateur (m)	Konservative (m)	[kɔnzɛrva'ti:vɛ]
conservateur	konservativ	[kɔnzɛrva'ti:f]
république (f)	Republik (f)	[rɛpʊb'li:k]
républicain (m)	Republikaner (m)	[rɛpʊbli'ka:nə]
parti (m) républicain	Republikanische Partei (f)	[rɛpʊbli'ka:niʃɛ par'taɪ]
élections (f pl)	Wahlen (f pl)	['va:len]
élire (vt)	wählen (vt)	['vɛlen]
électeur (m)	Wähler (m)	['vɛlə]
campagne (f) électorale	Wahlkampagne (f)	['va:ʎ kam'paŋje]
vote (m)	Abstimmung (f)	['apʃtimʊn]
voter (vi)	stimmen (vi), abstimmen (vi)	['ʃtimɛn], ['apʃtimɛn]
droit (m) de vote	Abstimmungsrecht (n)	['apʃtimʊns'rɛft]
candidat (m)	Kandidat (m)	[kandi'da:t]
poser sa candidature	kandidieren (vi)	[kandi'di:rɛn]
campagne (f)	Kampagne (f)	[kam'paŋje]
d'opposition	Oppositions-	[ɔpɔzi'tsⁱɔns]
opposition (f)	Opposition (f)	[ɔpɔzi'tsⁱɔn]
visite (f)	Besuch (m)	[bɛ'zu:h]
visite (f) officielle	Staatsbesuch (m)	['ʃta:tsbɛzu:h]
international	international	[intɛrnatsⁱɔ'na:ʎ]

| négociations (f pl) | Verhandlungen (f pl) | [fɛr'handluŋɛn] |
| négocier (vi) | verhandeln (vi) | [fɛr'handɛʎn] |

244. La politique. Le gouvernement. Partie 2

société (f)	Gesellschaft (f)	[gɛ'zɛʎʃaft]
constitution (f)	Verfassung (f)	[fɛr'fassʊn]
pouvoir (m)	Macht (f)	[maht]
corruption (f)	Korruption (f)	[kɔrʊp'tsʲɔn]

| loi (f) | Gesetz (n) | [gɛ'zɛts] |
| légal | gesetzlich | [gɛ'zɛtsliħ] |

| justice (f) | Gerechtigkeit (f) | [gɛ'rɛħtiħkaɪt] |
| juste | gerecht | [gɛ'rɛħt] |

comité (m)	Komitee (n)	[kɔmi'tɛ]
projet (m) de loi	Gesetzentwurf (m)	[gɛ'zɛtsʰɛnt'vʊrf]
budget (m)	Budget (n)	[by'dʒɛt]
politique (f)	Politik (f)	[pɔli'tiːk]
réforme (f)	Reform (f)	[rɛ'fɔrm]
radical	radikal	[radi'kaːʎ]

puissance (f)	Macht (f)	[maht]
puissant	mächtig	['mɛhtiħ]
partisan (m)	Anhänger (m)	['anhɛŋə]
influence (f)	Einfluß (m)	['aɪnflys]

régime (m)	Regime (n)	[rɛ'ʒiːm]
conflit (m)	Konflikt (m)	[kɔnf'likt]
conspiration (f)	Verschwörung (f)	[fɛrʃ'wøːrʊn]
provocation (f)	Provokation (f)	[prɔvɔka'tsʲɔn]

renverser (vt)	stürzen (vt)	[ʃtyrtsɛn]
renversement (m)	Sturz (m)	[ʃtʊrts]
révolution (f)	Revolution (f)	[rɛvɔly'tsʲɔn]

| coup (m) d'État | Staatsstreich (m) | ['ʃtatsʃtrʲaɪħ] |
| coup (m) d'État militaire | Militärputsch (m) | [mili'tɛrpʊtʃ] |

crise (f)	Krise (f)	['kriːzɛ]
baisse (f) économique	Rezession (f)	[rɛtsɛ'sʲɔn]
manifestant (m)	Demonstrant (m)	[dɛmɔnst'rant]
manifestation (f)	Demonstration (f)	[dɛmɔnstra'tsʲɔn]
loi (f) martiale	Ausnahmezustand (m)	[aʊs'namɛtsuʃtant]
base (f) militaire	Militärbasis (f)	[mili'tɛːr 'bazɪs]

| stabilité (f) | Stabilität (f) | [ʃtabili'tɛt] |
| stable | stabil | [ʃta'biːʎ] |

exploitation (f)	Ausbeutung (f)	['ausbɔɪtʊn]
exploiter (vt)	ausbeuten (vt)	['ausbɔɪtɛn]
racisme (m)	Rassismus (m)	[ra'sismʊs]
raciste (m)	Rassist (m)	[ra'sist]

| fascisme (m) | **Faschismus** (m) | [fa'ʃɪsmʊs] |
| fasciste (m) | **Faschist** (m) | [fa'ʃɪst] |

245. Les différents pays du monde. Divers

étranger (m)	**Ausländer** (m)	['aus'lɛndə]
étranger	**ausländisch**	['auslɛndiʃ]
à l'étranger	**im Ausland**	[im 'auslant]

émigré (m)	**Auswanderer** (m)	['ausvandɛrə]
émigration (f)	**Auswanderung** (f)	['ausvandɛrʊn]
émigrer (vi)	**auswandern** (vi)	['ausvandɛrn]

Ouest (m)	**Westen** (m)	['vɛstɛn]
Est (m)	**Osten** (m)	['ɔstɛn]
Extrême Orient (m)	**Ferner Osten** (m)	['fɛrnə 'ɔstɛn]

civilisation (f)	**Zivilisation** (f)	[tsiwiliza'tsɪɔn]
humanité (f)	**Menschheit** (f)	['mɛnʃhaɪt]
monde (m)	**Welt** (f)	['vɛʎt]
paix (f)	**Frieden** (m)	['fri:dɛn]
mondial	**Welt-**	['vɛʎt]

patrie (f)	**Heimat** (f)	['haɪmat]
peuple (m)	**Volk** (n)	[fɔʎk]
population (f)	**Bevölkerung** (f)	[bɛ'føʎkɛrʊn]
gens (m pl)	**Leute** (pl)	['lɔɪtɛ]
nation (f)	**Nation** (f)	[na'tsɪɔn]
génération (f)	**Generation** (f)	[gɛnɛra'tsɪɔn]
territoire (m)	**Territorium** (n)	[tɛri'torium]
région (f)	**Region** (f)	[rɛ'gjɔn]
état (m)	**Staat** (m)	[ʃta:t]

tradition (f)	**Tradition** (f)	[tradi'tsɪɔn]
coutume (f)	**Brauch** (m)	['brauh]
écologie (f)	**Ökologie** (f)	[økɔlɔ'gi:]

indien (m)	**Indianer** (m)	[indi'a:nə]
bohémien (m)	**Zigeuner** (m)	[tsi'gɔɪnə]
bohémienne (f)	**Zigeunerin** (f)	[tsi'gɔɪnɛrin]
bohémien	**Zigeuner-**	[tsi'gɔɪnɛr]

empire (f)	**Reich** (n)	[raɪh]
colonie (f)	**Kolonie** (f)	[kɔlɔ'ni:]
esclavage (m)	**Sklaverei** (f)	[sklavɛ'raɪ]
invasion (f)	**Einfall** (m)	['aɪnfaʎ]
famine (f)	**Hunger** (m)	['hʊŋə]

246. Les groupes religieux. Les confessions

| religion (f) | **Religion** (f) | [rɛli'gɪɔn] |
| religieux | **religiös** | [rɛli'gjɔ:s] |

foi (f)	**Glaube** (m)	[ˈɡlaubɛ]
croire (en Dieu)	**glauben** (vt)	[ˈɡlaubɛn]
croyant (m)	**Gläubige** (m)	[ˈɡlɔɪbiɡɛ]
athéisme (m)	**Atheismus** (m)	[atɛˈismʊs]
athée (m)	**Atheist** (m)	[atɛˈist]
christianisme (m)	**Christentum** (n)	[ˈkristɛntʊm]
chrétien (m)	**Christ** (m)	[krist]
chrétien	**christlich**	[ˈkristliɦ]
catholicisme (m)	**Katholizismus** (m)	[katoliˈʦismʊs]
catholique (m)	**Katholik** (m)	[katoˈlik]
catholique	**katholisch**	[kaˈtoːliʃ]
protestantisme (m)	**Protestantismus** (m)	[protɛstanˈtismʊs]
Église (f) protestante	**Protestantische Kirche** (f)	[protɛsˈtaːntiʃɛ ˈkirhe]
protestant (m)	**Protestant** (m)	[protɛsˈtant]
Orthodoxie (f)	**das orthodoxe Christentum**	[das ortoˈdoksɛ krisˈtɛntʊm]
Église (f) orthodoxe	**Orthodoxe Kirche** (f)	[ortoˈdoksɛ ˈkirhe]
orthodoxe (m)	**orthodox**	[ortoˈdoks]
Presbytérianisme (m)	**Presbyterianismus** (m)	[prɛsbitɛriaˈnismʊs]
Église (f) presbytérienne	**Presbyterianische Kirche** (f)	[prɛsbitoriˈaːniʃɛ ˈkirhe]
presbytérien (m)	**Presbyterianer** (m)	[prɛsbitoriˈaːnə]
Église (f) luthérienne	**Lutherische Kirche** (f)	[ˈlyteriʃɛ ˈkirhe]
luthérien (m)	**Lutheraner** (m)	[lytɛˈraːnə]
Baptisme (m)	**Baptismus** (m)	[bapˈtismʊs]
baptiste (m)	**Baptist** (m)	[bapˈtist]
Église (f) anglicane	**Anglikanische Kirche** (f)	[aŋliˈkaːniʃɛ ˈkirhe]
anglican (m)	**Anglikaner** (m)	[aŋliˈkanə]
Mormonisme (m)	**Mormonismus** (m)	[mormoˈnismʊs]
mormon (m)	**Mormone** (m)	[morˈmoːnɛ]
judaïsme (m)	**Judentum** (n)	[ˈjuːdɛntʊm]
juif (m)	**Jude** (m)	[ˈjuːdɛ]
Bouddhisme (m)	**Buddhismus** (m)	[bʊˈdismʊs]
bouddhiste (m)	**Buddhist** (m)	[bʊˈdist]
hindouisme (m)	**Hinduismus** (m)	[hindʊˈismʊs]
hindouiste (m)	**Hindu** (m)	[ˈhindʊ]
islam (m)	**Islam** (m)	[isˈlam]
musulman (m)	**Moslem** (m)	[mozˈleːm]
musulman	**moslemisch**	[mozˈleːmiʃ]
Chiisme (m)	**Schiismus** (m)	[ʃiˈismʊs]
chiite (m)	**Schiit** (m)	[ʃiˈit]
Sunnisme (m)	**Sunnismus** (m)	[zuˈnismʊs]
sunnite (m)	**Sunnit** (m)	[zuˈnit]

47. Les principales religions. Le clergé

prêtre (m)	**Priester** (m)	['priːstə]
le Pape	**Papst** (m)	[papst]
moine (m)	**Mönch** (m)	['mønh]
bonne sœur (f)	**Nonne** (f)	['nɔnɛ]
pasteur (m)	**Pfarrer** (m)	['pfarə]
abbé (m)	**Abt** (m)	[apt]
vicaire (m)	**Vikar** (m)	[wi'kar]
évêque (m)	**Bischof** (m)	['biʃɔf]
cardinal (m)	**Kardinal** (m)	[kardi'naːl]
pope (m)	**Pfarrer** (m)	['pfarə]
prédicateur (m)	**Prediger** (m)	['prɛdigə]
sermon (m)	**Predigt** (f)	['prɛdiht]
paroissiens (m pl)	**Gemeinde** (f)	[gɛ'maɪndɛ]
croyant (m)	**Gläubige** (m)	['glɔɪbigɛ]
athée (m)	**Atheist** (m)	[atɛ'ist]

48. La foi. Le Christianisme. L'Islam

Adam	**Adam**	['adam]
Ève	**Eva**	['iːfa]
Dieu (m)	**Gott** (m)	[gɔt]
Seigneur (m)	**Herr** (m)	[hɛr]
Tout-Puissant (m)	**Der Allmächtige**	[də 'aʎmɛhtigɛ]
péché (m)	**Sünde** (f)	['zyndɛ]
pécher (vi)	**sündigen** (vi)	['zyndigɛn]
pécheur (m)	**Sünder** (m)	['zyndə]
pécheresse (f)	**Sünderin** (f)	['zyndɛrin]
enfer (m)	**Hölle** (f)	['høle]
paradis (m)	**Paradies** (n)	[para'diːs]
Jésus	**Jesus**	['eːzus]
Jésus Christ	**Jesus Christus**	['eːzus 'kristus]
le Christ	**Christus**	['kristus]
le Saint Esprit	**Heiliger Geist** (m)	['haɪligə 'gaɪst]
Sauveur (m)	**Erlöser** (m)	[ɛr'løːzə]
la Sainte Vierge	**Jungfrau Maria** (f)	[di 'junfrau ma'riːa]
Diable (m)	**Teufel** (m)	['tɔɪfɛʎ]
diabolique	**teuflisch**	['tɔɪfliʃ]
Satan	**Satan** (m)	[za'taːn]
satanique	**satanisch**	[za'taːniʃ]
ange (m)	**Engel** (m)	['ɛŋɛʎ]
ange (m) gardien	**Schutzengel** (m)	['ʃutsʰ'ɛŋɛʎ]

angélique	Engel(s)-	[ˈɛŋɛʎs]
apôtre (m)	Apostel (m)	[aˈpɔstɛʎ]
archange (m)	Erzengel (m)	[ˈɛrʦʰˈɛŋɛʎ]
antéchrist (m)	Antichrist (m)	[anˈtihrist]

Église (f)	Kirche (f)	[ˈkirhe]
bible (f)	Bibel (f)	[ˈbiːbɛʎ]
biblique	biblisch	[ˈbibliʃ]

Ancien Testament (m)	Alte Testament (n)	[das ˈaʎtɛ tɛstaˈmɛnt]
Nouveau Testament (m)	Neues Testament (n)	[ˈnɔjes tɛstaˈmɛnt]
Évangile (m)	Evangelium (n)	[ɛvaˈŋeːlium]
Sainte Écriture (f)	Heilige Schrift (f)	[di: ˈhaɪligɛ ʃrift]
Cieux (m pl)	Himmelreich (n)	[ˈhimɛʎˈraɪh]

commandement (m)	Gebot (n)	[gɛˈbɔt]
prophète (m)	Prophet (m)	[prɔˈfet]
prophétie (f)	Prophezeiung (f)	[prɔfɛˈʦajuŋ]

Allah (m)	Allah (m)	[ˈaʎah]
Mahomet (m)	Mohammed	[mɔˈhamɛd]
Coran (m)	Koran (m)	[kɔˈran]

mosquée (f)	Moschee (f)	[mɔˈʃee]
mulla (m)	Mullah (m)	[muˈlaː]
prière (f)	Gebet (n)	[gɛˈbɛt]
prier (vt)	beten (vi)	[ˈbeːtɛn]

pèlerinage (f)	Wallfahrt (f)	[ˈvaʎfaːrt]
pèlerin (m)	Pilger (m)	[ˈpiʎgə]
La Mecque	Mekka (n)	[ˈmɛkka]

église (f)	Kirche (f)	[ˈkirhe]
temple (m)	Tempel (m)	[ˈtɛmpɛʎ]
cathédrale (f)	Kathedrale (f)	[katɛdˈraːle]
gothique	gotisch	[ˈgɔtiʃ]
synagogue (f)	Synagoge (f)	[zynaˈgɔːgɛ]
mosquée (f)	Moschee (f)	[mɔˈʃee]

chapelle (f)	Kapelle (f)	[kaˈpɛle]
abbaye (f)	Abtei (f)	[apˈtaɪ]
couvent (f)	Nonnenkloster (n)	[ˈnɔnɛŋkˈlɔstə]
monastère (m)	Mönchskloster (n)	[mønhskˈlɔstə]

cloche (f)	Glocke (f)	[ˈglɔkkɛ]
clocher (m)	Glockenturm (m)	[ˈglɔkkɛntʊrm]
sonner (vi)	läuten (vi)	[ˈløɪtɛn]

croix (f)	Kreuz (n)	[ˈkrɔɪʦ]
coupole (f)	Kuppel (f)	[ˈkʊppɛʎ]
icône (f)	Ikone (f)	[iˈkɔːnɛ]

âme (f)	Seele (f)	[ˈzeːle]
sort (m)	Schicksal (n)	[ˈʃikzaʎ]
mal (m)	Böse (n)	[ˈbøːzɛ]
bien (m)	Gute (n)	[ˈguːtɛ]

vampire (m)	**Vampir** (m)	[vam'pir]
sorcière (f)	**Hexe** (f)	['hɛksɛ]
démon (m)	**Dämon** (m)	['dɛmɔn]
diable (m)	**Teufel** (m)	['tɔɪfɛʎ]
esprit (m)	**Geist** (m)	[gaɪst]

| rachat (m) | **Sühne** (f) | ['zy:nɛ] |
| racheter (pécheur) | **sühnen** (vt) | ['zy:nɛn] |

office (m), messe (f)	**Gottesdienst** (m)	['gɔtɛsdi:nst]
dire la messe	**die Messe lesen** (vt)	[di 'mɛse 'le:zɛn]
confession (f)	**Beichte** (f)	['baɪhtɛ]
se confesser (vp)	**beichten** (vi)	['baɪhtɛn]

saint (m)	**Heilige** (m)	['haɪligɛr]
sacré	**heilig**	['haɪliħ]
l'eau bénite	**Weihwasser** (n)	['vaɪvassə]

rite (m)	**Ritual** (n)	[ritʊ'a:ʎ]
rituel	**rituell**	[ritʊ'ɛʎ]
sacrifice (m)	**Opferung** (f)	['ɔpfɛrʊn]

superstition (f)	**Aberglaube** (m)	['a:bɛrglaubɛ]
superstitieux	**abergläubisch**	['a:bɛrglɔɪbiħ]
vie (f) après la mort	**Leben** (n) **nach dem Tod**	['le:bɛn n:ah dɛm 'tɔ:t]
vie (f) éternelle	**ewiges Leben** (n)	['ɛwigɛs 'le:bɛn]

DIVERS

249. Quelques mots et formules utiles

aide (f)	**Hilfe** (f)	['hiʎfɛ]
arrêt (m) (pause)	**Pause** (f)	['pauzɛ]
balance (f)	**Bilanz** (f)	[bi'lanʦ]
barrière (f)	**Hindernis** (n)	['hindɛrnis]
base (f)	**Basis** (f)	['ba:zis]
cadence (f)	**Tempo** (n)	['tɛmpɔ]
catégorie (f)	**Kategorie** (f)	[katɛgo'ri:]
cause (f)	**Ursache** (f)	[u: 'zahɛ]
choix (m)	**Auswahl** (f)	['ausva:ʎ]
chose (f) (objet)	**Ding** (n)	['gɛgɛnʃtant], [din]
chose (f) (entité)	**Gegenstand** (m)	['gɛgɛnʃtant]
coïncidence (f)	**Zufall** (m)	['ʦu:faʎ]
commode	**bequem**	[bɛk'vɛm]
comparaison (f)	**Vergleich** (m)	[fɛrg'ʎaiɦ]
compensation (f)	**Kompensation** (f)	[kɔmpɛnza'ʦʲɔn]
croissance (f)	**Wachstum** (n)	['vakstʊm]
début (m)	**Anfang** (m)	['anfan]
degré (m)	**Grad** (m)	[grat]
développement (m)	**Entwicklung** (f)	[ɛnt'wiklun]
différence (f)	**Unterschied** (m)	['untɛrʃi:t]
discipline (f)	**Art** (f)	[art]
d'urgence	**dringend**	['drinɛnt]
effet (m)	**Effekt** (m)	[ɛf'fɛkt]
effort (m)	**Anstrengung** (f)	[anʃt'rɛnun]
élément (m)	**Element** (n)	[ɛle'mɛnt]
exemple (m)	**Beispiel** (n)	['baiʃpi:ʎ]
fait (m)	**Tatsache** (f)	['ta:tzahɛ]
faute (f)	**Fehler** (m)	['fɛ:lə]
fin (f)	**Ende** (n)	['ɛndɛ]
fond (m)	**Grund** (m)	[grʊnt]
forme (f)	**Form** (f)	[fɔrm]
fréquent	**häufig**	['hɔɪfiɦ]
idéal (m)	**Ideal** (n)	[ide'a:ʎ]
labyrinthe (m)	**Labyrinth** (n)	[laby'rint]
mode (m)	**Weise** (f)	['vaɪzɛ]
moment (m)	**Moment** (m)	[mɔ'mɛnt]
mystère (m)	**Geheimnis** (n)	[gɛ'haimnis]
objet (m)	**Gegenstand** (m)	['gɛgɛnʃtant]
obstacle (m)	**Störung** (f)	['ʃtø:rʊn]

original (m)	**Original** (n)	[ɔriɡiˈnaːʎ]
part (f)	**Anteil** (m)	[ˈantaɪʎ]
particule (f)	**Teilchen** (n)	[ˈtaɪʎhen]
pause (f)	**Pause** (f)	[ˈpauzc]
position (f)	**Position** (f)	[poziˈtsʲon]
principe (m)	**Prinzip** (n)	[prinˈtsip]
problème (m)	**Problem** (n)	[prɔbˈlem]
processus (m)	**Prozeß** (m)	[proˈtsɛs]
progrès (m)	**Fortschritt** (m)	[ˈfortʃrit]
propriété (f)	**Eigenschaft** (f)	[ˈaɪɡɛnʃaft]
réaction (f)	**Reaktion** (f)	[rɛakˈtsʲon]
risque (m)	**Risiko** (n)	[ˈriːzikɔ]
section (f)	**Sektion** (f)	[zɛkˈtsʲon]
série (f)	**Serie** (f)	[ˈzeːrie]
situation (f)	**Situation** (f)	[zituaˈtsʲon]
solution (f)	**Lösung** (f)	[ˈløːzun]
standard	**Standard-**	[ʃtanˈdart]
standard (m)	**Standard** (m)	[ʃtanˈdart]
style (m)	**Stil** (m)	[ʃtiʎ]
système (m)	**System** (n)	[zysˈtɛm]
tableau (m)	**Tabelle** (f)	[taˈbɛle]
terme (m)	**Fachwort** (n)	[ˈfahvɔrt]
tour (m)	**Reihe** (f)	[ˈraje]
type (m)	**Typ** (m)	[typ]
urgent	**dringend**	[ˈdriŋɛnt]
utilité (f)	**Nutzen** (m)	[ˈnʊtsɛn]
vérité (f)	**Wahrheit** (f)	[ˈvaːrhaɪt]
version (f)	**Variante** (f)	[vaˈrjantɛ]
zone (f)	**Zone** (f)	[ˈtsɔːnɛ]

250. Les adjectifs. Partie 1

acide	**sauer**	[ˈzauə]
actuel	**gegenwärtig**	[ˈɡɛɡɛnvɛrtiɦ]
affamé	**hungrig**	[ˈhʊnriɦ]
agréable	**angenehm**	[ˈaŋenɛm]
aisé, simple	**einfach**	[ˈaɪnfah]
amer	**bitter**	[ˈbittə]
ancien	**alt**	[aʎt]
approprié	**brauchbar**	[ˈbrauhbar]
arrière	**Hinter-**	[ˈhintɛr]
artificiel	**künstlich**	[ˈkynstliɦ]
attentif	**sorgsam**	[ˈzɔrgzam]
aveugle	**blind**	[blint]
bas	**leise**	[ˈʎaɪzɛ]
basané	**dunkelhäutig**	[ˈdʊŋkɛʎˈhɔɪtiɦ]
beau (homme)	**schön**	[ˈʃon]

beau, magnifique	**schön**	[ˈʃɔn]
bien affilé	**scharf**	[ʃarf]
bon	**gut**	[guːt]
bon (gentil)	**gut**	[guːt]
bon marché	**billig**	[ˈbiliħ]
bon, savoureux	**lecker**	[ˈlɛkə]
bronzé	**gebräunt**	[gɛbˈrɔɪnt]
calme, tranquille	**still**	[ʃtiʎ]
central	**zentral**	[ʦɛntˈraːʎ]
chaud (jour, repas)	**warm**	[varm]
cher	**teuer**	[ˈtɔɪə]
civil	**bürgerlich**	[ˈbyrgɛrliħ]
clair	**klar**	[klaːr]
clair (couleur)	**licht**	[liħt]
clandestin	**Untergrund-**	[ˈuntɛrgrʊnt]
commun (projet ~)	**gemeinsam**	[gɛˈmaɪnzam]
compatible	**kompatibel**	[kɔmpaˈtiːbɛʎ]
compliqué	**schwierig**	[ˈʃwiːriħ]
congelé	**tiefgekühlt**	[ˈtiːfgɛˈkyːʎt]
considérable	**bedeutend**	[bɛˈdɔɪtɛnt]
content	**zufrieden**	[ʦuːfˈriːdɛn]
continu	**ununterbrochen**	[ˈunʰuntɛrbˈrɔhɛn]
court (de taille)	**kurz**	[kʊrʦ]
court (en durée)	**kurz**	[kʊrʦ]
cru	**roh**	[rɔː]
dangereux	**gefährlich**	[gɛˈfɛrliħ]
d'enfant	**Kinder-**	[ˈkindɛr]
dense	**dicht**	[diħt]
dernier	**der letzte**	[də ˈleʦtɛ]
différent	**verschieden**	[fɛrˈʃiːdɛn]
difficile	**schwierig**	[ˈʃwiːriħ]
dissemblable	**verschieden**	[fɛrˈʃiːdɛn]
d'occasion	**gebraucht**	[gɛbˈrauht]
douce (l'eau ~)	**Süß-**	[ˈzyːs]
droit (pas courbe)	**gerade**	[gɛˈraːdɛ]
droit (situé à droite)	**recht**	[rɛħt]
dur	**hart**	[hart]
éloigné	**fern**	[fɛrn]
ensoleillé	**sonnig**	[ˈzɔniħ]
entier	**ganz**	[ganʦ]
épais (dense)	**dick**	[dik]
épais (pas mince)	**dick**	[dik]
essentiel	**hauptsächlich**	[ˈhauptzɛhliħ]
étranger	**ausländisch, Fremd-**	[ˈauslɛndiʃ], [frɛmt]
étroit	**eng**	[ɛn]
excellent	**ausgezeichnet**	[ˈausgɛtsaɪhnɛt]
excessif	**übermäßig**	[ˈjuːbɛrmɛsiħ]

extérieur	Außen-, äußer	[aʊsn], ['ɔɪsə]
facile	leicht	[ʎaɪht]
faible (lumière)	gedämpft	[gɛ'dɛmpft]
fatiguant	ermüdend	[ɛr'my:dɛnt]
fatigué	müde	['my:də]

fermé	geschlossen	[gɛʃ'lɔsɛn]
fertile	fruchtbar	['frʊhtbar]
fort	stark	[ʃtark]
fragile	brüchig	['bryhiɦ]
frais (du pain ~)	frisch	[friʃ]
frais (légèrement froid)	kühl	[ky:ʎ]
froid	kalt	[kaʎt]

gauche	link	[liŋk]
géant	riesig	['ri:ziɦ]
gentil	nett	[nɛt]
grand	groß	[grɔ:s]
gras	fett	[fɛt]
gratuit	kostenlos, gratis	['kɔstɛnlɔs], ['fraɪ]

haut (la voix)	laut	['laut]
heureux	glücklich	['glykliɦ]
hostile	feindlich	['faɪntliɦ]
humide	feucht	[fɔɪht]

immobile	unbeweglich	['unbɛvɛkliɦ]
impeccable	ausgezeichnet	['ausgɛʦaɪhnɛt]
important	wichtig	['wihtiɦ]
impossible	unmöglich	['unmøgliɦ]

indéchiffrable	unverständlich	['unfɛrʃtɛndliɦ]
indispensable	notwendig	['nɔ:t'vɛndiɦ]
intelligent	klug	[klyk]
intérieur	innen-	['inɛn]

jeune	jung	[jun]
joyeux	froh	[fro:]
juste, correct	richtig	['riɦtiɦ]

251. Les adjectifs. Partie 2

large	breit	[braɪt]
le même, pareil	gleich	[gʎaɪɦ]
le plus important	das wichtigste	[das 'wihtiɦstɛ]
le plus proche	nächst	['nɛɦst]
proche (pas lointain)	nah	[na:]

légal	gesetzlich	[gɛ'zɛʦliɦ]
léger	leicht	[ʎaɪht]
libre	frei	[fraɪ]
limité	begrenzt	[bɛg'rɛnʦt]
liquide	flüssig	['flyssiɦ]
lisse	glatt	[glat]

lointain	fern	[fɛrn]
long	lang	[laŋ]
lourd	schwer	[ʃweːə]

maigre	mager	['maːgə]
malade	krank	[kraŋk]
mat	matt	[mat]
mauvais	schlecht	['ʃlɛht]
miséreux	in Armut lebend	[in a'muːt 'libɛnt]

mort	tot	[tɔt]
mou	weich	[vaɪh]
mûr	reif	[raɪf]
myope	kurzsichtig	['kʊrtszɪhtiɦ]
mystérieux	rätselhaft	['rɛtzɛʎhaft]

natal	Heimat-	['haɪmat]
nécessaire	nötig	['nøtiɦ]
négatif	negativ	[nɛga'tiːf]
négligent	nachlässig	['naːh'lɛssiɦ]
nerveux	nervös	[nɛr'wøːs]
neuf	neu	[nɔɪ]
normal	normal	[nɔr'maːʎ]

obligatoire	obligatorisch, Pflicht-	[ɔbliga'tɔriʃ], [pfliɦt]
opposé	gegensätzlich	['gɛgɛnzɛtsliɦ]
ordinaire	gewöhnlich	[gɛ'wøːnliɦ]
original	original	[ɔrigi'naːʎ]
ouvert	offen	['ɔffɛn]

pas dangereux	sicher	['zihə]
passé (participe ~)	vergangen	[fɛr'gaŋɛn]
passé (le mois ~)	vorig	['foːriɦ]
pauvre	arm	[arm]
permanent	beständig	[bɛʃ'tɛndiɦ]
personnel	persönlich	[pɛr'zøːnliɦ]

petit	klein	[kʎaɪn]
petit, pas grand	klein	[kʎaɪn]
peu expérimenté	unerfahren	['unʰɛr'faːrɛn]
peu important	unbedeutend	['unbɛdɔɪtɛnt]
peu profond	seicht	[zaɪht]

plat (sans relief)	platt	[plat]
plat (surface ~e)	glatt	[glat]
plein	voll	[fɔʎ]

poli	höflich	['høfliɦ]
ponctuel	pünktlich	['pyŋktliɦ]
possible	möglich	['møgliɦ]

précis, exact	pünktlich	['pyŋktliɦ]
principal	Haupt-	['haupt]
privé (réservé)	privat	[pri'vat]
probable	wahrscheinlich	[vaːr'ʃaɪnliɦ]
proche, d'à côté	nah	[naː]

prolongé	**andauernd**	['andauɛrnt]
propre	**sauber**	['zaubə]
public	**öffentlich**	[øffentliħ]

rapide	**schnell**	[ʃnɛʎ]
rare	**selten**	['zɛʎtɛn]
reconnaissant	**dankbar**	['daŋkbar]
risqué	**riskant**	[ris'kant]

sale	**schmutzig**	['ʃmʊtsiħ]
salé	**salzig**	['zaʎtsiħ]
sans nuages	**wolkenlos**	['vɔʎkɛnlɔs]
satisfait	**zufrieden**	[tsu:f'ri:dɛn]
sec	**trocken**	['trɔkkɛn]
serré, étroit	**eng**	[ɛn]

| similaire, pareil | **ähnlich** | ['ɛnliħ] |
| simple | **einfach** | ['aɪnfah] |

soigneux (~ travail)	**sorgfältig**	['zɔrgfɛʎtiħ]
solide	**fest, stark**	[fest], [ʃta:rk]
sombre (paysage ~)	**düster**	['dystə]
sombre (pièce ~)	**dunkel**	['dʊŋkɛʎ]

spacieux	**geräumig**	[gɛ'rɔɪmiħ]
spécial	**speziell, Spezial-**	[ʃpɛtsi'ɛʎ], [ʃpɛtsi'aʎ]
stupide	**dumm**	[dʊm]

sucré	**süß**	[zy:s]
suivant	**nächst**	['nɛħst]
supplémentaire	**ergänzend**	[ɛr'gɛntsɛnt]
suprême	**höchst**	['høhst]

tendre	**zärtlich**	['tsɛrtliħ]
tout maigre	**abgemagert**	['abgemagɛt]
tranquille	**ruhig**	['rʊiħ]
transparent	**durchsichtig**	['dʊrħzihtiħ]
trempé	**naß**	[nas]

très chaud	**heiß**	[haɪs]
triste (déprimant)	**traurig**	['traʊriħ]
triste (pas gai)	**traurig**	['traʊriħ]

unique	**einzigartig**	[aɪntsi'fʲa:tiħ]
vague	**undeutlich**	['undɔɪtliħ]
vide	**leer**	['le:ə]
vieux	**alt**	[aʎt]
voisin (maison ~e)	**Nachbar-**	['nahbar]

LES 500 VERBES LES PLUS UTILISÉS

252. Les verbes les plus courants (de A à C)

accepter (usage absolu)	zustimmen (vi)	['ʦu:ʃtimɛn]
accompagner (vt)	begleiten (vt)	[bɛg'ʎaitɛn]
accrocher (suspendre)	hängen (vt)	['hɛŋɛn]
accuser (vt)	anklagen (vt)	['aŋkla:gɛn]
acheter (vt)	kaufen (vt)	['kaufɛn]
admirer (vt)	bewundern (vt)	[bɛ'vʊndɛn]
affirmer (vt)	behaupten (vt)	[bɛ'ha:uptn]
agir (vi)	handeln (vi)	['handɛʎn]
agiter (les bras)	winken (vi)	['wiŋkɛn]
aider (vt)	helfen (vi)	['hɛʎfɛn]
aimer (apprécier)	gernhaben (vt)	[gɛrn'ha:bɛn]
aimer qn	lieben (vt)	['li:bɛn]
ajouter (vt)	hinzufügen (vt)	[hin'ʦu:fy:gɛn]
aller (à pied)	gehen (vi)	['ge:ɛn]
aller (en voiture, etc.)	fahren (vi)	['fa:rɛn]
aller bien (robe, etc.)	passen (vi)	['passɛn]
allumer (cheminée)	anzünden (vt)	['anʦyndɛn]
allumer (la radio, etc.)	einschalten (vt)	['ainʃaʎtɛn]
amener, apporter (vt)	mitbringen (vt)	['mitbriŋɛn]
amputer (vt)	amputieren (vt)	[ampʊ'ti:rɛn]
amuser (vt)	amüsieren (vt)	[amy'zi:rɛn]
annoncer (qch a qn)	mitteilen (vt)	['mittailen]
annuler (vt)	abschaffen (vt)	['apʃaffɛn]
apercevoir (vt)	bemerken (vt)	[bɛ'mɛrkɛn]
apparaître (vi)	erscheinen (vi)	[ɛr'ʃainɛn]
appartenir à …	gehören (vi)	[gɛ'hø:rɛn]
appeler (au secours)	rufen (vi)	['rʊ:fɛn]
appeler (dénommer)	benennen (vt)	[bɛ'nɛnɛn]
applaudir (vi)	applaudieren (vi)	[aplau'di:rɛn]
apprendre (qch à qn)	lehren (vt)	['le:rɛn]
arracher (vt)	abreißen (vt)	['apraisɛn]
arranger (conflit)	regeln (vt)	['rɛgɛʎn]
arriver (vi)	ankommen (vi)	['aŋkɔmɛn]
arroser (plantes)	begießen (vt)	[bɛ'gi:sɛn]
aspirer (vt)	anstreben (vt)	['anʃtre:ben]
assister (vt)	assistieren (vi)	[asis'ti:rɛn]
attacher (vt)	anbinden (vt)	['anbindɛn]
attaquer (vt)	attackieren (vt)	[atta'ki:rɛn]

atteindre (lieu)	erreichen (vt)	[ɛˈraɪhɛn]
atteindre (objectif)	erzielen (vt)	[ɛrˈtsiːlen]
attendre (vt)	warten (vi)	[ˈvartɛn]
attraper (vt)	fangen (vt)	[ˈfaŋɛn]
attraper ... (maladie)	sich anstecken	[zɪh ˈanʃtɛkkɛn]

augmenter (vt)	vergrößern (vt)	[fɛrgˈrøsɛrn]
augmenter (vi)	sich vergrößern	[zɪh fɛrgˈrøsɛrn]
autoriser (vt)	erlauben (vt)	[ɛrˈlaubɛn]

avertir (vt)	warnen (vt)	[ˈvarnɛn]
aveugler (par les phares)	blenden (vt)	[ˈblendɛn]
avoir (vt)	haben (vt)	[ˈhaːbɛn]
avoir confiance	vertrauen (vi)	[fɛrˈtrauɛn]
avoir peur	Angst haben (vor ...)	[ˈaŋst ˈhaːbɛn for]
avouer (vt)	gestehen (vi)	[gɛʃteˈːɛn]

se baigner (vp)	schwimmen gehen	[ˈʃwiːmɛn ˈgeːɛn]
baigner (vt)	baden (vt)	[ˈbaːdɛn]
baisser (vt)	herunterlassen (vt)	[hɛˈrʊntɛrlassɛn]
battre (frapper)	schlagen (vt)	[ˈʃlaːgɛn]
se battre (vp)	schlagen (mit ...)	[ʃˈʎaːgn]

boire (vt)	trinken (vt)	[ˈtrɪŋkɛn]
briller (vi)	glänzen (vi)	[ˈglɛntsɛn]
briser (casser)	brechen (vt)	[ˈbrɛhen]
brûler (vt)	verbrennen (vt)	[fɛrbˈrɛnɛn]

cacher (vt)	verstecken (vt)	[fɛrʃˈtɛkɛn]
calmer	beruhigen (vt)	[bɛˈrʊɪgɛn]
caresser (vt)	streicheln (vt)	[ˈʃtraɪheʎn]
céder	nachgeben (vi)	[ˈnaːhgeːbɛn]
cesser (vt)	aufhören (vt)	[ˈaufhøren]

changer (vt) (~ d'avis)	ändern (vt)	[ˈɛndɛrn]
changer (vt) (échanger)	tauschen (vt)	[ˈtauʃɛn]
charger (arme)	laden (vt)	[ˈlaːdɛn]
charger (véhicule, etc.)	laden (vt)	[ˈlaːdɛn]

charmer (vt)	entzücken (vt)	[ɛːntˈtsukɛn]
chasser (animaux)	jagen (vi)	[ˈjagɛn]
chasser (faire partir)	verjagen (vt)	[fɛrʰˈjagɛn]
chauffer (vt)	wärmen (vt)	[ˈvɛrmɛn]
chercher (vt)	suchen (vt)	[ˈzuːhɛn]
choisir (vt)	wählen (vt)	[ˈvɛlen]
citer	zitieren (vt)	[tsiˈtiːrɛn]

combattre (vi)	kämpfen (vi)	[ˈkɛmpfɛn]
commander (au restaurant)	bestellen (vt)	[bɛʃˈtɛlen]
commencer (vt)	beginnen (vt)	[bɛˈginɛn]
comparer (vt)	vergleichen (vt)	[fɛrgˈʎaɪhen]
compenser (vt)	kompensieren (vt)	[kɔmpɛnˈsiːrɛn]
compliquer (vt)	erschweren (vt)	[ɛrʃweːrɛn]

| composer (former) | bilden (vt) | [ˈbɪʎdɛn] |
| composer (musique) | komponieren (vt) | [kɔmpoˈniːrɛn] |

comprendre (vt)	verstehen (vt)	[fɛrˈʃteːən]
compromettre (vt)	kompromittieren (vt)	[kɔmprɔmitˈtiːrən]
compter (dénombrer)	rechnen (vt)	[ˈrɛhnən]
compter sur …	auf … zählen	[ˈauf ˈʦɛlen]

se concentrer (vp)	sich konzentrieren	[ziɦ kɔnʦɛntˈriːrən]
concevoir, créer	projektieren (vt)	[prɔekˈtiːrən]
conclure (vt)	einen Schluss ziehen	[ainɛn ʃlys ˈʦiːən]
concurrencer (vt)	konkurrieren (vi)	[kɔŋkuˈriːrən]
condamner (vt)	verurteilen (vt)	[fɛrhˈuːrtailen]
se conduire (vp)	sich benehmen	[ziɦ bɛˈneɪmɛn]

conduire une voiture	lenken (vt)	[ˈleŋkɛn]
confondre (vt)	sich irren	[ziɦ ˈirɛn]
connaître qn	kennen (vt)	[ˈkenɛn]
conseiller (vt)	raten (vt)	[ˈraːtɛn]
se conserver (vp)	sich erhalten	[ziɦ ɛrˈhaʎtɛn]
consulter (~ une voyante)	sich konsultieren mit …	[ziɦ kɔnsuʎˈtiːrɛn mit]

contaminer (vt)	anstecken (vt)	[ˈanʃtɛkkɛn]
continuer (vt)	fortsetzen (vt)	[ˈfɔrtzɛʦɛn]
contrôler (vt)	kontrollieren (vt)	[kɔntrɔˈliːrɛn]
convaincre	überzeugen (vt)	[juːbɛrˈʦɔɪgɛn]

coopérer (vi, vt)	zusammenarbeiten (vi)	[ʦuˈzamɛnʰarbaɪtɛn]
coordonner (vt)	koordinieren (vt)	[kɔːrdiˈniːrən]
corriger (vt)	korrigieren (vt)	[kɔriˈgiːrɛn]

se coucher (aller dormir)	schlafen gehen	[ˈʃlaːfɛn ˈgeːɛn]
couper (avec une hache)	abhauen (vt)	[ˈaphauɛn]
couper (vt)	abschneiden (vt)	[ˈapʃnaɪdɛn]
courir (vt)	laufen (vi)	[ˈlaufɛn]
coûter (vi, vt)	kosten (vt)	[ˈkɔstɛn]

cracher (vi)	spucken (vi)	[ˈʃpʊkkɛn]
créer (vt)	schaffen (vt)	[ˈʃaffɛn]
creuser (vt)	graben (vt)	[ˈgraːbɛn]
crier (vi, vt)	schreien (vi)	[ˈʃrajen]
croire, estimer	meinen (vt)	[ˈmaɪnɛn]

| cueillir (fleurs, etc.) | pflücken (vt) | [pflykn] |
| cultiver (plantes) | züchten (vt) | [ˈʦyɦtɛn] |

253. Les verbes les plus courants (de D à E)

dater de … (exister depuis)	sich datieren	[ziɦ daˈtiːrɛn]
se débarrasser de …	loswerden (vt)	[lɔːsvɛːrdɛn]
décider (vt)	entscheiden (vt)	[ɛntˈʃaɪdɛn]
décoller (avion)	starten (vi)	[ˈʃtartɛn]

décorer (~ la maison)	schmücken (vt)	[ˈʃmykkɛn]
décorer (de la medal)	auszeichnen (vt)	[ˈausˈʦaɪɦnɛn]
découvrir (vt)	entdecken (vt)	[ɛntˈdekɛn]
dédier (vt)	widmen (vt)	[ˈwidmɛn]

se défendre (vp)	sich verteidigen	[ziɦ fɛr'taɪdɪgɛn]
défendre (vt)	verteidigen (vt)	[fɛr'taɪdɪgɛn]
déjeuner (vi)	zu Mittag essen	[ʦu 'mɪttaːk 'ɛssɛn]
demander (vt)	bitten (vi)	['bɪttɛn]
démarrer (partir)	ablegen (vi)	[a:p'liːgɛn]
dénoncer (vt)	denunzieren (vt)	[dɛnʊn'ʦiːrɛn]
dépasser (village, etc.)	vorbeifahren (vi)	[foːr'baɪfaːrɛn]
dépendre de ...	abhängen von ...	['aphɛŋɛn fɔn]
déplacer (vt)	verschieben (vt)	[fɛ:'ʃi:bn]
déranger (vt)	stören (vt)	['ʃtøːrɛn]
descendre (vi)	herabsteigen (vi)	[hɛ'rapʃtaɪgɛn]
désirer (vt)	wünschen (vt)	['wynʃɛn]
détacher (vt)	losbinden (vt)	['loːsbɪndɛn]
se détourner (vp)	sich abwenden	[ziɦ'apvɛndɛn]
détruire	vernichten (vt)	[fɛ'niːhtn]
devenir (vi)	werden (vi)	['weːrdɛn]
deviner (vt)	erraten (vt)	[ɛ'ratɛn]
devoir (v aux)	müssen (mod)	['myssɛn]
diffuser (distribuer)	verbreiten (vt)	[fɛrb'raɪtɛn]
diminuer	verringern (vt)	[fɛr'rɪŋɛrn]
dîner	zu Abend essen	[ʦu 'aːbɛnt 'ɛssɛn]
dire (vt)	sagen (vt)	['zaːgɛn]
diriger (~ une usine)	managen (vt)	['mɛnɛdʒɛn]
diriger (vers ...)	richten (vt)	['rɪɦtɛn]
discuter (vt)	besprechen (vt)	[beʃp'rɛhen]
disparaître (vi)	verschwinden (vi)	[fɛrʃ'wɪndɛn]
dispenser (qn de ...)	entlassen (vt)	[ɛ:nt'ʎa:sɛn]
distribuer (vt)	austeilen (vt)	['austaɪlen]
diviser (vt)	teilen (vt)	['taɪlen]
dominer (château, etc.)	überragen	[ju:bɛragn]
doubler (la mise, etc.)	verdoppeln (vt)	[fɛr'dɔppɛʎn]
douter (vt)	zweifeln (vi)	['ʦvaɪfɛʎn]
dresser (un chien)	dressieren (vt)	[drɛs'si:rɛn]
éclairer (soleil)	beleuchten (vt)	[bɛ'løɪɦtɛn]
écouter (vt)	hören (vt)	['høːrɛn]
écouter aux portes	abhorchen (vt)	['abhɔrhen]
écraser (vt)	zerdrücken	[ʦɛrd'rykkɛn]
écrire (vt)	schreiben (vi, vt)	['ʃraɪbɛn]
effacer (vt)	ausradieren (vt)	['ausra'diːrɛn]
éliminer	beseitigen (vt)	[bɛ'zaɪtigɛn]
embaucher (vt)	einstellen (vt)	['aɪnʃtɛlen]
emporter	fortbringen (vt)	['fɔrtbrɪŋɛn]
emprunter (vt)	leihen (vt)	['ʎaːjen]
entendre (bruit, etc.)	hören (vt)	['høːrɛn]
entraîner (sport)	trainieren (vt)	[trɛ'niːrɛn]
entreprendre (vt)	unternehmen (vt)	[untɛr'nɛɪmɛn]

entrer (vi)	hereinkommen	[hɛ'raɪŋkɔmɛn]
envelopper (vt)	einpacken (vt)	['aɪnpakkɛn]
envier (vt)	beneiden (vt)	[bɛ'naɪdɛn]
envoyer (vt)	abschicken (vt)	['apʃikkɛn]

épier (vt)	gucken (vi)	[gʊ:kn]
équiper (vt)	einrichten (vt)	['aɪnrɪhtɛn]
espérer (vi)	hoffen (vi)	['hɔffɛn]
essayer (vt)	versuchen (vt)	[fɛr'zu:hɛn]

éteindre (incendie)	löschen (vt)	['løʃɛn]
éteindre (lumière)	ausschalten (vt)	['ausʃaʌtɛn]
étonner	erstaunen (vt)	[ɛrʃ'taunɛn]

être allongé	liegen (vi)	['li:gɛn]
être assis	sitzen (vi)	['zitsɛn]
être basé	beruhen auf ...	[bɛ'ru:ɛn 'auf]
être convaincu de ...	sich überzeugen	[zɪħ ju:bɛr'tsɔɪgɛn]

être différent	sich unterscheiden	[zɪħ untɛr'ʃaɪdɛn]
être en tête (de ...)	führen (vt)	['fyrɛn]
être fatigué	müde werden	['my:dɛ 'we:rdɛn]

être indispensable	notwendig sein	['nɔ:tvɛndiħ zaɪn]
être la cause de ...	verursachen (vt)	[fɛrʰ'u:r'zahɛn]
être pensif	in Gedanken versinken	[in gɛ'daŋkɛn fɛr'ziŋkɛn]
être perplexe	verblüfft sein	[fɛb'lyft zaɪn]
être pressé	sich beeilen	[zɪħ bɛ'aɪlen]

| étudier (vt) | lernen (vt) | ['lɛrnɛn] |
| éviter (vt) | vermeiden (vt) | [fɛr'maɪdɛn] |

examiner (vt)	erörtern (vt)	[ɛʰøtɛn]
exclure, expulser (vt)	ausschließen (vt)	['ausʃli:sɛn]
excuser (vt)	entschuldigen (vt)	[ɛnt'ʃuʌdigɛn]

exiger (vt)	verlangen (vt)	[fɛr'laŋɛn]
exister (vi)	existieren (vi)	[ɛkzis'ti:rɛn]
expliquer (vt)	erklären (vt)	[ɛrk'lerɛn]
exprimer (vt)	ausdrücken (vt)	['ausdrykɛn]

254. Les verbes les plus courants (de F à O)

se fâcher (contre ...)	auf jemanden böse sein	[auf jɛmantn 'bøzɛ zaɪn]
fâcher (vt)	ärgern (vt)	['ɛrgɛrn]
faciliter	vereinfachen (vt)	[fɛrʰ'aɪnfahɛn]
faciliter (vt)	erleichtern (vt)	[ɛr'ʌaɪhtɛrn]

faire (~ la liste)	erstellen (vt)	[ɛ:ʃtɛlen]
faire (vt)	machen (vt)	['mahɛn]
faire allusion	andeuten (vt)	['andɔɪtɛn]
faire connaissance	kennenlernen (vt)	['kɛnɛn'lernɛn]
faire de la publicité	werben (vt)	['vɛrbɛn]
faire des copies	vervielfältigen (vt)	[fɛr'fi:ʌ'fɛʌtigɛn]

faire disparaître	entfernen (vt)	[ɛntˈfɛːnɛn]
faire la guerre	Krieg führen	[kriːk ˈfyːrɛn]
faire la lessive	waschen (vt)	[ˈvaʃɛn]
faire lo mónago	aufräumen (vt)	[ˈaufrɔɪmɛn]

faire surface (sous-marin)	auftauchen (vi)	[ˈauftauhɛn]
faire tomber	fallen lassen (vt)	[ˈfaːlen ˈlassɛn]
faire un rapport	berichten (vt)	[bɛˈrihtɛn]

falloir (v imp)	nötig sein	[ˈnøːtiħ zaɪn]
fatiguer	ermüden (vt)	[ɛrˈmyːdɛn]
féliciter (vt)	gratulieren (vi)	[gratʊˈliːrɛn]
se fendre (mur, sol)	bersten (vi)	[ˈbɛrstɛn]
fermer (vt)	schließen (vt)	[ˈʃliːsɛn]

finir (vt)	beenden (vt)	[bɛˈɛndɛn]
flatter (vt)	schmeicheln (vi)	[ˈʃmaɪheʎn]
forcer (obliger)	zwingen (vt)	[ˈʦwiŋɛn]
frapper (~ à la porte)	anklopfen (vi)	[ˈaŋklɔpfɛn]

garantir (vt)	garantieren (vt)	[garanˈtiːrɛn]
garder (lettres, etc.)	behalten (vt)	[bɛˈhaːʎtn]
garder le silence	schweigen (vi)	[ˈʃvaɪgɛn]
griffer	kratzen (vt)	[ˈkraʦɛn]
gronder (réprimander)	schelten (vt)	[ˈʃɛʎtɛn]

| habiter (vt) | wohnen (vi) | [ˈvɔːnɛn] |
| hériter (vt) | erben (vt) | [ˈɛrbɛn] |

imaginer (vt)	sich vorstellen	[ziħ ˈfoːrʃtɛlen]
imiter (vt)	imitieren (vt)	[imiˈtiːrɛn]
importer (vt)	importieren (vt)	[imporˈtiːrɛn]

indiquer	zeigen (vt)	[ˈʦaɪgɛn]
influer (vt)	beeinflussen (vt)	[bɛˈaɪnflyssɛn]
informer (vt)	informieren (vt)	[inforˈmiːrɛn]
inquiéter (vt)	beunruhigen (vt)	[bɛˈunrʊigɛn]

inscrire (sur une liste)	einschreiben (vt)	[ˈaɪnʃraɪbɛn]
inscrire (vt)	aufschreiben (vt)	[ˈaufʃraɪbɛn]
insérer (~ la clé)	einsetzen (vt)	[ˈaɪnzɛʦɛn]
insister (vt)	bestehen (vi)	[bɛʃˈteːɛn]
inspirer (vt)	ermutigen (vt)	[ɛrˈmʊtigɛn]
instruire (vt)	instruieren (vt)	[instryˈˈiːrɛn]
insulter (vt)	kränken (vt)	[ˈkrɛnkɛn]

interdire (vt)	verbieten (vt)	[fɛrˈbiːtɛn]
intéresser (vt)	interessieren (vt)	[intɛrɛsˈsiːrɛn]
intervenir (vi)	sich einmischen	[ziħ ˈaɪnmiʃɛn]
inventer (vt)	erfinden (vt)	[ɛrˈfindɛn]
inviter (vt)	einladen (vt)	[ˈaɪnladɛn]

irriter (vt)	ärgern (vt)	[ˈɛrgɛrn]
isoler (vt)	isolieren (vt)	[izoˈliːrɛn]
jeter (une pierre)	werfen (vt)	[ˈvɛrfɛn]
se joindre (vp)	sich anschließen	[ziħ ˈanʃliːsɛn]

jouer (vt)	**spielen** (vi, vt)	['ʃpiːlen]
jouer (vt) (acteur)	**spielen** (vi, vt)	['ʃpiːlen]
laisser (oublier)	**liegen lassen**	['liːgɛn 'lasɛn]
lancer (vt)	**lancieren** (vt)	[ʌan'siːrɛn]
se laver (vp)	**sich waschen**	[ziħ 'vaːʃɛn]
laver (vt)	**waschen** (vt)	['vaːʃɛn]
se lever (tôt, tard)	**aufstehen** (vi)	['aufʃteːɛn]
libérer (ville, etc.)	**befreien** (vt)	[bɛf'rajɛn]
ligoter (vt)	**binden** (vt)	['bindɛn]
limiter (vt)	**begrenzen** (vt)	[bɛg'rɛntsɛn]
lire	**lesen** (vi, vt)	['leːzɛn]
louer (barque, etc.)	**leihen** (vt)	['ʌaːjen]
louer (prendre en location)	**mieten** (vt)	['miːtɛn]
lutter (contre ...)	**kämpfen** (vi)	['kɛmpfɛn]
lutter (sport)	**ringen** (vi)	['riŋɛn]
manger (vi, vt)	**essen** (vt)	['ɛssɛn]
manquer (~ la classe)	**versäumen** (vt)	[fɛr'zɔɪmɛn]
se marier (vp)	**heiraten** (vt)	['haɪratɛn]
marquer (vt)	**markieren** (vt)	[mar'kiːrɛn]
mélanger (vt)	**mischen** (vt)	['miʃɛn]
mémoriser (vt)	**sich merken**	[ziħ 'mɛrkɛn]
menacer	**drohen** (vi)	['droːɛn]
mentionner	**erwähnen** (vt)	[ɛr'vɛnɛn]
mentir (vi)	**lügen** (vi)	['lyːgɛn]
mépriser (vt)	**verachten** (vt)	[fɛrʰ'ahtɛn]
mériter (vt)	**verdienen** (vt)	[fɛr'diːnɛn]
mettre (placer)	**unterbringen** (vt)	['untɛbrinɛn]
mettre (vt)	**legen** (vt)	['leːgɛn]
se mettre a quai	**anlegen** (vi)	['anleːgɛn]
montrer (vt)	**zeigen** (vt)	['tsaɪgɛn]
se moquer (vp)	**spotten** (vi)	['ʃpottɛn]
multiplier (math)	**multiplizieren** (vt)	[muʌtipli'tsiːrɛn]
nager (vi)	**schwimmen** (vi)	['ʃwimɛn]
négocier (vi)	**verhandeln** (vi)	[fɛr'handɛʌn]
nettoyer	**putzen** (vt)	['putsɛn]
nettoyer (vt)	**reinigen** (vt)	['raɪnigɛn]
nier (vt)	**verneinen** (vt)	[fɛr'naɪnɛn]
nommer (à une fonction)	**ernennen** (vt)	[ɛr'nɛnɛn]
noter (prendre en note)	**notieren** (vt)	[nɔ'tiːrɛn]
nourrir (vt)	**füttern** (vt)	['fyttɛrn]
se noyer (vp)	**ertrinken** (vi)	[ɛrt'riŋkɛn]
obéir (vt)	**sich unterordnen**	[ziħ 'untɛrʰordnɛn]
objecter (vt)	**entgegnen** (vt), **erwidern** (vt)	[ɛnt'gegnɛn], [ɛr'widɛrn]
observer (vt)	**beobachten** (vt)	[bɛ'ɔbahtɛn]
offenser (vt)	**beleidigen** (vt)	[bɛ'ʌaɪdigɛn]
omettre (vt)	**überspringen** (vt)	[juːbɛʃp'riːnɛn]

| ordonner (vt) | befehlen (vt) | [bɛˈfeːlen] |
| organiser | veranstalten (vt) | [fɛrʰˈanʃtaʌtɛn] |

oser (vt)	wagen (vt)	[ˈvaːgɛn]
oublier (vt)	vergessen (vt)	[fɛrˈgɛssɛn]
ouvrir (vt)	öffnen (vt)	[øfnɛn]

255. Les verbes les plus courants (de P à R)

paraître (livre)	erscheinen (vi)	[ɛrˈʃaɪnɛn]
pardonner (vt)	verzeihen (vt)	[fɛrˈtsajen]
parler avec ...	sprechen mit ...	[ˈʃprɛhen mit]
participer	teilnehmen (vi)	[ˈtaɪlneɪmɛn]
partir	wegfahren (vi)	[ˈvɛkfaːrɛn]

payer (régler)	zahlen (vt)	[ˈtsaːlen]
pécher (vi)	sündigen (vi)	[ˈzyndigɛn]
pêcher (vt)	fischen (vt)	[ˈfɪʃɛn]
se peigner (vp)	sich kämmen	[zih ˈkɛmɛn]

pénétrer (vt)	eindringen (vi)	[ˈaɪndriŋɛn]
penser (vt)	denken (vi, vt)	[ˈdɛŋkɛn]
penser (vt) (croire)	halten für	[ˈhaʌtɛn ˈfyə]
perdre (les clefs, etc.)	verlieren (vt)	[fɛrˈliːrɛn]
permettre (vt)	erlauben (vt)	[ɛrˈlaubɛn]
peser (vi)	wiegen (vi)	[ˈwiːgɛn]

photographier	fotografieren (vt)	[fotograˈfiːrɛn]
se plaindre (vp)	klagen (vi)	[ˈklaːgɛn]
plaire à ...	gefallen (vi)	[gɛˈfalen]
plaisanter	Witz machen	[wits ˈmahɛn]
planifier (vt)	planen (vt)	[ˈplaːnɛn]
pleurer (vi)	weinen (vi)	[ˈvaɪnɛn]
plonger (vi)	tauchen (vi)	[ˈtauhɛn]

posséder (vt)	besitzen (vt)	[bɛˈzitsɛn]
pousser (les gens)	schieben (vt)	[ˈɕiːbn]
pouvoir (va)	können (mod)	[ˈkønɛn]

prédominer (vi)	überwiegen (vi)	[juːbɛrˈwiːgɛn]
préférer (vt)	vorziehen (vt)	[ˈfoːrtsiɛn]
prendre (vt)	nehmen (vt)	[ˈniːmɛn]
prendre le petit déjeuner	frühstücken (vi)	[ˈfryːʃtykkɛn]
prendre un risque	riskieren (vt)	[risˈkiːrɛn]

se préoccuper (vp)	sich Sorgen machen	[zih ˈzɔrgɛn ˈmahɛn]
préparer (le dîner)	zubereiten (vt)	[ˈtsuːbɛraɪtɛn]
préparer (vt)	vorbereiten (vt)	[ˈfoːrbɛraɪtɛn]
présenter (faire connaître)	bekannt machen	[bɛˈkant ˈmahɛn]
présenter qqn	vorstellen (vt)	[ˈfoːrʃtɛlen]
préserver (vt)	bewahren (vt)	[bɛˈvaːrɛn]

| presser (qn) | zur Eile antreiben | [tsuə ˈaɪlɛ aːntˈraːibn] |
| prévoir (vt) | voraussehen (vt) | [fɔˈrausˈzeːɛn] |

prier (Dieu)	**beten** (vi)	['be:tɛn]
priver (vt)	**nehmen** (vt)	['ni:mɛn]
progresser (vi)	**vorankommen**	[fo'raŋkɔmɛn]
promettre (vt)	**versprechen** (vt)	[fɛrʃp'rɛhen]
prononcer (vt)	**aussprechen** (vt)	['ausʃprɛhen]
proposer (vt)	**vorschlagen** (vt)	['fɔrʃla:gɛn]
protéger (vt)	**bewachen** (vt)	[bɛ'va:hɛn]
protester (vi, vt)	**protestieren** (vi)	[protɛs'ti:rɛn]
prouver (vt)	**beweisen** (vt)	[bɛ'vaɪzɛn]
provoquer (vt)	**provozieren** (vt)	[provɔ'tsi:rɛn]
punir (vt)	**bestrafen** (vt)	[bɛʃt'ra:fɛn]
quitter (famille, etc.)	**verlassen** (vt)	[fɛr'lassɛn]
raconter (vt)	**erzählen** (vt)	[ɛr'tsɛlen]
ranger	**weglegen** (vt)	['we:gle:gen]
se rappeler (vp)	**sich erinnern**	[ziħ ɛrʰ'inɛrn]
rappeler (vt)	**erinnern** (vt)	[ɛrʰ'inɛrn]
se raser (vp)	**sich rasieren**	[ziħ ra'zi:rɛn]
réaliser (vt)	**verwirklichen** (vt)	[fɛr'wirklihen]
recommander (vt)	**empfehlen** (vt)	[ɛmp'fe:len]
reconnaître	**erkennen** (vt)	[ɛr'kenɛn]
reconnaître (vt)	**zugeben** (vt)	['tsugɛbn]
refaire (vt)	**nochmals tun** (vt)	['nɔħmaʎs tʊ:n]
refuser (vt)	**absagen** (vt)	['apza:gɛn]
regarder (vi, vt)	**sehen** (vt)	['ze:ɛn]
regretter (vt)	**bedauern** (vt)	[bɛ'dauɛrn]
remarquer	**erblicken** (vt)	[ɛrb'likkɛn]
remercier (vt)	**danken** (vi)	['daŋkɛn]
remettre de l'ordre	**in Ordnung bringen**	[in 'ɔrdnʊn 'briŋɛn]
remplir (vt)	**füllen** (vt)	['fylen]
renforcer	**befestigen** (vt)	[bɛ'fɛstigɛn]
se renseigner (sur …)	**erfahren** (vt)	[ɛr'fa:rɛn]
renverser (liquide)	**vergießen** (vt)	[fɛr'gi:sɛn]
se renverser (vp)	**verschütten** (vt)	[fɛ:'ʃy:tn]
renvoyer (colis)	**zurückschicken** (vt)	[tsu'rykʃikkɛn]
répandre (odeur)	**verbreiten** (vt)	[fɛrb'raɪtɛn]
réparer (vt)	**reparieren** (vt)	[rɛpa'ri:rɛn]
repasser (vêtement)	**bügeln** (vt)	['by:gɛʎn]
répéter (vt)	**noch einmal sagen**	[nɔħ aɪnmaʎ za:gn]
répondre (vi, vt)	**antworten** (vi)	['antvɔrtɛn]
se reposer (vp)	**sich ausruhen**	[ziħ 'ausrʊɛn]
reprocher	**vorwerfen** (vt)	['fo:rvɛrfɛn]
réserver (une chambre)	**reservieren** (vt)	[rɛzɛr'wi:rɛn]
résoudre (vt)	**lösen** (vt)	['lø:zɛn]
respirer (vi)	**atmen** (vi)	['atmɛn]
ressembler à …	**ähnlich sein**	['ɛnliħ zaɪn]
ressentir	**fühlen** (vt)	['fy:len]
se rétablir (vp)	**genesen** (vi)	[gɛ'ne:zɛn]

retenir (empêcher)	zurückhalten (vt)	[tsu'rykhaʎtɛn]
retirer (manteau, etc.)	abnehmen (vt)	['abnɛ:mɛn]
retourner (card, etc.)	umdrehen (vt)	['umd're:ɛn]
réunir (regrouper)	vereinigen (vt)	[fɛɪ'ʰaɪnɪgɛn]
réveiller (vt)	wecken (vt)	['vɛkken]
revenir (vi)	zurückkehren (vi)	[tsu'rykke:rɛn]
rêver (en dormant)	träumen (vt)	['trɔɪmɛn]
rêver (vt)	träumen (vi)	['trɔɪmɛn]
rire (vi)	lachen (vi)	['lahɛn]
se rompre (vp)	zerreißen (vi)	[tsɛ'raɪsɛn]
rougir (vi)	erröten (vi)	[ɛ'rø:tɛn]

256. Les verbes les plus courants (de S à V)

s'adresser (vp)	adressieren (an ...)	[a:drɛ'si:rɛn]
se salir (vp)	sich beschmutzen	[ziɦ bɛʃmʊtsɛn]
saluer (vt)	begrüßen (vt)	[bɛg'rysɛn]
s'amuser (vp)	sich amüsieren	[ziɦ amy'zi:rɛn]
s'approcher (vp)	sich nähern (vi)	[ziɦ 'ne:ɛrn]
s'arrêter (vp)	stoppen (vt)	['ʃtɔppɛn]
s'asseoir (vp)	sich setzen	[ziɦ 'zɛtsɛn]
satisfaire	befriedigen (vt)	[bɛf'ri:digɛn]
s'attendre (vp)	erwarten (vt)	[ɛr'vartɛn]
sauver (vt)	retten (vt)	['rɛttɛn]
savoir qch	wissen (vt)	['wissɛn]
s'échanger des ...	wechseln (vt)	['vɛksɛʎn]
sécher (vt)	trocknen (vt)	['trɔknɛn]
secouer (vt)	schütteln (vt)	['ʃyttɛʎn]
sélectionner (vt)	auswählen (vt)	['ausvɛlen]
semer (vt)	säen (vt)	['ze:ɛn]
s'ennuyer (vp)	sich langweilen	[ziɦ 'laŋvaɪlen]
sentir (~ les fleurs)	riechen (vt)	['ri:hen]
sentir (avoir une odeur)	riechen (vi)	['ri:hen]
s'entraîner (vp)	trainieren (vi)	[trɛ'ni:rɛn]
serrer dans ses bras	umarmen (vt)	['umʰ'armɛn]
servir (au restaurant)	bedienen (vt)	[bɛ'di:nɛn]
s'étonner	überrascht sein	[jubɛraʃt zaɪn]
s'excuser (vp)	sich entschuldigen	[ziɦ ɛnt'ʃuʎdigɛn]
signer (vt)	unterschreiben (vt)	[untɛrʃ'raɪbɛn]
signifier (vt)	bedeuten (vt)	[bɛ'dɔɪtɛn]
signifier (avoir tel sens)	bezeichnen (vt)	[bɛ'tsaɪhnɛn]
s'indigner (vp)	sich empören	[ziɦ ɛm'pø:rɛn]
s'inquiéter (vp)	sich aufregen	[ziɦ 'aufrɛ:gɛn]
s'intéresser à ...	sich interessieren	[ziɦ intɛrɛs'si:rɛn]

s'irriter (vp)	**gereizt sein**	[gɛ'rɛts zaɪn]
soigner (traiter)	**heilen** (vt)	['haɪlen]
sortir (aller dehors)	**ausgehen** (vi)	['ausge:ɛn]
souffler (vent)	**wehen** (vi)	['we:ɛn]
souffrir (vi)	**leiden** (vi)	['ʎaɪdɛn]
souligner (vt)	**unterstreichen** (vt)	[untɛrʃt'raɪhen]
soupirer (vi)	**aufseufzen** (vi)	['aufzɔɪftsɛn]
sourire	**lächeln** (vi)	['lɛheʎn]
sous-estimer (vt)	**unterschätzen** (vt)	[untɛr'ʃɛtsɛn]
soutenir (vt)	**unterstützen** (vt)	[u:ntɛʃ'ty:tsɛn]
se souvenir (vp)	**zurückdenken** (vi)	[tsuryk'dɛŋkn]
suffire	**ausreichen** (vi)	['ausraɪhen]
suivre … (vt)	**folgen** (vi)	['foʎgɛn]
supplier	**bitten** (vt)	['bittɛn]
supporter (douleur)	**aushalten** (vt)	['aushaʎtɛn]
supposer (vt)	**vermuten** (vt)	[fɛr'mu:tɛn]
surestimer (vt)	**überschätzen** (vt)	['ju:bɛr'ʃɛtsɛn]
suspecter (vt)	**verdächtigen** (vt)	[fɛr'dɛhtigɛn]
se taire (vp)	**verstummen** (vi)	[fɛrʃ'tʊmɛn]
tenter (vt)	**versuchen** (vt)	[fɛr'zu:hen]
tirer (corde)	**ziehen** (vt)	['tsien]
tirer (coup de feu)	**schießen** (vi)	['ʃi:sɛn]
tomber amoureux	**sich verlieben**	[zih fɛr'li:bɛn]
toucher (de la main)	**berühren** (vt)	[bɛ'ry:rɛn]
tourner (~ à gauche)	**abbiegen** (vi)	['apbi:gɛn]
traduire (vt)	**übersetzen** (vt)	[ju:bɛr'zɛtsɛn]
transformer (vt)	**transformieren** (vt)	[transfɔr'mi:rɛn]
travailler (vi)	**arbeiten** (vi)	['arbaɪtɛn]
trembler (vi)	**zittern** (vi)	['tsittɛrn]
tressaillir (vi)	**zusammenzucken** (vi)	[tsu'zamen'tsukɛn]
se tromper (vp)	**sich irren**	[zih 'irɛn]
tromper (vt)	**täuschen** (vt)	['tɔɪʃen]
se trouver (sur …)	**gelegen sein**	[gɛ'legn zaɪn]
trouver (vt)	**finden** (vt)	['findɛn]
tuer	**ermorden** (vt)	[ɛr'mɔrdɛn]
utiliser	**gebrauchen** (vt)	[gɛb'rauhɛn]
utiliser (vt)	**benutzen** (vt)	[bɛ'nutsɛn]
vacciner (vt)	**impfen** (vt)	['impfɛn]
se vanter	**prahlen** (vi)	['pra:len]
vendre (vt)	**verkaufen** (vt)	[fɛr'kaufɛn]
se venger (vp)	**sich rächen**	[zih 'rɛhen]
verser (à boire)	**gießen** (vt)	['gi:sɛn]
viser	**zielen** (vi)	['tsi:len]
vivre (vi)	**leben** (vi)	['le:bɛn]

voler (dérober)	**stehlen** (vt)	['ʃteːlen]
voler (oiseau)	**fliegen** (vi)	['fliːgɛn]
voter (vi)	**stimmen** (vi)	['ʃtimɛn]
vouloir	**wollen** (vt)	['vɔlen]

Made in the USA
Lexington, KY
23 June 2013